LES ROMANS EN VERS

DU

CYCLE DE LA TABLE RONDE.

Tiré à part à 25 exemplaires.

GASTON PARIS.

LES ROMANS EN VERS

DU

CYCLE DE LA TABLE RONDE.

Extrait du tome XXX de l'Histoire littéraire de la France.

PARIS.

IMPRIMERIE NATIONALE.

M DCCC LXXXVII.

ROMANS EN VERS

DU CYCLE DE LA TABLE RONDE.

C'est à peine si, des nombreux poèmes que nous allons examiner, on peut regarder l'un ou l'autre comme ayant été composé par un auteur qui ait vu le règne de Philippe le Bel. Nous demandons cependant la permission, à l'occasion de ces derniers et faibles efforts d'une veine un moment si féconde, de jeter un coup d'œil rétrospectif sur l'ensemble de ce qu'elle a produit depuis le moment où elle a commencé à jaillir dans notre littérature jusqu'à celui où elle s'est complètement desséchée : c'est une période qui comprend un peu plus d'un siècle, commençant vers le milieu du XIIe siècle pour finir avant la fin du XIIIe. Les œuvres qui se rattachent au cycle breton ou de la Table ronde ont été fort négligées par nos prédécesseurs; la plupart n'ont pas même une mention dans l'Histoire littéraire de la France; celles qui y sont traitées le sont généralement d'une manière insuffisante. Nous ne reprendrons cependant pas à nouveau les notices qui ont été insérées dans nos précédents volumes; nous nous bornerons à donner les renseignements bibliographiques nécessaires pour les compléter, tandis que nous étudierons avec le développement accoutumé les poèmes dont il n'a pas encore été question dans cet ouvrage, soit qu'ils fussent inconnus ou inédits, soit qu'ils aient été omis sans raison apparente.

Notre travail ne comprendra que les romans en vers. L'origine, la date et la patrie des romans de la Table ronde en prose, ainsi que leur rapport avec les romans en vers, soulèvent des questions extrêmement difficiles et complexes, qui ne sont pas encore suffisamment résolues par la critique, et appellent une discussion minutieuse qui ne serait pas à sa place dans cet ouvrage. Les principaux de ces romans ont d'ailleurs été, dans un volume déjà bien ancien, l'objet de notices au moins sommaires, et comme on a composé des romans en prose, rattachés au cycle breton, plus tard que des romans en vers, l'occasion pourra se présenter par la suite de revenir sur ce sujet. Il est bien entendu que nous n'exclurons pas les romans qui sont la simple mise en prose de poèmes connus; nous en parlerons à propos de ces poèmes [1].

Avant d'aborder l'étude séparée de chacun des romans en vers relatifs aux traditions bretonnes que nous a laissés le moyen âge français, il est indispensable d'exposer brièvement l'origine et l'histoire générale de ce qu'on appelait « la matière de Bretagne ». Bien que les résultats que nous allons résumer ne soient pas tous acquis à la science avec une égale certitude, on peut les regarder, dans leur ensemble, comme à peu près assurés. Ils intéressent surtout une époque bien antérieure à celle où nous sommes parvenus dans cet ouvrage, et on trouvera naturel que nous les présentions sous une forme aussi condensée que possible; on n'oubliera pas, en lisant les pages qui vont suivre, qu'elles ne présentent qu'une esquisse, vraie, croyons-nous, dans ses contours généraux. Il y faudrait ajouter bien des traits et des nuances, il faudrait çà et là atténuer la préci-

---

[1] Nous ne parlerons cependant ni de la mise en prose des poèmes de Robert de Boron, ni de ces poèmes eux-mêmes, trop intimement liés à la question générale du rapport des romans en prose aux romans en vers.

sion ou même y laisser quelques lignes en blanc, si l'on voulait représenter avec une minutieuse exactitude ce que nous savons aujourd'hui du sujet.

La « matière de Bretagne » nous vient surtout d'Angleterre, car c'est la Grande Bretagne que désigne ici le mot « Bretagne ». Non pas que l'Armorique n'ait connu, au moins en grande partie, les récits et les croyances qui en composent le fond; mais on ne semble avoir commencé à les lui demander qu'après la grande invasion des contes de la Bretagne d'outre-mer, et sous l'influence du succès de ces contes. Ce fut l'établissement des Normands en Angleterre qui amena entre le monde roman et ce qui restait du monde celtique un contact plus intime qu'il ne l'avait été jusque-là. Les Bretons, les *Kymri,* comme ils s'appelaient eux-mêmes, les *Valas* (d'où *Waleis,* Gallois), comme les nommaient les Anglais, avaient été peu à peu réduits à ne posséder au sud-ouest de l'île qui leur avait appartenu tout entière que le pays appelé depuis lors pays de Galles. La Cornouaille elle-même, où leur langue s'était maintenue, ne leur appartenait plus politiquement. Dans ces limites, qui restèrent invariables pendant des siècles, les Gallois avaient développé une demi-civilisation, qui ne manquait pas d'originalité, et dans laquelle deux arts, la musique et la poésie, tenaient une place considérable. Leur poésie possédait, outre une forme officielle et pédantesque, la seule, malheureusement, qui nous ait laissé des monuments anciens écrits en gallois, une forme populaire qui constituait, sinon une véritable épopée nationale, au moins les fragments et les matériaux d'une épopée. Cette épopée, qui par certains côtés avait des origines mythologiques et remontait par conséquent au delà de la conversion des Bretons au christianisme, avait pris une couleur tout historique en s'inspirant surtout des souvenirs de la grande lutte entre les anciens habitants de la Bretagne et les envahisseurs germains. Un personnage sur lequel nous n'avons presque aucun renseignement, mais qui paraît bien avoir joué un rôle important vers la fin du Ve siècle, Arthur, était

1.

devenu le héros principal des chants originairement consacrés à cette lutte. Nous trouvons un reflet, d'ailleurs pâle et confus, de cette épopée historique dans l'*Historia Britonum*, composée au IXe siècle par un anonyme, et attribuée depuis à un certain Nennius. Mais, avec le cours des siècles, la figure d'Arthur se transforma complètement, et les événements réels qui avaient formé le sujet de l'épopée allèrent s'évaporant pour faire place à des rêveries de plus en plus fantastiques. On célébra moins les guerres d'Arthur contre les Saxons que la splendeur incomparable qui entoura son règne après qu'il les eut vaincus, et que, non seulement, comme le voulait l'orgueil breton exalté jusqu'à la folie, il les eut chassés de l'île, mais qu'il eut conquis l'Écosse, l'Irlande, les pays scandinaves et la Gaule elle-même. On se représenta ce règne d'Arthur comme une époque où le monde entier avait été dominé et ébloui par les Bretons, et de ce Salomon national l'imagination populaire se fit en outre un Messie. On raconta que, grièvement blessé dans un combat livré contre ses propres compatriotes et son perfide neveu Modred, Arthur avait été emmené dans une barque enchantée vers le pays mystérieux où vont les héros morts, mais d'où quelques-uns sont revenus vivants. Il reparaîtrait quelque jour et rendrait aux Bretons l'empire qu'ils avaient perdu. Telle était « l'espérance bretonne », objet de raillerie pour les voisins de ce petit peuple obstiné, et commune aux Bretons d'Armorique et à ceux du pays de Galles.

En 1136 environ, un clerc d'origine bretonne, mais tout pénétré de la culture franco-normande, Gaufrei de Monmouth, mettait en beau latin d'école, dans un récit auquel il essayait de donner les apparences de l'authenticité, quelques-uns des contes gallois sur Arthur, et les faisait précéder d'une prétendue histoire des rois bretons antérieurs à la conquête saxonne, depuis Brutus, petit-fils d'Énée. Avant son *Historia regum Britanniae*, Gaufrei avait publié la *Prophetia Merlini*, où, développant à sa manière les indications contenues dans l'*Historia Britonum* du IXe siècle, il faisait prédire par un devin breton, qu'il appelait

Merlin, les événements de l'histoire de l'île depuis l'invasion saxonne jusqu'à la mort de Henri Ier, et pour une période indéterminée au delà. Naturellement la prophétie était d'une clarté et d'une justesse frappantes jusqu'à 1135. Les contemporains, au lieu d'en tirer la même conclusion que nous, virent dans cette clairvoyance de Merlin la preuve que ses prédictions ne seraient pas moins justes pour l'avenir, et pendant longtemps on commenta avec passion l'apocalypse de Gaufrei. Quelques années après la publication de son *Historia*, où il fit rentrer la *Prophetia*, et qui obtint promptement un immense succès, Gaufrei composa en hexamètres latins sa *Vita Merlini*, dans laquelle il mêla des notions de géographie et d'histoire naturelle, empruntées aux écrivains classiques, à des contes populaires bretons, dont la plupart se retrouvent ailleurs, et à quelques nouvelles prédictions. Ce poème, quoique remarquable à plus d'un titre, n'eut pas le succès qu'assurait à l'audacieuse fabrication historique de Gaufrei la prétention d'authenticité qu'elle affichait, et il ne nous est arrivé que dans un seul manuscrit. Rien ne serait moins juste d'ailleurs que de regarder, ainsi qu'on le faisait volontiers autrefois, l'*Historia regum Britanniae* comme la source des romans du cycle d'Arthur. A très peu d'exceptions près (encore ne concernent-elles guère que les moins anciens des romans en prose), les compositions en langue vulgaire n'ont, au contraire, aucun rapport avec l'ouvrage de Gaufrei, bien qu'il ait de très bonne heure et à plusieurs reprises été traduit en français. Il suffit, pour s'en convaincre, de remarquer que toutes ces merveilleuses conquêtes du prétendu roi breton, qui occupent tant de place chez son historiographe, sont absolument inconnues aux poèmes, où nous voyons Arthur séjourner toujours dans le pays de Galles, ou tout au plus dans quelque autre partie de la Grande Bretagne. Les guerres contre les Saxons ont elles-mêmes disparu des récits arthuriens qui ont passé en français, et ces récits ne connaissent pas davantage la catastrophe finale où s'écroule l'empire fondé par Arthur et où il disparaît lui-même; c'est à peine si l'on voit dans nos poèmes quelque allusion au retour futur du héros parmi les siens; encore est-ce plutôt pour railler que pour appuyer l'espérance bretonne. Gaufrei ne dit d'ailleurs rien de cette espérance dans l'*Historia*, et, s'il en parle dans la *Vita Merlini*, c'est d'une manière fort accessoire. Il est très digne de remarque que, d'après l'*Historia*, c'est non pas Arthur, mais Cadwallader, son huitième successeur, qui doit revenir un jour affranchir les Bretons, et il en est de même dans la *Vita Merlini*, bien qu'on y parle aussi du retour d'Arthur dans le monde des vivants. En revanche, Gaufrei de Monmouth ne dit nulle part un mot de la Table ronde, et c'est de son chef que Wace, traduisant en 1155 l'*Historia regum Britanniae*, a intercalé dans le récit ces vers, souvent cités et fort importants en effet :

> Por les nobles barons qu'il ot,
> Dont cascuns mieldre estre quidot...
> Fist Artus la roonde table,
> Dont Breton dient mainte fable :
> Iloc seeient li vassal
> Tuit chevalment et tuit ingal.

Ce passage atteste qu'en dehors de Gaufrei de Monmouth on connaissait, au milieu du xiie siècle, au moins dans l'Angleterre francisée et dans la Normandie, une foule de récits populaires sur les aventures d'Arthur et des compagnons assis à sa table. Un autre passage de Wace est encore plus significatif :

> En cele grant païs que je di,
> Ne sai se vos l'avez oï,
> Furent les merveilles provees
> Et les aventures trovees
> Qui d'Artur sunt tant racontees
> Que a fable sunt atornees.

Et le poète normand ajoute, avec la bonhomie souvent

malicieuse qui le caractérise, ce trait, qui n'est pas à dédaigner :

> Ne tot mençunge, ne tot veir,
> Ne tot fable, ne tot saveir.
> Tant ont li conteor conté
> Et li fableor tant fablé
> Por lor contes embeleter
> Que tout ont fait fable sembler.

En effet, en dehors du monde des clercs, dans lequel Gaufrei de Monmouth avait introduit, en l'arrangeant à sa mode, la légende arthurienne, elle avait pénétré, sous des formes variées et par des canaux divers, dans la société chevaleresque. Dès avant la conquête de l'Angleterre par les Normands, les musiciens gallois avaient, semble-t-il, franchi les limites de leur patrie pour venir exécuter chez les Anglo-Saxons eux-mêmes ces « lais » qui depuis eurent un si grand charme pour le public français. C'est ainsi du moins qu'on peut expliquer que Marie de France désigne le sujet de deux de ses lais à la fois par un mot breton et un mot anglais (*bisclavret, garwall; laustic, nihtegale*), celui d'un autre seulement par un mot anglais (*gotelef*), et que le breuvage amoureux qui causa la passion de Tristan et d'Iseut porte, dans le poème de Béroul, le nom anglais de *lovendris* (les traits particuliers que le prêtre anglais Layamon, dans sa traduction du *Brut* de Wace, ajoute à la légende d'Arthur s'expliquent peut-être autrement). Mais ce fut surtout chez les nouveaux maîtres de l'Angleterre que les chanteurs et musiciens bretons trouvèrent un accueil empressé ; ils ne tardèrent même pas à passer la mer, et de nombreux témoignages, qui ne dépassent guère la fin du XIIe siècle, nous les montrent à cette époque exécutant avec grand succès leurs lais dans toutes les grandes ou petites cours de la France du Nord. Ces « lais bretons » étaient des morceaux de musique accompagnés de paroles ; la musique, la « note », comme on disait, y jouait le rôle principal ; toutefois les paroles avaient leur importance, et les auditeurs qui ne comprenaient pas le breton éprouvèrent naturellement le besoin de savoir ce qu'elles voulaient dire. Elles se référaient toujours, mais peut-être sans la raconter précisément, à quelque histoire d'amour et généralement de malheur. On mit ces histoires en vers français, et nous avons ainsi conservé une assez riche collection de lais bretons, qui n'ont plus rien de musical, et qui sont tous composés en vers de huit syllabes rimant deux par deux; un seul est en vers de six syllabes. On a parlé ici du lai d'Ignaure (mieux qu'Ignaurès), de ceux de l'Ombre et de l'Anneau, du charmant lai du Cor, des douze lais de Marie de France publiés par Roquefort[1], qui ont d'ailleurs été composés, en Angleterre, non, comme on l'a dit, sous Henri III, mais sous son aïeul Henri II; dans ce même recueil de Roquefort sont imprimés les lais de Graelent et de l'Epine, qui ne sont pas de Marie. Plus tard, nos prédécesseurs ont consacré des notices aux lais du Désiré, du Conseil, de Mélion, du Trot et de Nabaret. Depuis, on a trouvé dans un manuscrit et publié six nouveaux lais, ceux de Tiolet, de Guingamor, de l'Épervier, de Doon, du *Lecheor*, de Tidorel. Une collection de lais a été traduite en norvégien au XIIIe siècle, et nous est parvenue; outre plusieurs de ceux que nous possédons en français, nous y trouvons les lais de Guron, du Rivage, et de Richard le Vieux (fragment). Un lai de Guron, différent de celui-là, est cité dans divers textes. Le poème anglais d'Emare porte le titre de lai et provient sans doute d'un lai français[2]. Nous rencontrons aussi la mention des lais d'Aeliz, de la Rose, de Pleur, de Joie, du Pélican. Le caractère ordinaire des lais fit donner le même nom à de petits poèmes narratifs qui avaient pour sujet des aventures analogues, mais qui ne se rapportaient en rien à la Bretagne; c'est ainsi qu'on a le lai de Narcisse, le lai d'Orphée, le lai d'Aristote, le lai de Havelok, le lai du

---

[1] Une nouvelle et meilleure édition de ces douze lais vient d'être donnée par M. Warnke (Halle, 1885); elle contient de précieuses remarques de M. Reinhold Köhler sur les contes qui font le sujet des lais. — [2] Il en est de même du poème de *Sir Gowther*, récemment publié, avec une excellente introduction, par M. K. Breul (Oppeln, Maske, 1886).

comte de Toulouse, le lai de l'Oiselet. Mais la plupart des lais sont réellement fondés sur des contes celtiques. D'ordinaire, les aventures qu'ils racontent ne reçoivent aucune détermination de temps ou de lieu; quelquefois cependant (Lanval, Tiolet), elles sont rattachées, fort extérieurement d'ailleurs, à Arthur. Il arrivait souvent que plusieurs de ces lais étaient consacrés à un même héros, si bien qu'en les réunissant on pouvait composer de ce héros une sorte de biographie poétique. C'est ce qui semble s'être produit pour Tristan, le plus célèbre des guerriers, des chanteurs et des amants, complètement étranger, à l'origine, au cycle d'Arthur, avec lequel certains poèmes l'ont mis plus tard en rapport. Les romans qui le concernent se composent d'épisodes isolés, qu'on a plus ou moins habilement, et dans un ordre qui varie autant que les récits eux-mêmes, soudés les uns aux autres. Nous avons d'ailleurs conservé sur les amours de Tristan et de la reine Iseut deux lais épisodiques : le lai du Chèvrefeuille, fait par Marie de France, et, dans deux versions très différentes, mais ayant une source commune, le lai de la Folie Tristan. D'autre part, il est arrivé que des lais ont été plus tard développés de manière à donner de vrais romans: c'est ainsi, par exemple, que le lai de Frêne a produit le joli roman de Galeran de Bretagne, et que le roman d'Ille et Galeron repose en partie sur le lai d'Éliduc ; mais ces romans n'ont pas été rattachés par leurs auteurs au cycle de la Table ronde.

Les lais ne furent pas les seuls véhicules par lesquels les traditions ou les fictions celtiques pénétrèrent en masse, au XIIe siècle, dans la société polie d'Angleterre et de France, et y suscitèrent une poésie nouvelle. Déjà les vers de Wace cités plus haut nous ont montré à l'œuvre les conteurs et les « fableurs » brodant à qui mieux mieux sur le fond des aventures de la Table ronde. Beaucoup d'autres passages nous prouvent qu'à la cour des rois, et sans doute aussi à celle des grands seigneurs et même chez de plus petites gens, on ne se contentait point, aux heures de loisir, notamment après les repas, d'entendre des musiciens et des chanteurs : on écoutait de simples conteurs, qui se faisaient de leur mémoire, à défaut d'imagination, et de leur talent de bien dire une véritable profession. Nous croyons devoir citer quelques-uns de ces passages, qui, comme celui de Wace, se rapportent au sujet qui nous occupe. Béroul, l'auteur d'un des romans sur Tristan, qui écrivait en Angleterre vers 1150, combat ainsi sur un point de son récit la version qu'en donnaient généralement les « conteurs » :

> Li cont[e]or dient qu'Ivain
> Firent tuer, que sunt vilain :
> N'en sevent mie bien l'estoire ;
> Berous l'a meus en son memoire.

Thomas, qui écrivait aussi en Angleterre une vingtaine d'années après Béroul, se trouve plus d'une fois embarrassé en présence de la variété des récits que colportaient les conteurs, et, pour appuyer la version qu'il choisit (ou qu'il invente), il fait appel à l'autorité du plus célèbre d'entre eux, d'un certain Bléri ou Bréri, conteur gallois, sur lequel, par un heureux hasard, Giraud de Barri nous a également laissé une notice (*famosus ille Bledhericus fabulator, qui tempora nostra paulo praevenit*) :

> Seigneurs, cest cunte est mult divers...
> Entre cels qui solent cunter
> E del cunte Tristran parler,
> Il en cuntent diversement,
> Oï en ai de plusur gent ;
> Asez sai que chescun en dit,
> Et ço qu'il unt mis en escrit.
> Mès sulum ço que j'ai oï
> Nel dient pas sulum Breri,
> Ky solt les gestes e les cuntes
> De toz les reis, de toz les cuntes
> Ki orent esté en Bretaingne.

On voit ici l'opposition entre ceux qui « contaient » et « parlaient » des aventures de Tristan, et ceux qui, avant Thomas, les avaient, comme Béroul, « mises en écrit ».

DU CYCLE DE LA TABLE RONDE.

Chrétien de Troies, en commençant l'histoire d'Érec, empruntée sans doute au récit de quelqu'un de ces conteurs, croit devoir, selon un usage fréquent, protester contre ceux qui ne racontaient pas cette histoire exactement comme lui :

> D'Erec le fil Lac est li contes,
> Que devant rois et devant contes
> Depecier et corrompre suelent
> Cil qui de conter vivre vuelent.

Renaut de Beaujeu, nous représentant la cour d'Arthur, n'oublie pas d'y faire figurer les conteurs à côté des jongleurs et des chanteurs :

> La veïssiés grant joie faire,
> As jogleors vieles traire,
> Harpes soner et estriver,
> As canteors cançons canter;
> Li conteor[1] metent lor cures
> En conter beles aventures.

Le Bel Inconnu
v. 21.

L'auteur de Floriant et Florète nous montre aussi une cour et nous décrit les différents groupes qui prennent divers plaisirs; après avoir parlé de ceux qui jouissent de la musique, des chants et des danses, il ajoute :

> D'autre part sont cil conteour.
> La est des chevaliers la flour,
> Quar volentiers les escoutoient,
> Que les anciens faiz contoient
> Des preudomes qui jadis furent,
> Qui se maintinrent si com durent,
> Des granz batailles que il firent,
> Et comment lor terre conquirent.
> Tout ce li conteour contoient,
> Et il volentiers les ooient[2].

Flor. et Florète
v. 6227.

Mais le passage le plus remarquable est celui qui se trouve chez un des continuateurs du Perceval de Chrétien

---

[1] L'édition porte *canteor*: c'est évidemment une erreur.
[2] Plusieurs de ces vers se retrouvent textuellement dans Claris et Laris (v. 29614 et suiv.); voyez plus loin la notice de ce roman.

de Troies, Gaucher de Dourdan (telle nous paraît être la meilleure forme de son nom), et qu'on a fort heureusement allégué pour attester l'abondance et la diversité des récits qui ont circulé sur « la matière de Bretagne », et en même temps pour expliquer comment beaucoup d'entre eux ont disparu sans laisser de traces écrites. Le poète oppose la véracité de son récit (constante prétention, on le sait, de tous ces diseurs de contes bleus) au peu de sérieux des conteurs ambulants qui remplissent les maisons des grands et qui débitent avec assurance, « sans rimer », des inventions auxquelles on ajoute trop facilement foi :

> Mais il sont ore maint vassal
> Qui fabloiant vont par les cours,
> Qui les contes font a rebours
> Et des estoires les esloignent
> Et les mençoignes i ajoignent,
> Et cil qui l'oent et escoutent
> Ne sevent que bon conte montent (*lisez* : coustent?),
> Ains dient que cil menestrel
> Qui gisent la nuit en l'ostel,
> Quant on lor fait un poi conter
> D'une aventure sans rimer,
> Qu'il ont toute l'estoire oïe,
> Qu'il n'aront ja jor de lor vie ;
> Si lor font tout mençoigne acroire,
> Et il le sevent bien aoire
> Et bien acroistre et metre avant.

Ainsi, dès la première moitié du XIIe siècle et jusque vers le milieu du XIIIe, les récits bretons furent propagés en Angleterre et en France sous la double forme du lai et du conte. Il va sans dire, et le passage de Gaucher l'indique suffisamment, qu'au bout de quelque temps on ne se contenta pas de reproduire plus ou moins fidèlement des récits gallois ou armoricains, mais qu'on en inventa d'analogues, ou qu'on en fit rentrer dans le cadre arthurien qui lui étaient originairement tout à fait étrangers. D'ailleurs les récits bretons eux-mêmes avaient commencé de très bonne heure à perdre leur couleur nationale, Arthur et ses guerres

d'indépendance et de conquête ayant été de plus en plus
relégués à l'arrière-plan, et la culture française ayant été
introduite dans ces récits, pris dans un milieu si différent. Nous avons cependant, soit en français, soit en anglais, quelques romans où l'ancienne inspiration celtique
et la simplicité barbare des mœurs, la bizarrerie des sentiments, le fantastique très particulier des événements se
rencontrent encore au moins en quelques traits et attestent
la proximité des sources bretonnes; mais c'est dans les
contes gallois connus sous le nom de *Mabinogion* (en excep-
tant, bien entendu, les trois qui sont traduits du français)
que nous pouvons le mieux apprécier l'esprit gallois livré à
lui-même. Ces contes en prose n'ont été, il est vrai, rédigés
qu'au XVe siècle, et depuis le XIIe ils avaient dû être très
remaniés, mais leur frappante différence avec les poèmes
français du cycle d'Arthur nous montre néanmoins quelle
transformation profonde subit la « matière de Bretagne » en
passant par les mains françaises.

Les plus anciens des poèmes consacrés à cette matière
paraissent avoir été composés en Angleterre, et presque
tous se sont perdus. Il ne nous reste de cette première
couche que les deux longs fragments de Béroul et de
Thomas sur Tristan. Mais nous possédons un certain nombre de poèmes anglais, écrits au XIIIe et au XIVe siècles, et
qui doivent s'appuyer sur ces anciens poèmes anglo-normands : nous en parlerons à leur lieu et place. On doit
sans doute en dire autant des trois récits gallois insérés
dans les *Mabinogion*, mais bien différents des autres, et qui
répondent aux poèmes de Chrétien de Troies sur Érec,
Ivain et Perceval; ils ne sauraient, comme on l'a cru autrefois, être la source où a puisé le poète français; ils ne proviennent certainement pas non plus de ses ouvrages; ils
remontent donc à des récits semblables, mais autres, et
il est tout naturel de supposer que les rédacteurs gallois
ont trouvé ces récits chez leurs voisins anglo-normands.

D'Angleterre, la matière de Bretagne a passé en France,
soit directement par les chanteurs et conteurs bretons,

soit par l'intermédiaire des conteurs anglo-normands, soit déjà mise en vers dans les lais et les poèmes anglo-normands. Les plus anciens ouvrages qui lui aient été consacrés ou du moins qui soient arrivés jusqu'à nous sont ceux de Chrétien de Troies, dont le premier roman breton, malheureusement perdu, Tristan, peut remonter à 1150, et dont les autres, Érec, Cligès, Lancelot, Ivain, Perceval, ont dû être écrits dans le quart de siècle suivant. La plupart des autres poèmes du cycle ont visiblement été composés sous l'influence de Chrétien : ils sont souvent, comme les siens, puisés plus ou moins indirectement à des sources celtiques ; mais il est clair que souvent aussi ils nous présentent de pures inventions françaises, ou plutôt des imitations qui parfois ne consistent guère qu'à mettre dans un autre ordre ou à rapporter à d'autres personnages des lieux communs de romans antérieurs. Les dates de ces productions ne se laissent guère déterminer avec précision : Méraugis de Portlesguez, par Raoul de Houdenc, le plus célèbre des imitateurs de Chrétien, a certainement été écrit assez longtemps avant 1228 ; le roman de Claris et Laris, interminable et banale compilation, a été composé en 1268 ; il clôt la série, et déjà à l'époque où il se produit on peut le considérer comme tout à fait isolé. C'est donc essentiellement, comme nous l'avons dit, entre le milieu du XIIe et le milieu du XIIIe siècle que s'est accomplie en France la grande production de romans empruntés à la matière de Bretagne.

Tous ces romans ont quelques traits communs de fond et de forme. Pour le fond, ils se divisent en deux classes, les romans biographiques et les romans épisodiques. Les premiers prennent un héros depuis sa naissance, ou au moins depuis son apparition à la cour d'Arthur, où se présente à lui l'aventure qui doit faire le principal sujet du roman, et nous racontent plus ou moins longuement ses prouesses, qui aboutissent à son mariage ; à cette catégorie appartiennent, par exemple, Durmart, Fergus, Gliglois, Guinglain (le Bel Inconnu), Ider, Méraugis, Mériadeuc (le

Chevalier aux deux épées), Claris et Laris, etc. Les romans épisodiques, au contraire, généralement plus brefs, nous retracent un épisode, mais souvent composé de beaucoup d'aventures enchevêtrées les unes dans les autres, de la vie d'un héros célèbre; ce héros est Gauvain dans presque tous les romans, par exemple dans le Cimetière périlleux, le Chevalier à l'épée, la Mule sans frein, la Vengeance de Raguidel, Humbaut, etc. Le roman de Rigomer est le plus long, bien qu'incomplet, de tous les romans épisodiques, et peut être considéré comme une sorte de roman cyclique, où la plupart des personnages célèbres des poèmes antérieurs se partagent les principaux rôles. Quel que soit le moule extérieur du roman, le métal dont il est fait est toujours à peu près le même : les romans arthuriens sont essentiellement des romans d'aventure et d'amour, où les héros sont présentés comme des modèles de prouesse, de galanterie et surtout de « courtoisie ». On sait que sous ce nom on comprenait, au XIIe siècle, non seulement la perfection des bonnes manières, à laquelle on attachait un grand prix, mais la possession des vertus sociales les plus raffinées, comme la douceur, la modestie, la générosité, la franchise. L'amour, tel qu'il est conçu dans nos romans, est étroitement lié à la courtoisie, et c'est faire grand tort à ces romans que de les accuser d'immoralité ou de licence. A quelques rares exceptions près (comme dans les vieux poèmes sur Tristan, antérieurs à la période proprement française), l'adultère y est inconnu : le héros aspire dès le commencement du récit à la main d'une jeune fille, qu'il finit par obtenir, et il montre dans sa passion autant de constance que d'exaltation ; quant aux scènes un peu trop vives, on en trouverait tout au plus une ou deux dans la masse énorme des vers qui composent le cycle breton. Les caractères de femmes sont généralement très purs, et, s'ils pèchent par quelque endroit, c'est par la banalité et non par l'incorrection. Avec cette conception idéale et assez monotone du héros et de l'héroïne, la trame du récit ne s'accorde pas toujours très bien : les aventures qui faisaient le fond des contes celtiques étaient bizarres et souvent féroces; on est parfois étonné de les voir exécuter par des personnes aussi raisonnables et aussi accomplies que celles qui tiennent les premiers rôles dans nos romans; mais c'est justement l'étrangeté, parfois le merveilleux de ces aventures qui a fait auprès du public du xii° siècle le succès des récits bretons, et qui leur a suscité tant d'imitations. Jean Bodel dit avec raison dans un passage bien souvent cité :

Li conte de Bretaigne sont si vain et plaisant.

Cette « vanité », cette absence complète de sérieux et de suite, cet enfilement incohérent d'aventures entreprises sans motifs, dont l'extravagance va souvent jusqu'à la plus complète absurdité, étaient ce qui plaisait alors; c'est ce qui nous lasse aujourd'hui dans la lecture de ces poèmes, dont le monde factice, à la fois dénué de vraisemblance et de variété (car toutes ces aventures se ressemblent et sont souvent copiées les unes sur les autres), nous inspire vite, en même temps que l'ennui, le désir de nous reposer avec quelque réalité vivante. Nous trouvons une certaine compensation dans les détails, notamment dans les descriptions de villes, de châteaux, de fêtes, de combats, d'armes, de parures, qui sont de style, pour ainsi dire, dans la plupart des poèmes arthuriens français, et qui nous fournissent souvent d'intéressants renseignements archéologiques; nous en trouvons une autre, au moins chez les meilleurs poètes, dans l'analyse psychologique, parfois très fine, à laquelle, d'après l'exemple de Chrétien, ils soumettent les sentiments et surtout les conflits de sentiments de leurs personnages, et qu'ils expriment dans des monologues souvent d'une subtilité fatigante, d'une forme recherchée et d'une fastidieuse longueur, mais qui souvent aussi joignent à une certaine profondeur une vraie naïveté. Par là ces romans sont les véritables précurseurs du roman moderne : quelques-uns d'entre eux, comme par exemple Durmart et Gliglois, sont tout à fait exempts d'éléments merveilleux, et n'excitent notre intérêt que par le récit d'événements possibles, la peinture des caractères et l'analyse des sentiments; il est vrai qu'événements, sentiments et caractères ne sont pas encore modelés avec rigueur sur la réalité, mais ils s'en rapprochent déjà, et l'importance attachée à des faits tout moraux, d'un caractère individuel, à des nuances, à des conflits intimes, est bien différente de l'exposition tout extérieure et des grands partis pris qui caractérisent l'épopée.

En somme, les romans de la Table ronde sont l'expression la plus complète de la société « courtoise » du temps de Louis VII, de Philippe II et de saint Louis; ils ont à leur tour exercé sur cette société, non moins que sur la littérature subséquente, une influence incontestable, et ils méritent d'être étudiés à ce titre autant que pour les traditions celtiques conservées dans quelques-uns d'entre eux.

La forme de tous ces romans est la même : ils sont écrits en vers de huit syllabes, rimant deux à deux. Cette forme, employée déjà dans le récit sérieux ou l'exposition didactique, les distingue nettement aussi des chansons de geste d'inspiration purement nationale. Les romans bretons sont destinés à être lus et non à être chantés, et Chrétien de Troies nous montre déjà plus d'une dame ou demoiselle (mais jamais un homme[1]) occupant ses loisirs à lire un roman; toutefois, d'habitude, les seigneurs et les dames pour lesquels ils étaient composés se les faisaient lire, et pour cause, plutôt qu'ils ne les lisaient eux-mêmes. Il faut tenir compte de ces conditions quand on étudie ces romans. Ils ne sont plus destinés à de grandes réunions d'auditeurs chez lesquels le poète veut éveiller et faire vibrer autant que possible les sentiments communs; ils sont faits pour être lus en petit comité ou même dans la solitude, et par certaines personnes en vue desquelles ils ont été écrits. C'est

---

[1] Dans le roman bien postérieur de Claris et Laris, nous voyons le jeune Claris lire « en un petit livre » l'histoire de « Tibé et Piramus (v. 163) »; c'est un passage à joindre à ceux que nous avons indiqués ailleurs (t. XXIX, p. 497) et qui prouvent que cette histoire a été très goûtée au moyen âge.

de la littérature au vrai sens du mot, et il est tout naturel que des clercs, comme était Chrétien de Troies, y aient pris part, aussi bien que des grands seigneurs, comme paraît l'avoir été par exemple Renaud de Beaujeu.

Les romans français du cycle d'Arthur n'eurent pas en Europe un succès moindre que celui qu'avaient obtenu nos chansons de geste. Les nations romanes, il est vrai (sauf la Provence, qui a produit non une traduction, mais une imitation, le roman de Jaufré), les ont à peine connus sous leur forme poétique, et n'ont traduit que les romans en prose. Mais les nations germaniques les ont accueillis, presque à leur apparition, avec une extrême faveur. Dès la fin du XIIe siècle et le commencement du XIIIe, deux poèmes sur Tristan, un Lancelot perdu en français, l'Érec, l'Ivain et le Perceval de Chrétien sont traduits en vers allemands, et quelques autres suivent encore; les Néerlandais ont mis dans leur langue, sans parler de nos romans en prose, une partie de Perceval, Fergus, la Vengeance de Raguidel, et au moins cinq poèmes que nous ne possédons plus en français (deux poèmes sur Gauvain, Torec, le Chevalier à la manche, et un petit poème épisodique sur Lancelot); les Norvégiens ont traduit en prose le Tristan de Thomas, trois poèmes de Chrétien, le Manteau mal taillé et le roman, perdu chez nous, de Ferri de Normandie; les Anglais, outre les poèmes indiqués plus haut, qui ont sans doute des sources anglo-normandes, et quelques imitations de Chrétien de Troies, nous ont conservé, suivant toute vraisemblance, dans le Vert Chevalier, un charmant poème épisodique que nous n'avons plus dans notre langue. Nous mentionnerons les imitations étrangères à propos des originaux français, et nous ferons figurer à leur rang, dans notre étude, celles de ces imitations dont les originaux se sont perdus et qui dès lors les remplacent pour l'historien de la littérature française.

Il est difficile, dans le travail que nous allons entreprendre, de suivre un ordre parfaitement satisfaisant. L'ordre alphabétique des poèmes, rangés d'après leur titre,

serait le plus commode en apparence, mais il ne serait ni
sans inconvénients ni sans difficultés; nous ne l'avons
adopté qu'en partie. Les plus anciens poèmes qui nous
soient parvenus en français sur des sujets bretons sont
ceux qui concernent Tristan; nous les mentionnerons
d'abord, mais sommairement, parce qu'il en a déjà été
question ici. Nous mentionnerons ensuite, et sommairement aussi, les poèmes de Chrétien de Troies, dont la
plupart des autres ont visiblement subi l'influence. Puis
nous réunirons les romans épisodiques, dont le héros
est presque toujours Gauvain, mais parfois aussi un autre
chevalier ou Arthur lui-même, et nous terminerons par les
romans biographiques, rangés dans l'ordre alphabétique
que nous fourniront les noms des héros de chacun d'eux.

TRISTAN.

Voyez t. XIX, p. 687-704.

Nous ajouterons à la notice qui vient d'être indiquée les
renseignements complémentaires suivants.

Le tome I de la collection de M. Francisque Michel contient
d'abord un long fragment (4445 vers) d'un poème dont
l'auteur s'appelait Béroul (au cas sujet « Berox », v. 1232);
une autre œuvre anglo-normande, sur la légende du Purgatoire de saint Patrice, portant le même nom d'auteur, a été
récemment découverte. Le poème de Béroul ressemble de
fort près pour une partie, mais pour une partie seulement,
au poème français qu'a eu sous les yeux l'Allemand Eilhart
d'Oberg, qui écrivait vers 1175. Le poème d'Eilhart est
presque entièrement perdu sous sa forme première, mais
on en a diverses rédactions rajeunies, d'après lesquelles on
a essayé de restituer le texte du XIIe siècle; voyez : *Eilhart
von Oberge, herausgegeben von* Franz Lichtenstein (Strasbourg,
1877). Notons que, dans une rédaction du roman en prose
sur Tristan, conservée à la fois dans le manuscrit de la Bibliothèque nationale français 103 et dans les éditions (qui
reproduisent toutes celle de Rouen, 1489), on a substitué

3.

au dénouement du roman en prose, qui fait tuer Tristan par le roi Marc, un autre dénouement bien plus ancien, et qui ressemble de fort près à celui que nous offre le poème d'Eilhart. Il résulte de là que le rédacteur du xve siècle qui a pratiqué cette substitution (on n'en trouve pas de traces plus anciennes) connaissait dans son entier un poème analogue à celui qu'a suivi Eilhart, et sans doute, au moins en partie, à celui de Béroul. Il était en cela plus heureux que nous. Le petit poème qui termine le premier volume du recueil de M. Michel est un véritable lai, qu'on peut appeler la Folie Tristan. Il est fort intéressant, parce qu'on y trouve un résumé de toutes les aventures de Tristan et Iseut, d'après une rédaction qui se rapprochait beaucoup de celles de Béroul et d'Eilhart.

A ce premier groupe de récits s'oppose le second, représenté par le poème de Thomas. Ce Thomas paraît bien être le même que l'auteur du roman de Horn, et ces deux compositions le classent tout à fait au premier rang parmi les poètes anglo-normands et même parmi les poètes du moyen âge. Depuis la publication de son deuxième volume, qui contenait la fin de l'œuvre de Thomas, M. Michel a trouvé, du même auteur, six autres fragments plus ou moins étendus, qu'il a publiés dans un supplément (Londres, 1839); en outre, un morceau court, mais fort important, a été découvert et publié par M. de La Villemarqué. Nous croyons utile de donner, suivant l'ordre qu'ils occupent dans le récit, l'indication exacte de ces huit fragments, qui se réduisent en somme à quatre, quatre d'entre eux faisant double emploi.

1. Tristan et Iseut sont surpris par Marc dans le jardin du palais : 51 vers. — Fragment publié par M. de La Villemarqué (Archives des missions, t. V, p. 97).

2. Tristan, séparé d'Iseut, épouse, en Petite Bretagne, Iseut aux blanches mains : 888 vers. — Francisque Michel, t. III, p. 1-44.

3. Tristan, accompagné de son beau-frère Kaherdin,

revient en Cornouaille pour voir et lui montrer Iseut : 68 vers. — Francisque Michel, t. III, p. 83-86.

4. Querelle d'Iseut avec sa confidente Brangien; Tristan caché sous l'escalier; fête où Tristan et Kaherdin tuent deux des chevaliers de Marc; retour de Tristan et de son beau-frère en Petite Bretagne; blessure de Tristan; mort de Tristan et d'Iseut : 1815 vers. — Francisque Michel, t. II, p. 1-85 (les vers 217-222, 342-416, 513-582, 1047-fin, sont en double dans le tome III, p. 87, 87-90, 91-94, 45-82).

Dès 1865, dans un livre qui lui valut le grade de docteur devant la Faculté des lettres de Paris, M. Bossert établit, ce qu'on n'avait pas reconnu avant lui, que Gotfrid de Strasbourg avait composé, avant 1203, son célèbre poème allemand sur Tristan, resté malheureusement inachevé, d'après le poème de Thomas : l'imitation de Gotfrid s'arrêtait juste où commençait le premier des trois fragments publiés par M. Michel. Le fragment imprimé par M. de La Villemarqué, qui était resté inconnu à M. Bossert, démontre la justesse de sa thèse, car il coïncide parfaitement avec la partie correspondante du poème de Gotfrid de Strasbourg. Cette thèse a d'ailleurs, depuis lors, été mise au-dessus de toute contestation par la publication de la version norvégienne en prose du poème de Thomas, publication due à M. Kölbing, qui l'a fait précéder d'une introduction comparative très étendue, et y a joint une édition nouvelle et fort améliorée du *Sir Tristrem* anglais, publié jadis par Walter Scott, et également imité de l'œuvre de Thomas. Il reste à donner de tous les fragments de Thomas une édition bien ordonnée et aussi correcte que possible ; la Société des anciens textes français, qui doit aussi réimprimer les fragments de Béroul, a depuis longtemps annoncé cette édition, qu'on est impatient de voir paraître. C'est encore au poème de Thomas que se rattache le second lai de la Folie Tristan, publié dans le tome II du recueil de M. Francisque Michel : l'auteur paraît avoir eu sous les yeux soit le lai publié dans le

Bossert (A.) Tristan et Iseult p. 109-114.

Kölbing (E.) Tristrams Saga of Isondar.

Vetter (Fr.), La Légende de Tristran.

tome I, soit au moins une forme antérieure du même récit, et il l'a modifié en changeant en allusions au poème de Thomas toutes les réminiscences de la rédaction de Béroul et d'Eilhart qui se trouvaient dans son original.

Remarquons enfin que le poème de Béroul, qui ne doit pas être plus récent que 1150, et celui de Thomas, composé vers 1170, sont l'un et l'autre anglo-normands. Ils nous ont presque seuls été conservés, au moins partiellement, sous leur forme originale, parmi les très nombreuses compositions du même genre que le xiie siècle a vues naître en Angleterre. D'ordinaire, ces compositions ont disparu devant les imitations qui en ont été faites en France, notamment par Chrétien de Troies. Ici c'est l'inverse qui est arrivé. Chrétien avait composé un poème sur Tristan qui est complètement perdu, tandis que celui de Béroul, qui lui avait peut-être servi de source, nous est arrivé au moins en partie. Il faut remarquer aussi que ces deux poèmes ne sont pas restés enfermés dans leur patrie insulaire; ils ont passé sur le continent et y ont été copiés, lus, traduits et imités. C'est encore un fait assez rare dans l'histoire de la littérature anglo-normande. Il faut attribuer cette exception au mérite de ces deux poèmes, et surtout à la beauté et à l'incomparable attrait des récits qui en forment le sujet.

CHRÉTIEN DE TROIES ET SES OEUVRES.

Depuis la notice consacrée par nos prédécesseurs au célèbre poète champenois, dont toutes les œuvres étaient alors inédites, il a été l'objet de nombreux et importants travaux. Nous nous bornerons à indiquer le plus étendu, l'ouvrage de M. Holland intitulé : *Crestien von Troies, eine literargeschichtliche Untersuchung* (Tübingen, 1854), et un article publié dans la *Romania* (t. XII, p. 459), où l'on a essayé de déterminer approximativement les dates des ouvrages du poète qui nous sont parvenus. Des conclusions analogues ont été présentées depuis par l'éditeur de Cligès, et on peut les regarder comme à peu près assurées. Il est certain, d'après le témoignage souvent cité de l'auteur luimême dans les premiers vers de Cligès, qu'il avait composé ce poème après Érec; il n'est pas douteux que, quand il écrivit Cligès, il n'avait pas encore écrit ses trois grands romans de la Charrette, d'Ivain et de Perceval. Perceval est le dernier qu'il ait composé, puisque, d'après le témoignage de Gerbert de Montreuil, un de ses continuateurs, ce fut la mort qui l'empêcha de l'achever. Le Chevalier au lion est postérieur à la Charrette et y renvoie; or le Chevalier au lion, mentionnant le sultan Noradin, mort en 1173, comme vivant, ne peut être plus récent que 1174; d'autre part, la Charrette étant dédiée à la comtesse de Champagne, Marie de France, qui épousa Henri Ier en 1164, ne peut être antérieure à 1165. Le Perceval est dédié au comte Philippe de Flandre : c'est Philippe d'Alsace, qui succéda à son père Thierri en 1169. Philippe se croisa en 1188 et ne revint pas de l'expédition où il avait accompagné le roi de France : Chrétien, dans sa dédicace, ne faisant aucune allusion à des projets de croisade, a dû composer le Perceval quelques années avant 1188; on peut le placer vers 1180. On arrive donc à l'ordre et aux dates approximatives que voici pour les œuvres de Chrétien : Tristan (perdu); traductions d'Ovide (sur Philomena, voyez t. XXIX, p. 489-497); Érec, avant 1164; la Charrette, puis Ivain, entre 1165 et 1174; le Perceval vers 1180. Quant au Guillaume d'Angleterre, l'attribution de ce poème à Chrétien a été révoquée en doute et même niée par MM. Conrad Hofmann et Paul Meyer; M. Förster est porté au contraire à la maintenir.

La réputation de Chrétien de Troies, parmi ses contemporains et ses successeurs immédiats, a déjà été établie par plusieurs citations empruntées à leurs écrits. En voici deux qui n'avaient pas encore été recueillies, et qui se trouvent dans des ouvrages inédits. Dans un passage, d'ailleurs assez obscur, l'auteur de Humbaut et Gauvain, poème que nous étudierons plus loin, s'exprime ainsi, après avoir écrit le vers « Fors un sorcot sans plus de roube », vers qu'on peut croire emprunté à Chrétien, bien que nous ne l'ayons pas remarqué dans ses œuvres :

> Ne dira nus hom que je robe
> Les bons dis Crestien de Troies,
> Qui jeta ambesas et troies
> Por le maistre (?) avoir deu jeu,
> Et juames por ce maint jeu.

Une autre mention se trouve dans une compilation en prose : « De çou ne parole pas Chrestiens de Troies ne « li autre troveor qui en ont trové por faire lor rimes plai-« sans, mais nos n'en disons fors tant com au conte en « monte[1]. »

Cette réputation ne s'arrêtait pas aux limites de la France; elle était si grande en Allemagne, au commencement du xiiie siècle, que l'on mettait sous le nom de Chrétien des ouvrages français qu'on traduisait et auxquels il était complètement étranger, afin de leur procurer du succès; c'est ainsi que Wolfram d'Eschenbach, qui avait antérieurement imité le Perceval, attribue aussi à « Cristian von Troies » la chanson d'Aleschans, dont il a tiré son Willehalm. Henri du Türlin, qui a, lui aussi, pris au Perceval une partie de sa compilation intitulée la Couronne, n'hésite pas à invoquer son autorité pour des parties de cet ouvrage qui ne lui doivent assurément rien, et il ne le nomme nulle part avec plus de complaisance que là où le poète allemand paraît être, non pas même traducteur, mais inventeur.

Nous allons dire quelques mots complémentaires, dans l'ordre où nous venons de les ranger, de chacun des cinq romans de Chrétien parvenus jusqu'à nous qui se rapportent au cycle breton. Ces romans ont une importance capitale pour l'histoire de ce cycle; nous les regardons en général comme faits plus ou moins directement d'après des

---

[1] Ajoutons ici un passage singulier de Claris et Laris. Les deux héros rencontrent l'amie d'Ivain, qui leur dit qui elle est et leur rappelle l'histoire de la fontaine, par laquelle s'ouvre le Chevalier au lion, qu'elle atteste vraie par ces mots : *Si con Crestiens le tesmoine* (v. 627).

sources anglo-normandes, soit orales, soit écrites, et comme ayant servi de modèles à peu près à toutes les compositions du même genre qui se sont succédé en France pendant environ un siècle. Une édition complète des œuvres de Chrétien de Troies était depuis longtemps souhaitée; M. Michelant l'avait annoncée il y a près de quarante ans, et il est à regretter que les circonstances l'aient empêché d'exécuter cette grande entreprise. Elle va s'accomplir en dehors de la France par les soins de M. Wendelin Förster, professeur à Bonn. Le premier volume, contenant Cligès, a déjà paru; il répond à tout ce que pouvaient attendre les plus exigeants, et fait concevoir sur l'ensemble de l'édition le préjugé le plus favorable. Le Perceval, dans cette édition, sera confié à un autre philologue allemand, M. Baist.

ÉREC.

Voyez t. XV, p. 197-209.

Ce roman a été publié par Imm. Bekker dans le tome X (1856) de la *Zeitschrift für deutsches Alterthum*, d'après un seul manuscrit, le numéro 1376 de la Bibliothèque nationale. La version allemande de Hartmann d'Aue a été souvent imprimée.

La *saga* norvégienne d'Érec a été imprimée et soigneusement comparée avec l'original français par M. Cederschiöld.

Cederschiöld (G.), Erex Saga.

Érec s'appuie sur un poème anglo-normand qui a, d'autre part, servi de source à un *mabinogi* gallois publié par Lady Guest, traduit en anglais par elle-même, en français par M. de La Villemarqué et en allemand par M. Schultz (San-Marte). Le héros y est appelé Gheraint.

CLIGÈS.

Voyez t. XV, p. 209-221.

L'édition de M. Förster (Halle, Niemeyer, 1884), faite

d'après tous les manuscrits connus, présente un excellent texte de ce roman. L'introduction donne sur le récit qui en fait le sujet, et qui remonte à de vieilles légendes orientales, tous les renseignements désirables; M. Förster parle aussi des imitations allemandes du poème, et publie en appendice une très médiocre rédaction en prose que ce poème a subie au xve siècle.

LANCELOT OU LA CHARRETTE.

Voyez t. XV, p. 255-264.

Le roman de la Charrette, épisode de l'histoire des amours de Lancelot avec la reine Guenièvre, n'a été que commencé par Chrétien; la fin a été écrite, de son consentement et sans doute sur ses notes, par un clerc appelé Godefroi de Lagni. Ce roman a été publié deux fois, d'après deux manuscrits différents, par Prosper Tarbé et par le savant professeur néerlandais M. Jonckbloet, qui y a joint la partie correspondante du roman de Lancelot en prose.

Toutes les questions relatives à ce roman, à l'origine du récit qui en fait le sujet, à l'importance qu'il a pour l'histoire littéraire et au rapport des deux rédactions en vers et en prose, ont été récemment traitées dans un article déjà cité de la *Romania*.

IVAIN OU LE CHEVALIER AU LION.

Voyez t. XV, p. 235-244.

Ce poème a été publié deux fois, mais sans que tous les manuscrits aient été utilisés, par M. Holland (Hanovre et Paris, 1861 et 1880). Il avait antérieurement été imprimé, mais très imparfaitement, et d'après un seul manuscrit, à la suite de l'édition des *Mabinogion* de Lady Guest.

L'imitation allemande de Hartmann d'Aue a souvent été imprimée; le rapport de cette imitation à son modèle et le sujet même du poème ont fourni matière, en Allemagne, à de nombreuses dissertations.

Le poème de Chrétien a été aussi traduit en anglais et publié par Ritson sous le titre de *Ywain and Gawain*. La version scandinave, qui présente un réel intérêt et qui a servi de base à un poème suédois, a été publiée et comparée avec le poème français par M. E. Kölbing.

Enfin, pour Ivain, comme pour Érec, nous possédons un *mabinogi* gallois, qui n'est ni l'original ni la copie du poème français, mais qui provient de la même source; il a été imprimé et traduit comme celui d'Érec (Gheraint).

Ritson, Ancien Engleish metric. Romances, t. p. 1-169.
Kölbing (E. Riddarasögur, p. XXXVIII, 73-136.

PERCEVAL OU LE CONTE DU GRAAL.

Voyez t. XV, p. 246-254.

Un littérateur belge, M. Potvin, a imprimé à Mons, de 1866 à 1871, en six volumes, le poème de ce nom, laissé inachevé par Chrétien, trois des continuations successives qu'il a reçues, l'analyse, avec nombreux extraits, d'une quatrième, enfin un roman en prose inachevé, dont le rapport avec le poème n'a pas encore été élucidé. M. Potvin, accordant à un manuscrit de Mons, qu'il a suivi presque exclusivement, une confiance fort exagérée, attribue à Chrétien de Troies les 45400 vers au moins que contient ce manuscrit, dont le copiste a supprimé les traces des interruptions et des reprises de l'œuvre, ainsi que les noms des continuateurs de Chrétien. Il faut retirer à celui-ci, d'abord le prologue de 1282 vers propre au manuscrit de Mons, puis tout ce qui suit, dans l'édition de M. Potvin, le vers 10601 (en réalité 10600, par suite d'une erreur de chiffrage au vers 9850). Le prologue postiche et l'œuvre de Chrétien une fois mis de côté, le reste du poème se divise en trois grands morceaux : le premier, qui est anonyme et n'est peut-être pas d'un seul auteur, et qui, au moins pour une partie, existe dans deux rédactions assez différentes, a subi en outre une interpolation considérable. Il va du vers 10602 au vers 21916, et il est consacré à la fin des aventures de Gauvain, au milieu desquelles Chrétien s'était arrêté.

Le second, dont l'auteur paraît s'être appelé Gaucher de Dourdan (les manuscrits présentent ce nom avec de nombreuses variantes), se rattache au contraire directement à la dernière mention de Perceval dans l'œuvre de Chrétien; il s'arrête brusquement, au milieu d'une phrase, au vers 34934. Il a reçu trois fins différentes : la première, qui ne comprend que quelques vers, est dans un seul manuscrit (Berne, 113); la seconde, la plus répandue, que nous ont transmise sept manuscrits et qui a été mise en prose au xv° siècle et traduite en allemand, a pour auteur un certain Mennecier, qui travaillait pour la comtesse Jeanne de Flandre, petite-nièce de Philippe d'Alsace. A peu près en même temps, et sans connaître l'œuvre de Mennecier, un poète appelé Gerbert et qu'on a identifié, avec beaucoup de vraisemblance, à Gerbert de Montreuil, auteur du roman de la Violette, composait une autre fin de l'œuvre. Cette fin ne nous a été conservée que dans un manuscrit (franç. 12576 de la Bibliothèque nationale) : elle s'y présente tronquée et intercalée entre l'endroit où s'était arrêté Gaucher et le commencement du travail de Mennecier, en sorte que par cet ingénieux procédé le poème complet atteint environ 63000 vers. Toutes les questions relatives à ces points encore mal élucidés seront incessamment abordées dans un article de la *Romania*.

Le Parzival de Wolfram d'Eschenbach est la plus célèbre des imitations du poème français. L'auteur allemand n'a connu que l'œuvre propre de Chrétien; ce qui, dans son immense roman, en précède ou en suit la traduction, est sorti ou de son imagination ou d'une œuvre française inconnue. Il nomme bien, à côté de Chrétien, un certain Provençal appelé Kyot, mais on n'est pas encore d'accord sur le point de savoir si ce Kyot n'est pas un être purement imaginaire. Wolfram avait commencé une sorte d'introduction générale au Parzival, le Titurel, œuvre encore plus fantastique, dont il n'a écrit qu'un fragment, et qui a plus tard été exécutée par un de ses imitateurs, à coup sûr sans le secours d'aucun modèle français.

Le Perceval, borné à l'œuvre de Chrétien, a aussi été traduit en norvégien; cette *saga* a été publiée et rapprochée de la source française par M. Kölbing.

De même que pour Érec et Ivain, nous possédons pour Perceval un *mabinogi* gallois, qui est indépendant du poème français, mais lui ressemble de fort près, et qui a été publié et traduit, comme les deux autres. Enfin, un poème anglais publié par Ritson, *Sir Parcivell*, nous présente un récit qui paraît plus ancien, plus simple et beaucoup moins altéré que la source commune du poème de Chrétien et du *mabinogi;* nous lui consacrerons un article parmi les romans biographiques.

ROMANS ÉPISODIQUES.

Comme nous l'avons déjà dit, la plupart des poèmes épisodiques se rapportent à Gauvain[1]. Ce personnage appartient certainement à la tradition celtique la plus ancienne, mais les documents en langue galloise qui nous parlent de lui sont d'une ancienneté ou d'une pureté fort douteuses; nous les laisserons de côté. Son nom nous apparaît pour la première fois dans un curieux passage de Guillaume de Malmesbury : *Tunc* (1086), dit-il, *in provincia Walarum quae Ros vocatur*[2] *inventum est sepulcrum Walwen, qui fuit haud degener Arturis ex sorore nepos. Regnavit in ea parte Britanniae quae adhuc Walweitha vocatur*[3], *miles virtute nominatissimus, sed a fratre et nepote Hengistii, de quibus in primo libro dixi, regno expulsus, prius multo eorum detrimento exi-*

---

[1] La forme la plus ancienne de ce nom est *Walwain* (ou *Walwan*), par deux *w*; c'est en français la forme qu'emploie Wace, c'est celle qui est usitée en néerlandais (*Walwein, Walewein*); on trouve ensuite, avec changement des deux *w* en *gu* ou *g*, *Gualguain, Guauguain, Gauguain;* on n'a appliqué ce changement qu'au premier *w* dans *Gualwain, Gauwain, Gawain;* on a, par dissimilation, changé le second *w* en *v* dans *Galvain, Gauvain, Gavain*. Nous adoptons la forme *Gauvain*, qui est la plus usitée en français. Dans les textes gallois, on trouve *Gwalchmai*, forme dont le rapport à l'autre n'est pas clair.

[2] Comté de Pembroke (voir Madden, *Syr Gawayne*, p. xxiv).

[3] Galloway.

lium compensans suum; communicans merito laudi avunculi, quod ruentis patriae casum in plures annos distulerint. Sed Arturis sepulcrum nusquam visitur; unde antiquitas naeniarum adhuc eum venturum fabulatur. Caeterum alterius bustum, ut praemisi, tempore Willelmi regis repertum est super oram maris, quatuordecim pedes longum; ubi a quibusdam asseritur ab hostibus vulneratus et naufragio ejectus, a quibusdam dicitur a civibus in publico epulo interfectus. Veritatis ergo notitia labat in dubio, licet neuter eorum defuerit famae suae patrocinio. Il est possible, comme l'a conjecturé un critique, qu'il y ait dans le récit de Guillaume de Malmesbury une confusion, et que le tombeau découvert en 1086 fût celui du célèbre roi Maelgun; mais le même a eu tort de dire que, quand l'historien écrivait ces lignes, il avait connaissance du livre de Gaufrei de Monmouth : il y aurait vu une tout autre mort assignée à Gauvain. Il n'y a aucune raison de croire que ce passage, non plus qu'un autre antérieur où Guillaume de Malmesbury parle d'Arthur, ait été inséré par lui dans son livre après l'apparition de celui de Gaufrei ; on peut affirmer au contraire que, s'il avait connu ce dernier, il s'y serait directement référé. Ce qu'il faut noter dans le passage cité plus haut, c'est que Guillaume connaissait déjà Gauvain comme fils d'une sœur d'Arthur; quant à ce qu'il dit de sa mort et de son tombeau, cela ne repose sans doute que sur une erreur de noms.

Quelques années après les *Gesta regum Angliae* de Guillaume, paraissait l'*Historia regum Britanniae* de Gaufrei, dans laquelle Gauvain (*Walwanus*) joue un rôle important, mais banal. Il est le fils d'Anne, sœur d'Arthur, et de Loth, roi de Lothian[1]. On l'envoie enfant à Rome pour y apprendre les lettres sous la direction du pape Sulpice (il s'agit sans doute de Simplice, 468-483), qui le fait chevalier. Il revient auprès de son oncle, et quand les Romains envoient à Arthur un insolent message le sommant de leur payer

---

[1] C'est la région de l'ouest de l'Écosse, où se trouve Édimbourg. Wace traduit à tort *Lothian* par Loenois; dans le *Lanzelet* d'Ulrich également (v. 2629) Lot, père de Gauvain, est roi de *Johenis* (lisez *Lohenis*).

tribut, c'est lui qui est chargé d'aller porter la réponse. Il se présente dans le camp de l'empereur, et, bien que dans le conseil des Bretons il eût opiné pour la paix, il traite les Romains avec l'arrogance d'un vrai messager de chanson de geste et fait même voler, devant l'empereur, la tête de son neveu, afin que les hostilités éclatent immédiatement. Il se distingue dans la guerre qui s'ensuit, il revient en Bretagne avec Arthur pour combattre son frère Modred, révolté contre le roi, et il est tué dans le combat qui s'engage après le débarquement. Ici, comme ailleurs, Gaufrei s'est borné à emprunter à la tradition populaire un nom célèbre; il attribue au personnage qui le porte quelques aventures auxquelles il s'efforce de donner un caractère aussi historique que possible, et qui sont de pure invention et dénuées d'intérêt[1].

Wace, dans sa traduction du livre de Gaufrei (1155), n'ajoute rien d'important à ce que son original disait de Gauvain; mais on voit, à la façon dont il en parle, qu'il le connaissait autrement que par l'*Historia regum Britanniae*, et que la gloire de Gauvain s'était déjà répandue. Ainsi, en parlant de la sœur d'Arthur, il dit:

> De li fu nés li quens Gauvains,
> Qui tant fu preudon de ses mains.

[1] On conserve dans un manuscrit du Musée Britannique (Cotton., Faustina, B vi) une singulière composition latine, intitulée: *De ortu Walwanii nepotis Arthuri*. On y raconte que Gauvain était né des amours et non du mariage de Loth et d'Anne, sœur d'Arthur. On remet l'enfant nouveau-né à des marchands qui l'emmènent près de Narbonne; un pêcheur recueille l'enfant et s'empare en même temps du coffre où se trouvent, avec de grands trésors, les documents qui établissent sa naissance. Le pêcheur se fait passer pour noble et riche, et vient s'établir à Rome, où l'empereur lui cède le palais qui avait été celui de Scipion l'Africain. A sa mort, le pêcheur révèle la vérité à l'empereur et au pape Sulpice. Gauvain est élevé par l'empereur, qui le fait chevalier. Le bruit de ses prouesses se répand si bien que les chrétiens de Jérusalem lui demandent d'être leur champion contre les Persans; il tue Gormund, le champion adverse. Enfin, il revient en Angleterre, et est reconnu comme le neveu d'Arthur. Voir Madden, *Syr Gawayne*, p. xxxiii; Ward, *Catalogue of Romances*, t. I, p. 376. Ce roman paraît une simple amplification des données de Gaufrei de Monmouth; il repose sans doute sur un original français: on en retrouve les traits principaux dans le roman en prose de Perceval ou Perlesvaus (p. 252, 253) et dans une rédaction encore inédite du Merlin en prose, conservée dans le manuscrit français 337.

Et ailleurs :

> Prous fu et de molt grant mesure ;
> D'orgueil et de forfait n'out cure ;
> Plus volt (*lisez* solt) faire que il ne dist
> Et plus doner qu'il ne pramist.

Cette gloire est attestée à peu près en même temps par Béroul, l'auteur du premier Tristan anglo-normand, qui fait jouer à Gauvain le rôle d'un ami dévoué de Tristan et, en général, d'un chevalier modèle. Elle est à son apogée dans les poèmes de Chrétien. Déjà dans Érec, qui n'a pas dû être composé beaucoup après 1160, Chrétien dit :

> Entre toz les bons chevaliers
> Doit estre Gauvains li premiers.

Dans Cligès, Chrétien nous donne le premier exemple d'un trait qui, comme presque tous ceux de ses romans, se retrouve dans la plupart des poèmes biographiques, et qui y est même devenu, pour ainsi dire, de style. Cligès, inconnu, paraît à la cour d'Arthur, joute avec les meilleurs chevaliers (Lancelot et Perceval) et les renverse; mais le combat qu'il livre à Gauvain reste indécis, et on les sépare avant la fin. Presque tous les héros des romans postérieurs sont mis de même en présence de Gauvain et combattent contre lui de la lance ou de l'épée; mais on n'ose le faire vaincre par aucun : n'être pas vaincu par lui suffit à achever la gloire du chevalier qui a triomphé de tous les autres. Nous trouvons cet épisode, par exemple, dans le Lancelet d'Ulrich, dans Ider, dans Mériadeuc, dans Floriant et Florète, etc. On a senti naturellement le besoin de le varier quelque peu : Fergus, après avoir abattu tous les chevaliers d'Arthur, s'incline devant Gauvain et ne veut pas le combattre; Gauvain est renversé en joutant avec Durmart, mais seulement parce que son cheval trébuche; il se laisse exprès tomber de cheval, avec vingt autres chevaliers, par amitié pour Torec; il se laisse de même emmener de bon gré prisonnier par Méraugis; il est vaincu et fait prisonnier dans le Wigalois allemand, mais c'est par la vertu d'une ceinture magique. En règle générale, il est considéré comme invincible, et l'honneur d'Arthur et de la Table ronde est engagé au sien. Ainsi, dans le Chevalier au lion, Arthur, voulant décider la demoiselle dont Gauvain est le champion à renoncer à ses prétentions, lui dit, après un combat indécis entre Ivain et lui :

> «Ou vous feroiz a ma devise
> Tot quant que ge deviserai
> Sanz faire tort, ou ge dirai
> Que mes niés est d'armes conquis...
> Mais jel dis or contre mon cuer.»

Chrétien de Troies, Le Chevalier au lion, v. 6406.

Et le poète, comme effrayé lui-même d'une telle infraction aux règles convenues, ajoute :

> Il ne le deïst a nul fuer,
> Mais il le dist por essaier.

Mentionné seulement dans Érec et Cligès, Gauvain, dans la Charrette et le Chevalier au Lion, joue un rôle accessoire, mais très honorable; enfin dans Perceval, le dernier et incomplet ouvrage de Chrétien, il est le second héros du récit, presque aussi en vue que le principal, et c'est au milieu d'aventures qui lui sont propres que s'interrompt le roman.

Ce qui caractérise Gauvain dans les romans de Chrétien et dans tous les romans en vers qui les ont imités (nous laissons ici de côté les romans en prose, dont la plupart sont fidèles à la tradition, tandis qu'un groupe a complètement modifié le type de Gauvain), c'est, à côté de ses prouesses et de son incomparable maîtrise d'armes, sa sagesse et sa courtoisie. Il est le modèle accompli de toutes les perfections chevaleresques, et par là même, étant passé à l'état de type, il est un peu dépourvu d'individualité; aussi n'a-t-il pas proprement de biographie, et, dans les nombreux poèmes épisodiques dont il est le héros, lui attribue-t-on plus d'une aventure qui est ailleurs rapportée à d'autres chevaliers. Il en est de ses amours comme de ses exploits : il est en général aussi fidèle aux lois de la galanterie qu'à celles de l'honneur; on est sûr qu'il ne fait jamais défaut à une demoiselle qui a besoin de protection. Ivain, trouvant une jeune fille destituée de champion dans une affaire grave, lui dit :

> « Et mes sire Gauvains, chaeles,
> Li frans, li dolz, ou est il donques ?
> A s'aïe ne failli onques
> Damoisele desconseillie. »

Il a ainsi mérité le nom de « Chevalier aux demoiselles » qui lui est donné dans Méraugis (p. 58). Aussi voyons-nous plus d'une fois qu'une demoiselle s'éprend de lui sur sa renommée, sans l'avoir vu, et déclare qu'elle n'aimera ou n'épousera que lui (comparez plus loin les analyses du Cimetière périlleux et de Mériadeuc), au moins tant qu'il sera en vie; il résulte de là qu'on le fait souvent passer pour mort. Il arrive à Gauvain de repousser l'amour qu'on lui offre : c'est ainsi qu'il s'attire la haine de la dame du Gautdestroit dans la Vengeance de Raguidel. Il est souvent, toutefois, représenté comme amoureux et heureux; il est même facilement inflammable, et il se laisse au moins une fois, d'après un récit qui se trouve dans la première continuation du Perceval, emporter par la passion d'un moment à une violence opposée à son caractère; mais, quoique des récits peu anciens nous parlent de son mariage avec diverses personnes, le nom d'aucune femme n'est associé au sien[1], comme le nom d'Énide, d'Iseut, de Blanchefleur et de Guenièvre à celui d'Érec, de Tristan, de Perceval et de

---

[1] On voit figurer dans le Manteau mal taillé (v. 445) « Venelaus, la preus, la cortoise, L'amie mon seignor Gauvain »; et dans Mériadeuc (v. 91) le roi Amangon de Granlande « ki pere estoit, Si con toute la cors savoit, Ma damoisiele Guinloïe, Ki loiaus drue et fine amie A mon seigneur Gauvain estoit; » mais dans ce même roman (voyez ci-dessous l'analyse) Gauvain a d'autres aventures amoureuses où cette « amie » ne joue aucun rôle. L'amie de Gauvain est appelée Florie par Henri du Türlin (Couronne, v. 1294) dans l'épreuve de la coupe; mais elle n'empêche pas non plus Gauvain d'avoir d'autres amours. Voyez encore ci-dessous les analyses de Rigomer et de Guinglain.

Lancelot. C'est par cette absence de traits marqués et par cette réunion de tous les traits généraux de l'idéal chevaleresque que Gauvain se prêtait à merveille à être le héros de romans épisodiques, et, en effet, ils se rapportent presque tous à lui.

Signalons cependant quelques particularités assez curieuses qui le concernent et dont certaines remontent assurément très haut. La plus singulière, qui doit avoir une base celtique et une origine mythologique, ne nous est malheureusement pas indiquée avec une précision suffisante. Dans plusieurs textes, la force de Gauvain croît et décroît selon les heures du jour, et se trouve évidemment en rapport avec le cours du soleil; mais ce rapport n'est pas partout le même. La plus ancienne mention de cette circonstance que nous connaissions nous est fournie par la première continuation du Perceval, qui en parle à trois endroits différents; mais les manuscrits ne sont pas d'accord. D'après la version qui paraît devoir être préférée,

> Hardemens et force doubloit
> Tous tans puis ke midi passoit
> Por voir a mon signor Gauvain...
> Quant la clartés del jor faloit,
> Icelle force tresaloit,
> Et de miedi en avant
> Li recroissoit tout autretant[1].

C'est ce que donnent, avec le manuscrit suivi par l'éditeur, les manuscrits de la même famille[2]; mais trois autres présentent la chose autrement :

> Tous tens tele costume avoit
> Que quant la mie nuit passoit,

---

[1] De même dans un passage cité par M. Jonckbloet, *Walewein*, t. II, p. 23. Le passage du *Lancelot* néerlandais cité au même endroit provient de la rédaction non imprimée de la première continuation du *Perceval*.

[2] Les manuscrits de l'autre famille le reproduisent à un endroit où ceux de la première ne le donnent pas; voyez le texte de l'édition, t. III, p. 75 : « Et des que miedis trespasse, A Gauvain croist sa force et double... Quar sa costume tel estoit Dès c'onques li midis passoit Treslot adès dessi a none. »

> Et sa force lors li croissoit,
> Et lors jusqu'al jor li doubloit,
> Et tout ainsi jusqu'a midi
> Li redoubloit[1].

Le roman de Merlin en prose a encore une autre version : « Quant il se levoit, au matin, il avoit la force al « millor chevalier del monde, et quant vint a eure de prime « si li doubloit, et a eure de tierce aussi, et quant ce vint a « eure de midi si venoit a sa premiere force ou il avoit esté « au matin, et quant vint a eure de none et a toutes les eures « de la nuit estoit il toujours en sa premiere force[2]. » Le roman de Lancelot en prose s'exprime à peu près comme le premier texte que nous avons cité, et c'est cette version qui paraît la plus authentique, si l'on peut s'exprimer ainsi. Ce trait remarquable semble bien permettre de reconnaître dans le héros celtique un de ces dieux humanisés qu'il n'est pas rare de rencontrer dans l'épopée.

Les autres traits ont au contraire un caractère tout chevaleresque. Gauvain, en sa qualité de chevalier et de fils de roi, n'est jamais ou presque jamais nommé sans que son nom soit précédé de l'appellation « mon seigneur », laquelle n'est pas aussi constamment attribuée à d'autres, qui sembleraient y avoir autant de droits; quelques-uns même, comme Perceval, ne la reçoivent jamais.

Le cheval de Gauvain, à peu près seul entre tous ceux des héros bretons, a un nom particulier : il s'appelle le Gringalet, et ce nom figurait dans des poèmes et des récits antérieurs à ceux qui nous sont parvenus, car les plus anciens de ceux-ci le présentent sans explication et comme généralement reçu. Le premier qui nous le fasse connaître est Chrétien dans le Perceval (v. 7583)[3]; nous trouvons ensuite la mention du Gringalet dans la Vengeance de Ra-

---

[1] Le manuscrit de Mons (t. III, p. 75) dit : « Puis que passoit eure de tierce Li doubloit hardemens et ire. »

[2] Ce passage, avec quelques variantes, est exactement traduit dans le poème anglais intitulé Artur and Merline (voyez Jonckbloet, Walewein, t. II, p. 22).

[3] Il ne faut pas prendre ici Gringalet pour le nom de l'écuyer de Gauvain, comme on l'a fait (Birch-Hirschfeld, Die Sage vom Gral, p. 79).

guidel (v. 979, 2469), le Cimetière périlleux (*passim*), Fergus (v. 6721), le Chevalier à l'épée (p. 134), le Vert Chevalier (anglais), le Lancelot en prose (voyez le Lancelot néerlandais, v. 43800), le Gauvain néerlandais (v. 3769), Morien (v. 1493), etc. D'après le Merlin en prose, Gauvain tout jeune l'avait conquis sur Clarion, roi de Norhombelande, et le même roman en parle ainsi : « Cil [Clarion] « chevauchoit un gringalet, un cheval qui ensi avoit non « pour le grant bonté dont il ert, car ce dit li contes que « pour .x. lieues courre ne li batissent ja li flanc ne li « costé, » etc. Ce passage et le fait que le mot Gringalet est toujours précédé de l'article nous prouvent que c'était originairement un nom commun : il est sans doute celtique ; mais nous n'en connaissons pas la signification, et encore moins comprenons-nous comment ce mot a passé aux sens divers qu'il a pris depuis dans la langue.

Bibl. nat., fr. 749, fol. 28

C'est encore chez Chrétien que nous rencontrons pour la première fois une autre particularité qui distingue Gauvain et qui le met souvent dans une position assez embarrassante. Contrairement à l'usage de beaucoup de ses émules en chevalerie errante, Gauvain avait pour règle absolue de ne jamais cacher son nom quand on le lui demandait. Dans le Chevalier au lion, Gauvain dit simplement :

> « Quant vos plaist que je vos apreigne
> Par quel non je suis apelez,
> Ja mes non ne vos iert celez :
> Gauvains ai non, filz au roi Lot. »

Le Chevalier a lion, v. 6256.

Mais dans Perceval il fait une vraie déclaration de principes :

> « Sire, Gauvains sui apelés ;
> Onques mes nons ne fu celés
> En liu u il me fust requis. »

Perceval, v. 699

Nous retrouvons la même déclaration dans la première continuation du Perceval (v. 12072), dans celle de Gaucher de Dourdan (v. 33395), dans la Vengeance de Raguidel (v. 1930), dans le Chevalier à l'épée (v. 744), dans le Cimetière périlleux (v. 6182), dans Fergus (v. 6762), dans Mériadeuc (v. 2898, 4105, 7103, 10198, 10754), et ailleurs encore. Gauvain, dans le passage cité de Chrétien, ajoute un trait au premier :

> « Onques mes nons ne fu celés
> En liu u il me fust requis,
> N'onques encore ne le dis
> S'ançois demandés ne me fu. »

Nous retrouvons ce second principe, qui prouve autant de modestie que l'autre atteste de courage et de sincérité, dans le Chevalier aux deux épées (v. 2896).

On voit suffisamment par ce qui vient d'être dit que les ouvrages de Chrétien de Troies ont été, pour la plupart des auteurs qui sont venus après lui, les modèles qu'ils ont suivis jusque dans les plus petits détails, notamment pour la figure de Gauvain. Il est donc utile, avant d'aborder l'étude des poèmes spécialement consacrés aux aventures du neveu d'Arthur, de résumer d'abord rapidement celles que lui avait prêtées le célèbre trouveur champenois.

Dans Érec et Cligès, Gauvain n'apparaît qu'en passant. Dans la Charrette, il joue un rôle important, mais secondaire : il dissuade Arthur de confier au sénéchal Keu la défense de Guenièvre contre Méléaguant; il se met lui-même à la poursuite de ce dernier, qui emmène Guenièvre; il cède généreusement un de ses chevaux à un inconnu qui se trouve être son ami Lancelot; il choisit, pour pénétrer dans le royaume du ravisseur, le pont « evage », qui passe sous l'eau, et manque y périr; à la fin du poème (cette partie est de Godefroi de Lagni), Lancelot n'étant pas là pour combattre Méléaguant au jour marqué, Gauvain va le faire à sa place, quand Lancelot survient et l'oblige malgré lui à lui rendre son droit. Dans le Chevalier au lion, Gauvain défend Ivain, son ami intime[1], contre les railleries du sé-

---

[1] Cette amitié, ce « compagnonnage » de Gauvain et d'Ivain est mentionné dans plusieurs poèmes. On voit souvent les deux héros apparaître ensemble : cela tient peut-être en bonne partie à l'excellente rime que forment leurs deux noms. Ils sont souvent présentés comme cousins.

néchal Keu; il lui conseille, quand il a épousé sa dame, de ne pas oublier la chevalerie dans les délices de l'amour, et, à la fin du poème, il le combat sans le savoir. La fille aînée du seigneur de la Noire-Épine, voulant enlever injustement la terre de sa sœur, a persuadé Gauvain de son bon droit et l'a pris pour champion; Gauvain lui a fait jurer, on ne sait pourquoi, de ne dire à personne qui est le chevalier qui se présentera pour elle; l'autre sœur, de son côté, a obtenu l'appui du Chevalier au lion, que personne ne sait être Ivain : ainsi les deux amis luttent sans se connaître; le combat dure tout un jour sans issue; à la fin, les deux héros se reconnaissent, et chacun d'eux prétend être, non le vainqueur, mais le vaincu : Arthur partage également l'héritage entre les deux sœurs. Cet épisode, fort inutile pour le récit principal, a pour but de glorifier Gauvain; il nous offre un de ces exemples de combat indécis entre lui et le héros spécial du poème dont nous avons parlé plus haut.

Mais c'est dans le Conte du graal que Gauvain est le plus en vue; il est à vrai dire le héros du poème presque autant que Perceval, et l'on a même pu s'y tromper, comme nous le verrons plus loin. A la cour d'Arthur paraît un jour une demoiselle que le poète appelle « la demoiselle hideuse », nom qu'il justifie par une minutieuse description; elle reproche à Perceval de n'avoir pas fait, quand il a vu le fameux graal, la question qui devait être son salut et celui de bien d'autres, et aux chevaliers de la Table ronde de négliger les plus hautes aventures, entre autres celle du Pui de Montesclaire, où est assiégée une demoiselle dont le libérateur se couvrirait de gloire et pourrait ceindre l'épée « as estranges renges ». Gauvain va partir pour tenter cette aventure, quand un chevalier étranger, Guigambresil, entre dans la salle, l'accuse d'avoir tué en trahison son seigneur et le défie de s'en justifier par combat. Rendez-vous est pris pour le terme de quarante jours à la cour du roi d'Escavalon. Gauvain se met en route, et, dans un épisode dont plusieurs détails sont charmants, on raconte comment il gagne le prix d'un tournoi auquel il n'avait pas eu l'intention de figurer. Plus tard, il rencontre dans la forêt un jeune chevalier qui chasse, entouré d'une nombreuse suite, et qui l'envoie, bien recommandé, à sa sœur, pour qu'elle l'héberge. Gauvain arrive dans une riche et florissante cité[1]; on le conduit dans la tour où habite la sœur de son hôte : elle le reçoit fort bien, il la trouve belle et lui parle d'amour, et il est si bien écouté qu'il vient de lui prendre un baiser quand la porte s'ouvre, et un chevalier, qui reconnaît Gauvain, injurie violemment, et trop longuement, la jeune fille, lui reprochant de caresser le meurtrier de son père. Il sort là-dessus et va soulever la « commune » de la ville ; bientôt Gauvain est assiégé par les bourgeois, que conduisent le maire et les échevins[2]. Il ferme la porte et se défend le mieux qu'il peut, aidé par la demoiselle ; mais les « vilains » attaquent les murs à coup de pic, et la tour est fort menacée quand survient Guigambresil : c'était en effet à Escavalon même que Gauvain se trouvait sans le savoir, et son hôte et sa sœur étaient les enfants du roi d'Escavalon que Guigambresil l'accusait d'avoir tué en trahison. Guigambresil, en loyal chevalier, essaie de protéger son futur adversaire contre l'émeute populaire, mais il l'essaierait en vain si le jeune roi lui-même n'arrivait et ne renvoyait bourgeois et vilains chez eux. Il est ensuite convenu que le combat entre Guigambresil et Gauvain sera remis à un an : si d'ici là celui-ci peut trouver et rapporter au roi la lance qui saigne toujours, il sera quitte ; sinon, il se remettra dans la prison du roi, comme il y est maintenant.

Gauvain se met en route pour cette « quête »; mais elle est interrompue par une tout autre aventure, que nous ne raconterons pas. Bornons-nous à dire qu'il arrive dans un château enchanté[3] où habitent de belles dames, entre

---

[1] Le poète fait une description détaillée de la ville et de tous les métiers qu'on y exerçait. Cette description d'une cité prospère a été souvent imitée, notamment dans la Vengeance de Raguidel (p. 63 et suiv.).

[2] « Ains pour assaillir la limace N'ot en Lombardie tel noise » (v. 7324). Sur les exemples, le sens et l'origine de cette locution, voyez Zeitschrift für romanische Philologie, t. III, p. 98.

[3] Il y subit la terrible épreuve du « lit périlleux », qui se retrouve dans plusieurs autres récits.

ROMANS SUR GAUVAIN.

autres sa propre sœur Clarissent, et aussi, chose singulière, Igerne, la mère d'Arthur, qu'on croit morte depuis longtemps, et qui paraît mener par anticipation la vie heureuse et surnaturelle que la légende attribue d'ordinaire à son fils. Gauvain envoie un message à la cour d'Arthur, où, n'ayant pas de nouvelles de lui depuis longtemps, on le pleurait comme mort. C'est à l'arrivée de ce message, au milieu du deuil répandu sur toute la cour, que Chrétien, interrompu par la mort, a laissé son poème.

Nous devons croire, d'après ce rapide résumé, que trois choses, au sujet de Gauvain, étaient dans son plan : Gauvain devait trouver la lance qui saigne (la rapportait-il ou non ? c'est ce qu'on ne peut dire), terminer sa querelle avec Guigambresil, et mettre à fin l'aventure du Pui de Montesclaire et de l'épée « as estranges renges ». Les divers continuateurs qu'a eus Chrétien ont fort imparfaitement rempli ses intentions, bien qu'ils aient tous donné un rôle considérable à Gauvain. Dans le Parzival de Wolfram d'Eschenbach, Gauvain épouse une demoiselle mêlée à la précédente aventure, et il n'est plus question pour lui ni de la recherche du *grâl* (substituée par Wolfram à celle de la lance), ni du duel avec Guigambresil, ni du Pui de Montesclaire et de l'épée « as estranges renges ». La première continuation en vers français[1] est tout entière consacrée à Gauvain. Après diverses aventures[2], il arrive dans le château mystérieux où la lance qui saigne est conservée ainsi que le graal, mais il ne fait pas plus que Perceval la question nécessaire, et, ayant eu le tort de s'endormir quand le « roi pêcheur », après lui avoir raconté que la lance est celle qui a percé le flanc de Jésus-Christ, va lui expliquer ce qu'est le graal, il se trouve le lendemain matin, non dans

---

[1] Les deux rédactions de la première partie de cette continuation (voir ci-dessus) divergent sensiblement dans le récit des aventures de Gauvain. La leçon des manuscrits qui diffèrent du texte imprimé est celle qu'a eue sous les yeux le rédacteur du Lancelot néerlandais.

[2] Deux de ces aventures (tome III, p. 239-249, 303-305) ont fourni le sujet du poème anglais de Golagros et Gauvain, publié par Sir Fred. Madden (*Syr-Gawayne*, p. 129 et suiv.). L'éditeur anglais a très bien reconnu la source de ce poème.

le lit somptueux où il s'était couché, mais sur une plage déserte[1]. Sa querelle avec Guigambresil est arrangée par Arthur, ainsi que deux autres qu'il s'était encore mises sur les bras, et, oubliant le Pui de Montesclaire, il se lance dans de nouvelles aventures. Nous parlerons de l'une d'elles, ses amours avec la sœur de Bran et Méliant de Lis, à propos du poème de Guinglain. Gaucher de Dourdan, l'auteur de la seconde continuation du Perceval, après avoir longtemps laissé Gauvain de côté, revient à lui vers la fin de son œuvre. Il nous le montre (v. 31531 et suivants) partant en quête de Perceval et rencontrant diverses aventures où il se comporte en chevalier sage, courtois et brave. Gauvain joue également un grand rôle dans la fin donnée au Perceval par Mennecier. Ainsi ce poète, poursuivant un récit commencé par Gaucher de Dourdan, nous montre Gauvain se présentant *incognito* à la cour pour combattre et vaincre le sénéchal Keu, auteur d'une perfidie que Gauvain a juré de venger. Gerbert de Montreuil, qui, à peu près en même temps que Mennecier, et sans le connaître, terminait de son côté l'œuvre déjà tant de fois laissée et reprise, n'a au contraire accordé à Gauvain, dans les quinze mille vers que nous avons de son travail, qu'une mention passagère et insignifiante : il s'est consacré tout entier à Perceval.

Il en est tout autrement dans le singulier poème allemand que Henri du Türlin composa dans les premières années du xiiie siècle, sous le titre de La Couronne ; c'est une compilation de divers poèmes français et de quelques inventions propres à l'auteur; elle est en majeure partie consacrée à Gauvain. Déjà dans la première partie on rapporte de lui une masse prodigieuse d'aventures, que nous laissons de côté, quitte à revenir sur quelques-unes d'entre elles à propos des poèmes français dont elles sont tirées. Au vers 6200 environ commence, d'après Chrétien, l'aventure de Gauvain avec Guigambresil et la sœur du roi d'Escavalon, appelé ici Angaras. Gauvain est mis en liberté

---

[1] Même aventure arrive à Guinglain (voyez ci-dessous l'analyse de *Guinglain*).

à condition de trouver et de rapporter non seulement la lance, mais aussi le « riche graal »; il devient ainsi, comme Perceval, un chercheur du graal; mais le plus curieux, c'est que c'est lui et non Perceval qui en est le trouveur. Il arrive au château du graal avec Lancelot et Calogrenant; averti par une fée, il refuse de boire le vin qu'on lui offre et il ne s'endort pas comme ses compagnons; quand le graal paraît, il fait la fameuse question qu'avait omise Perceval : il demande ce qu'est le graal. Au milieu de la joie qui éclate alors dans le palais, le vieux roi lui fait cette réponse, qui malheureusement nous éclaire peu, même sur ce qu'en pensait le poète allemand : « C'est le graal[1] que tu vois... Il ne te sera rien « dit du graal de plus que ce que tu en as vu, et aussi que « ta question apporte une grande joie à bien des vivants et « des morts, que tu as délivrés, et qui jusqu'à ce jour étaient « dans la peine. Ils avaient espéré déjà être délivrés par « Perceval; mais il négligea de faire la question bénie. Moi-« même, je te dois mon salut, ainsi que tous les miens; car « nous semblons vivants, mais nous ne le sommes pas..... « Personne ne verra plus le graal. Remercie Dieu pour « l'avoir contemplé, et ne demande plus ce que c'est, car « c'est un secret qui ne doit être révélé à aucun mortel. » Là-dessus, le vieillard disparaît avec tous ses hommes et le graal. Gauvain revient à la cour d'Arthur, et son succès est célébré par des fêtes comme on n'en avait jamais vu jusque-là.

Cette fin du Conte du graal est-elle de l'invention de Henri du Türlin, ou l'a-t-il prise dans un poème français ? Il va sans dire que, quand il attribue à « Cristian von Troys » sa « Couronne » tout entière, il ne peut, du moins aujourd'hui, tromper personne; il n'a connu que le poème de Chrétien, sans aucune des continuations, et celle qu'il lui donne ne doit rien à celles que nous avons. Il serait possible qu'elle eût d'abord été composée en français; il nous paraît plus probable, pour des raisons qu'il serait trop long d'exposer ici,

---

[1] Et non le « saint » graal, comme dit M. Scholl dans son analyse (p. XLVI).

que Henri du Türlin en est l'inventeur aussi bien que le rédacteur. L'auteur, quel qu'il soit, avait, comme on voit, pris Gauvain et non Perceval pour le vrai héros du poème et pour celui qui était prédestiné à achever l'aventure du graal. Ce ne devait pas être l'idée de Chrétien, à en juger par toute la première partie de son œuvre et la construction de son roman; mais cette déviation même du plan primitif prouve la gloire qui entourait le nom de Gauvain et la faveur dont ce chevalier accompli jouissait auprès des auteurs et lecteurs de romans bretons. C'est ce que montrent également les nombreux poèmes consacrés à ses aventures, que nous allons maintenant passer en revue. Il s'en faut assurément que nous possédions tous ceux qui ont été composés. L'analyse des grands romans en prose y montrerait sans doute plus d'un épisode qui repose sur quelque poème que nous n'avons plus. Des allusions comme celles qui se trouvent en si grand nombre dans la Couronne de Henri du Türlin nous renvoient souvent aussi à des aventures que nous ne connaissons pas autrement[1]. Citons, avant d'aborder l'examen des poèmes conservés, une allusion qui se trouve dans un endroit où l'on ne songerait guère à la chercher, et dont jusqu'à présent nous n'avons reconnu la source nulle part. Pierre Berçuire, à la fin du prologue du livre XIV de son *Reductorium morale*, parlant des descriptions merveilleuses de la Bretagne, ajoute : « Que dirai-« je des merveilles qui se rencontrent dans les histoires de « Gauvain (*Galvayni*) et d'Arthur? Je n'en mentionnerai « qu'une : le palais sous l'eau que Gauvain découvrit par « hasard, où étaient une table chargée de mets et un siège « préparé pour lui, mais où il ne put trouver la porte pour « sortir; il avait faim et se préparait à manger, quand sou-« dain une tête de mort apparut dans le plat, et un géant « qui était étendu dans une bière près du feu se leva et

---

[1] Dans les romans biographiques que nous analysons plus loin on trouve souvent des épisodes relatifs à Gauvain qui ont fort bien pu former originairement le sujet de poèmes épisodiques. Voyez aussi ce qui est dit plus loin à propos de la rédaction en prose de Guinglain, où est inséré un épisode, inconnu à Renaut de Beaujeu, qui représente probablement un petit poème consacré à notre héros.

« frappa le toit de son front; la tête parlait cependant, et
« défendait à Gauvain de toucher aux mets servis, si bien
« qu'il n'osa pas prendre son repas; et, après avoir vu beau-
« coup de prodiges, il se trouva dehors sans savoir comment. »
Berçuire ajoute : *Melius ergo arbitror de istis tacere quam de
ipsis aliqua narrative asserere, ne forte videar fabulas hominum
vel etiam opera demonum pro naturali veritate narrare. Ista ergo
ad presens omittam, nisi forte quando de fabulis poetarum trac-
tabo inseram aliquid de premissis.* On sait aujourd'hui que le
livre sur les fables des poètes, quinzième du *Reductorium*, a
été écrit, et n'est pas perdu, bien qu'il manque dans les
éditions; nous en avons parlé à propos du commentaire sur
Ovide. En le parcourant, toutefois, nous n'avons pas trouvé
de passages se référant comme celui-ci aux contes bretons:
le grave compilateur n'osait évidemment pas s'aventurer
sur un terrain aussi suspect[1].

Hist. litt. de la
France, t. XXIX
p. 506.

LA VENGEANCE DE RAGUIDEL.

Ce poème nous a été conservé dans un seul manuscrit,
le précieux volume, appartenant à M. le duc d'Aumale, qui
contient aussi, outre plusieurs ouvrages qui se retrouvent
ailleurs, les romans de Rigomer, du Bel Inconnu et de
Humbaut. Il est intitulé dans le manuscrit : *Des aniaus*[2], à
cause d'un trait de l'épisode principal; mais le poète dit en
finissant :

> C'est li contes
> De la vengeance Raguidel;

ce titre est répété dans l'*explicit*, et c'est en effet celui qui

---

[1] On trouve dans l'Alexandre néerlandais de Jacob de Maerlant une allusion qui d'abord semble se rapporter
à une aventure inconnue de Gauvain;
mais, comme l'a fait bien voir M. Jonckbloet (*Geschiedenis*, tome I, page 291),
il s'agit là d'un épisode du Perceval de
Chrétien.

[2] Et non *de Gavains*, comme a lu
M. Martin (*Fergus*, p. 1), et peut-être
M. Hippeau, ce qui expliquerait sa méprise. La bonne leçon a été indiquée
d'abord par M. Förster (*De Vénus la
déesse d'amor*, p. 58); mais le vrai titre
du poème est naturellement celui qu'a
indiqué l'auteur.

convient le mieux. Quant au titre de Messire Gauvain, sous lequel le poème a été publié, c'est une fantaisie de l'éditeur.

Au vers 6170, et déjà au vers 3352, l'auteur se désigne par le nom de Raoul. M. Mussafia, dans un compte rendu qu'il fit de l'édition de la Vengeance Raguidel par M. Hippeau, conjectura que ce Raoul pouvait bien être Raoul de Houdenc, auteur de plusieurs ouvrages célèbres au XIIIe siècle, et notamment du roman de Méraugis de Portlesgués, dont nous parlerons plus loin. M. Mussafia s'appuyait sur l'identité du prénom et sur la mention, dans Raguidel (qu'il nous soit permis d'employer cette expression abréviative), de Méraugis de Portlesgués, héros assez rarement nommé dans les poèmes. M. Michelant approuva cette conjecture, et chercha à la confirmer en signalant entre les œuvres de Raoul de Houdenc et Raguidel des analogies de style, et en faisant remarquer que l'auteur de Méraugis s'est quelquefois désigné lui-même par son simple prénom (toutefois il aurait fallu dire que, dans les œuvres qui sont certainement de lui, il ajoute « de Houdenc » au moins à un endroit). En rendant compte de l'édition de Méraugis, M. Paul Meyer nota, à l'appui de l'opinion de M. Mussafia, le soin apporté à la versification par Raoul tout court aussi bien que par Raoul de Houdenc. Adoptée par divers autres critiques, cette opinion n'avait pas été attaquée jusqu'à ces derniers temps, où deux jeunes savants allemands en ont ébranlé d'abord, puis détruit la vraisemblance. Dans un travail publié en 1880, M. Wolfram Zingerle a essayé de prouver que la langue de Raguidel offre plusieurs particularités qui la distinguent de celle des trois ouvrages incontestables de Raoul de Houdenc (Méraugis, Les Ailes de Courtoisie, Le Songe d'Enfer), et il a conclu à séparer le Raoul qui a composé Raguidel de son célèbre homonyme. Quoique les remarques de M. Zingerle soient souvent justes[1],

Voyez Jahrbuch für roman. Literatur, t. X, p. 345.

Zingerle (W.), Ueber Raoul de Houdenc und seine Werke.

---

[1] On peut y relever aussi quelques erreurs ; ainsi, au vers 1859, au lieu de *cels qui ouvrent* nous lirions *cel qui vent*, ce qui supprime la forme extraordinaire admise par l'auteur : que porte le manuscrit ? De même, au vers 6024, le manuscrit, à ce que nous apprend M. Zingerle, porte *iuont*; M. Hippeau a corrigé en *juent*; M. Zingerle lit *juont*; il faut lire *i vont*.

elles n'étaient pas assez frappantes pour détruire l'impression produite par des rapprochements remarquables et surtout par le sentiment de critiques justement autorisés. L'auteur d'une dissertation récente, M. Otto Boerner, a mieux atteint son but en montrant la profonde différence du style de nos deux poètes, et il faut prendre ici le mot style à la fois dans le sens le plus général et le plus précis. Tandis qu'on reconnaît visiblement dans Méraugis, malgré la différence des sujets, le même esprit et le même style que dans le Songe d'Enfer et les Ailes, ni l'inspiration ni la forme ne présentent dans les deux romans bretons, apparentés de si près par le fond, de ressemblances qui aillent au delà de ce qu'il est tout naturel d'attendre dans des ouvrages composés à la même époque et sortis du même milieu. Raoul de Houdenc se distingue par la subtilité de sa pensée et la bizarrerie cherchée de la forme dont il la revêt; il aime le dialogue et fait de l'interrogation un emploi quelquefois heureux, mais excessif, maniéré et, à la longue, fatigant; il recherche la rime riche, et, comme il arrive souvent, prodigue en même temps l'enjambement. Tous ces traits, et d'autres que signale M. Boerner, font défaut ou se trouvent à peine dans la Vengeance de Raguidel. Ajoutons que, pris dans son ensemble, le style de Raguidel est beaucoup plus familier, plus simple, souvent plus négligé que celui de Méraugis; quand on lit les deux poèmes de suite d'un bout à l'autre, on a l'impression sensible qu'ils ne sortent pas de la même main. Mais ce qui met les deux poètes en opposition absolue, c'est leur manière de considérer l'amour et les femmes. Tandis que Raoul de Houdenc a consacré son poème (voir ci-dessous) à mettre en action cette pensée qu'il faut aimer une dame pour sa valeur morale et non pour sa beauté, et que, partout où il parle des femmes, il s'exprime d'une façon conforme à cette théorie, l'auteur de Raguidel traite les femmes avec un mépris railleur; il se plaît à insérer dans ses romans les deux contes les plus insultants pour elles qui se trouvent dans la littérature arthurienne, et, dans le récit

Boerner (O.) Raoul de Houdenc, eine stilistische Untersuchung.

qu'il fait de l'un d'eux, il avilit celle qui en est l'héroïne plus que ne l'a fait aucun autre narrateur, et rime à ce propos les seuls vers vraiment grossiers qui se trouvent peut-être dans tous les poèmes de la Table ronde. Il n'est pas possible que deux œuvres d'une tendance aussi contraire aient un même auteur, et nous n'hésitons pas à distinguer le Raoul qui a écrit la Vengeance de Raguidel de Raoul de Houdenc. Si l'on remarque entre eux plusieurs ressemblances, cela tient, outre les raisons générales qui se présentent d'elles-mêmes, d'abord à ce que l'un et l'autre, comme tous leurs émules, avaient lu Chrétien de Troies, ensuite à ce que l'auteur de Raguidel a certainement connu Méraugis ; non seulement il cite expressément le nom du héros de ce poème, mais encore il paraît l'avoir imité en quelques endroits; cela n'a rien d'étonnant si l'on songe à la renommée dont jouit Raoul de Houdenc. Quant à l'identité des noms, il est à peine utile de faire remarquer qu'elle n'apporte pas même un commencement de preuve (tout au plus une présomption) à l'identité des personnages, d'autant plus, comme nous l'avons fait observer, que Raoul de Houdenc a soin, ce que ne fait pas l'autre, d'accompagner toujours le sien de son surnom.

La Vengeance de Raguidel est un type assez complet du roman breton épisodique de la seconde époque. Il se compose d'une fable principale, empreinte d'un fantastique assez peu original et assez peu intéressant, dans laquelle ou plutôt à côté de laquelle sont intercalés divers incidents qui, pour la plupart, se retrouvent ailleurs sous d'autres noms et appartiennent à ce qu'on peut appeler le matériel roulant de cette littérature. Tant pour le récit principal que pour les accessoires, il faut sans doute admettre un fond celtique, mais très lointain, et l'on peut même croire que tel ou tel est dû à l'invention du poète, invention qui s'exerce, il est vrai, d'après des modèles antérieurs. Nous avons déjà indiqué plus haut les traits qui caractérisent le talent réel du poète; si nous le comparons à Chrétien, nous le trouvons sensiblement moins sérieux, plus libre d'al-

LA VENGEANCE DE RAGUIDEL. 49

lures, plus négligé; il semble écrire pour un public socialement et aussi moralement moins élevé; surtout on sent qu'il n'a plus, comme le poète champenois, la primeur de contes tout neufs ardemment écoutés, mais qu'il lui faut rajeunir par un ton nouveau une matière dont le public et les poètes eux-mêmes commencent à sentir la banalité.

Le sujet essentiel du poème, la vengeance exercée sur le meurtrier du malheureux Raguidel, n'en remplit que les 550 premiers et les 1300 derniers vers; le reste, 4320 vers sur 6170, est occupé par des incidents tout à fait étrangers à ce sujet. Nous y reviendrons; parlons d'abord de l'épisode principal. Arthur, après avoir passé le carême à Rouvelent (peut-être Ruddlan, dans le Flintshire), célèbre la Pâque à Carlion (Caerleon en Galles). Le roi avait coutume, les jours de fête, de ne pas manger avant qu'il se fût présenté à sa cour une aventure. Cette coutume, attribuée au roi, et qui est parfois, par exagération, étendue à tous les jours, sert de motif au début de plusieurs romans, tels que le Chevalier aux deux épées, le Vert Chevalier, Rigomer, Jaufré, etc.; voir aussi Perceval, vers 12628. Or, ce jour-là, rien ne se présentant, Arthur laisse manger ses chevaliers et se retire plein de tristesse. Il ne dort pas, et de grand matin se met à la fenêtre : à sa grande surprise, il voit aborder au rivage, non loin de son palais, une barque que personne ne dirige. Il sort du palais sans éveiller personne, s'approche de la barque, qui est arrêtée au rivage, et y trouve, étendu sur un char, un chevalier mort, le fer d'une lance avec un long tronçon du bois dans le corps. (Y aurait-il là quelque souvenir du vieil usage celtique d'ensevelir les guerriers sur leurs chars de combat?) Dans l'aumônière du mort est une lettre; le roi la prend et l'emporte; mais pour la lire il lui faudra attendre que son chapelain soit levé. Ce savant arrive enfin, quand depuis longtemps déjà tous s'amassent et s'émerveillent autour de la barque mystérieuse; il prend la lettre, et il y voit que le mort demande à être vengé de celui qui l'a tué à tort; mais il ne nomme ni son pays, ni son meurtrier, ni lui-même. Celui-là seul pourra accomplir la vengeance qui réussira à retirer du cadavre le tronçon de lance qui y est enfoncé : c'est avec ce tronçon que devra être frappé le meurtrier. Mais, pour achever l'aventure, le vengeur devra avoir l'assistance d'un compagnon, de celui qui aura enlevé aux doigts du mort cinq anneaux qui y sont passés. Arthur d'abord, puis tous les chevaliers, écuyers, « vallets » et pages, essaient vainement d'arracher le tronçon : il résiste à toutes leurs secousses. Gauvain s'approche, et, sans effort, le prend et l'enlève. Quant aux anneaux, personne n'arrive à s'en emparer; enfin on y renonce, et l'on se met à table, après avoir amené sur la route, en face du palais, le char funéraire. Pendant le repas, un « vallet » voit par la fenêtre passer un chevalier qui s'approche du mort, lui retire sans aucune peine les anneaux et s'éloigne. Il va pour annoncer la chose au roi, mais il rencontre le sénéchal Keu, qui lui défend d'en rien dire, et s'arme en hâte pour suivre l'inconnu; il ne réussit qu'à se faire renverser par un chevalier qui en poursuivait un autre, que Keu prend « sous son conduit », c'est-à-dire en sa sauvegarde, et qui n'en est pas moins tué par l'autre. Cet épisode est absolument inutile et ne se lie à rien dans l'action. Le poète ne l'a imaginé que pour plaire à ses auditeurs, en mettant une fois de plus sous leurs yeux la présomption de Keu et les déconvenues ridicules qu'elle lui attire. Le sénéchal n'est pas moins railleur et médisant que fanfaron. Nous le voyons plus loin railler amèrement Gauvain quand celui-ci revient chercher le tronçon de lance qu'il avait oublié, et, à la fin du poème, après que Gauvain a glorieusement achevé l'aventure, Ider lui dit qu'il veut l'accompagner à la cour et lui servir de témoin, sans quoi Keu ne voudrait pas croire à la véracité de son récit. Ce caractère de Keu est dessiné avec les mêmes traits, parfois un peu adoucis, d'autres fois au contraire poussés fort au noir, dans un grand nombre des romans dont nous aurons à nous occuper.

Dans Gaufrei de Monmouth, Caius est nommé plusieurs

fois avec éloge, et Wace, en reproduisant ces passages, y ajoute de nouvelles louanges qui prouvent qu'il ignorait la légende défavorable bientôt formée autour du sénéchal. Des traditions galloises, peu anciennes dans la forme mais authentiques dans le fond, nous le montrent d'ailleurs comme un des principaux héros de l'ancienne épopée nationale : presque toujours il est accompagné de Beduer, autre guerrier célèbre, dont les conteurs français ont fait le bouteiller d'Arthur, comme Keu en est devenu le sénéchal; Gauvain se joint souvent à eux, et les poèmes français où Arthur se présente accompagné de ce trio fidèle ont par là même un grand caractère d'ancienneté. Le premier indice d'une conception défavorable du caractère du sénéchal Keu paraît se trouver dans le Tristan allemand d'Eilhart d'Oberg, composé vers 1175 d'après un original français et sans doute anglo-normand, qui, au moins pour cette partie, est perdu. Keu donne cependant ici un bon conseil, mais, d'après le poète, il le donne « par envie », et ce conseil même, qui sauve la vie à Tristan, menacé d'être surpris dans une entrevue furtive avec Iseut, est marqué au coin de la ruse. Toutefois il n'est pas certain que le poète français ou le poète allemand qui le traduit n'ait pas déjà connu quelques poèmes de Chrétien, et c'est peut-être à Chrétien qu'il faut faire remonter les premiers linéaments de ce portrait peu flatté du sénéchal d'Arthur, qui a fini par être une véritable caricature. Déjà dans Érec Keu se montre railleur, mordant pour les autres, vantard pour lui-même, téméraire d'ailleurs et toujours malheureux; il joue le même rôle dans Ivain, dans la Charrette et dans Perceval. Comme presque toutes les appréciations ou les situations qui se trouvent dans les œuvres de Chrétien, celles-ci sont devenues des lieux communs des poèmes subséquents. Dans un grand nombre, comme dans le nôtre, on voit Keu railler insolemment le héros, qui doit en prendre une revanche éclatante, s'empresser de revendiquer pour lui la première aventure qui se présente, et n'en rapporter que honte et confusion. Ce personnage bouffe, si l'on peut

Voyez ci-dessus p. 19. — Eilhart von Oberg, Tristran v. 5394.

Voyez Herrig Archiv für neuer Sprachen, t. XXIX p. 165 et suiv.

ainsi dire, a été heureusement introduit dans le milieu, un peu monotone, des chevaliers accomplis ou des êtres absolument méchants et malfaisants dont se composait le personnel arthurien ; dans sa verve grossière, le sénéchal dit parfois de rudes vérités à ceux qui l'entourent, et sa personnalité vivante et brusque paraît donner quelque réalité à ce monde factice où l'individualité est d'ailleurs si peu marquée. Naturellement, cet élément de contraste fut insensiblement exagéré ; on en vint à faire de Keu, qui, dans Chrétien, est, malgré ses défauts, un brave et loyal compagnon de la Table ronde, un lâche, un traître, et finalement le plus odieux des scélérats. Cette transformation est complète dans les romans en prose ; mais nous la trouverons à peu près opérée dans quelques-uns des poèmes que nous étudierons ; dans d'autres, au contraire, on s'est efforcé d'atténuer, sans les effacer, les traits défavorables de ce caractère.

Un mot encore, avant de reprendre notre analyse, sur ce début de la Vengeance de Raguidel. On a dit que notre poème était « le récit d'un épisode indiqué dans le roman « de Perceval, dont on attend vainement la fin, que n'a pas « donnée l'auteur. » Cette observation est peu exacte : l'épisode dont il s'agit remplit un peu plus des mille derniers vers de la première continuation du Perceval (vers 20857-21916) ; il n'est donc pas de Chrétien, et rien n'indique que Raoul l'ait connu. En outre, bien que interrompu après le début par une incidence, il est complet, et ne laisse rien à désirer pour l'achèvement de l'aventure, dont le héros est un des frères de Gauvain. La suite ne ressemble d'ailleurs que fort peu à la Vengeance de Raguidel ; mais le début offre en effet beaucoup d'analogie : on y voit également une barque, portant un chevalier mort, aborder la nuit sous les yeux d'Arthur (seulement elle est conduite par un cygne, comme dans une légende bien plus célèbre) ; dans l'aumônière du mort est également une lettre (qu'Arthur est ici en état de lire lui-même) par laquelle il réclame vengeance : celui qui enlèvera le tronçon de lance qu'il a dans le corps devra (et non pourra seul, comme chez Raoul) accomplir cette vengeance, et s'engagera, en enlevant le tronçon (ce qui n'offre ici aucune difficulté), à en frapper le meurtrier du mort. Il ne s'agit pas des anneaux, et les chevaliers bretons, Gauvain en tête, s'abstiennent par simple prudence de retirer le tronçon pour ne pas prendre un engagement si difficile à tenir; c'est par inadvertance que l'enlève un jour celui qui arrive cependant à mener l'aventure à bonne fin. On voit qu'il est fort peu probable que Raoul ait imité ce récit; l'inverse serait même plus admissible; mais le plus vraisemblable de beaucoup, c'est que nous avons là deux versions indépendantes d'un conte plus ancien, dont on ne serait pas embarrassé de retrouver des variantes dans d'autres romans bretons.

Gauvain se met en route pour son but inconnu, et, par une singulière distraction, il oublie le tronçon qui lui est indispensable. Cela permet au poète d'insérer dans son récit principal des aventures que nous laissons de côté pour le moment. Il revient enfin à la cour, reprend le tronçon et repart, toujours sans savoir où il va. Il arrive un jour près de la mer et voit au rivage cette même barque qui avait amené le mort: il y monte, non sans éprouver quelque crainte; la barque se met en mouvement, et Gauvain aborde en Écosse. Il erre dans un pays inconnu et désert, et bientôt rencontre une demoiselle qui porte tous ses vêtements à l'envers, et qui lui raconte pourquoi. Elle avait un ami, appelé Raguidel, que son ennemi Guengasouain (c'est un nom qui a une physionomie bien galloise) a tué en combat, grâce aux armes enchantées qui le rendent invulnérable. Une fée a promis à la demoiselle qu'elle serait un jour vengée par deux chevaliers qui devraient réunir leurs forces : ils seront désignés à cette aventure par le fait qu'ils réussiront seuls à enlever, l'un le tronçon, l'autre les anneaux du corps de Raguidel, que la fée envoie à la cour d'Arthur dans une barque magique. Ainsi s'explique le mystère du début. Jusqu'au jour où elle aura été vengée, la demoiselle a juré de ne pas porter ses vêtements « en droit ». Elle ajoute que cet odieux Guengasouain a une fille belle comme le jour; il ne veut pas la marier parce qu'il serait obligé de lui rendre la fortune qui lui revient de sa mère (on remarquera le singulier mélange, au milieu de ces aventures fantastiques, d'un trait d'une aussi prosaïque réalité); il entend qu'elle ne se marie qu'après sa mort, et, comme il veut qu'elle épouse un brave, il a fait jurer à ses hommes qu'ils la donneront pour femme, avec tout son héritage, à celui qui l'aura tué. Un chevalier appelé Ider aime cette fille de Guengasouain ; n'ayant pu l'obtenir, il n'a plus d'espoir que s'il tue le père, et c'est lui qui a enlevé les anneaux des doigts de Raguidel; il est dans le pays, mais ne peut rien tenter sans l'appui du chevalier qui a retiré le tronçon. Gauvain, entendant ce récit, se met en quête de Guengasouain, qu'il veut vaincre seul: il l'atteint, il le combat, mais il ne peut rien contre ses armes enchantées; enfin il songe à le frapper du tronçon fatal. Guengasouain, se voyant blessé, comprend qu'il a Gauvain pour adversaire, et, n'osant lutter contre lui, se contente de lui tuer son cheval, et s'éloigne sur le sien en le raillant avec insolence. Gauvain essaie de le rejoindre, mais il est bientôt arrêté par une rivière. Heureusement Ider avait vu du haut d'une montagne la barque magique aborder, et savait ainsi l'arrivée de Gauvain ; averti en outre par la demoiselle qui avait entretenu celui-ci, il le suit, joint Guengasouain, le renverse et tue l'ours féroce qui l'accompagnait et qui avait dévoré son cheval[1]. Gauvain arrive à son tour; Guengasouain demande un répit : il changera ses armes enchantées pour des armes ordinaires, et Gauvain et lui se combattront loyalement. Gauvain accepte : il est vainqueur; Guengasouain refuse de demander merci à l'amie de Raguidel, et Gauvain lui tranche la tête. Aussitôt les vassaux de Guengasouain amènent à Gauvain sa fille, la belle Tremionete, et la lui offrent avec toutes les terres du défunt. Mais Ider, qui l'aimait depuis longtemps, de-

---

[1] Ider n'est point appelé ici « le fils Nut », mais c'est bien de ce héros célèbre qu'il s'agit, comme le montre la circonstance qu'il est représenté combattant un ours. Voir ci-dessous, à l'article qui est consacré au roman d'Ider.

mande à Gauvain d'y renoncer pour lui, et Gauvain, toujours magnanime, après avoir consulté la jeune fille, qui avoue aimer Ider, et son « conseil », qui est favorable au prétendant, la lui cède. Puis tous se rendent à la cour d'Arthur, où l'on célèbre par des fêtes le nouvel exploit de Gauvain.

Dans ce récit sont intercalés deux épisodes qui n'ont rien à faire avec le thème principal : celui de la demoiselle du Gautdestroit et celui de la belle Ide; le premier est le plus original, le second est le plus piquant. Voici le premier. Gauvain, peu de temps après son départ de la cour, où il a oublié le fameux tronçon, entre dans un château désert en apparence, mais où il a bientôt un combat terrible à soutenir contre son hôte. Cet hôte est Maduc, surnommé le Noir Chevalier, qui combat tous les chevaliers qui passent et a tué jusqu'ici tous ceux qu'il a combattus : il espère tuer ainsi Gauvain, auquel il a voué une haine mortelle, parce que Gauvain, ayant brillé plus que lui dans un tournoi, lui a enlevé l'amour de la demoiselle du Gautdestroit[1], amour que le neveu d'Arthur a d'ailleurs dédaigné, car, après le tournoi, il a disparu, bien qu'elle ne lui eût point laissé ignorer qu'elle lui avait donné son cœur. Vainqueur dans ce combat, Gauvain se nomme et se fait un ami du vaincu ; il poursuit sa route et arrive dans la ville fortifiée du Gautdestroit. L'activité de cette ville brillante est l'objet de la part du poète d'une longue description, qui est imitée d'un passage analogue du Perceval (vers 7132 et suivants), mais qui est plus détaillée[2]. Gauvain ne sait pas où il arrive, et son ignorance manque de lui être funeste. En effet, la dame du Gautdestroit ne lui avait pas pardonné l'affront qu'il lui avait fait jadis, et, ne pouvant d'ailleurs se résigner à vivre sans

---

[1] Ce nom se retrouve ailleurs dans nos romans; voir plus loin l'analyse de Humbaut. Il provient, d'ailleurs, de Chrétien.

[2] A propos des médecins, qui occupent leur place dans ce tableau, Raoul remarque avec scepticisme (v. 1852) :

Plains est cil de melancolie
Qui par mires cuide garir;
Mire sevent mout bien mentir.

L'éditeur donne ainsi le second de ces vers : *Qui parmires aus dents garir.*

lui, elle avait médité contre lui, comme on va le voir, la plus étrange vengeance. Il est à noter qu'elle n'avait jamais vu les traits de celui qu'elle aimait et haïssait tant; aussi gardait-elle près d'elle une chambrière qui avait jadis habité la cour d'Arthur, et qui avait pour fonction de reconnaître et de lui nommer tous les chevaliers qui entraient dans son château, dans l'espoir que Gauvain y entrerait un jour. Au reste, elle affectait la plus grande tendresse pour lui et ne le nommait que « son chier ami ». Pour l'attirer, elle retenait dans sa prison un de ses frères, Gaheriet, qu'elle faisait chaque jour promener et battre de verges, pensant que le bruit en arriverait à Gauvain et qu'il viendrait au Gautdestroit pour s'enquérir du sort de son frère. Heureusement pour Gauvain, la chambrière envoyée à sa rencontre, et qui le reconnaît tout de suite, se résout à le sauver. « Sire, lui dit-elle, si vous ne voulez pas mourir, ne vous « nommez pas ici. — Amie, répond Gauvain, je n'ai jamais « caché mon nom quand on me l'a demandé. — Eh bien! « on peut tout concilier. Je vais trouver ma dame et lui « dire que vous êtes Keu le sénéchal; quand vous descen- « drez de cheval au perron, je vous saluerai du nom de Keu; « ainsi personne ne vous demandera le vôtre, et vous n'au- « rez pas besoin de le dire. » Gauvain y consent, et sous ce masque est bien reçu par la demoiselle :

> « Dans senescals, dist la pucele,
> Por la pité Diu, dites moi :
> Est Gauvains a la cort le roi,
> Li miens amis que tant desir,
> Qui en vivant me fait morir?
> Je l'aim et il ne m'aime mie :
> Or sui je trop loiaus amie,
> Que j'aim et ne sui pas amee.
> Lasse! com sui mal eüree!
> Orrai je ja de lui novele? »
> Il respondi a la pucele :
> « Bien vos en sai novele dire.
> — Comment, fait ele, biaus dous sire
> Est il sains et haitiés et vis?
> — Oïl, fait il, je vos plevis

Qu'il est aussi sains com je sui.
A la cort le roi u je fui.
Le vi n'a pas trois jors passé.
Il n'est pas de grignor eé
Ne graindres ne plus gros de moi. »

Puis la demoiselle lui montre son château et surtout ce qui en fait la principale curiosité. Dans la chapelle, près du maître autel, est un autre autel entouré d'un mur, si bien qu'on ne peut le voir que par une fenêtre, que le poète décrit minutieusement, mais en des termes peu clairs et qui doivent en outre avoir été altérés par le copiste, ou par l'éditeur, ou par tous les deux. Ce que l'on comprend au moins très bien, c'est que cette fenêtre, quand elle était ouverte, laissait une baie assez large; le panneau qui la fermait était ordinairement maintenu en haut; quand il retombait, la tête de celui qui l'avait passée par la fenêtre était prise comme dans un trou de pilori, et la force de vingt hommes n'aurait pu relever le panneau, auquel pendait, attaché par une chaîne d'argent, un rasoir de fin acier. La demoiselle avait l'intention de faire jouer le panneau le jour fortuné où Gauvain, fort bien reçu par elle et amené à l'endroit fatal, aurait passé sa tête dans le trou pour voir les trésors qu'elle avait accumulés dans l'enclos, auprès de l'autel et d'un cercueil de marbre, tels que reliques merveilleuses, châsses dorées, cornes d'ivoire pleines de baume aux senteurs exquises...

C'estoit uns petis paradis V. 2174.
Que la pucele i avoit fait.

Le prétendu sénéchal, invité par elle, passe sa tête dans le trou, et, l'ayant retirée sans encombre, exprime son admiration. La demoiselle lui avoue alors sa haine pour Gauvain, qui l'a dédaignée, et lui exprime l'aimable plan qu'elle a conçu pour s'en venger :

« Se je tenoie Gauvain ci, V. 2275.
Ja metroit en cest pellori

> Sa teste, la u fu la vostre :
> Ja ne diroit plus patenostre
> Por s'ame, quant d'ici istroit,
> Que tantost com il i seroit
> Si ferroie (fermerais) ceste fenestre. »

Sur quoi elle touche un ressort, et le panneau descend comme un trait d'arbalète.

Elle poursuit :

> « Se sa teste ert en cest broion (piège),
> Ja n'en prendroie raençon :
> De lui issi me vengerai
> Que la teste lui trancherai.
> Quant mors seroit, sans demourance
> Feroie de mi tel vengance
> Que je m'ociroie après lui.
> Quant mort seriesmes ambedui,
> En cest sarcu seriesmes mis
> Bouce a bouce et vis a vis :
> Issi me feroit compaignie
> Mors, quant il nel vuet faire en vie! »

On peut deviner quelle impression ce simple récit fait sur Gauvain ; il essaie de cacher son émotion, tout en se jurant de ne plus mettre la tête dans cette fenêtre. « Voilà, « dit-il à son hôtesse, une étrange manière d'aimer ; je ne « souhaite pas que vous m'aimiez à ce point. Mais si Gau- « vain faisait votre plaisir, trouverait-il merci ?

> — Nenil certes ; je vos afi
> Que je nel kerroie de rien.
> S'il estoit ci, ço sai je bien
> Qu'il feroit ço que je vauroie ;
> Mais li hom qui s'amor otroie
> Par force n'aime pas de cuer...
> Se Gauvains m'avoit esposee,
> Demain en une autre contree
> Iroit chevaleries querre,
> Si troveroit en une terre
> La fille d'un conte ou d'un roi,
> Qui seroit plus bele de moi :
> Por l'amor de li me harroit ;
> Tantost li maus me reprendroit
> Qui or me tient... »

La demoiselle raconte ensuite comment elle tient Gaheriet dans sa prison et les outrages qu'elle lui fait subir; elle offre même à son hôte de le voir; mais celui-ci, craignant que Gaheriet ne le reconnaisse et ne cause ainsi sa perte, s'y refuse. Le soir, Gauvain affecte de prendre part aux divertissements; mais sa pensée est ailleurs. Il concerte avec la chambrière le moyen de délivrer Gaheriet, et il réussit en effet, quand les gardes, au matin, promènent et battent de verges le malheureux, à les tuer en les attaquant soudainement, et à emporter son frère, auquel la captivité et les souffrances ont enlevé toutes ses forces, jusqu'au château voisin du Noir Chevalier. La demoiselle du Gautdestroit, quand elle apprend ces événements, est naturellement furieuse. Avec des forces considérables, elle vient assiéger le château, et bientôt le réduit à la dernière extrémité. Gauvain trouve moyen de se dérober, avec l'intention d'aller à la cour d'Arthur chercher du secours; mais bientôt il apprend que, dès qu'elle a su qu'il n'était plus dans le château, son ennemie en a levé le siège, et ainsi prend fin cet épisode. Nous ne l'avons pas retrouvé dans d'autres romans, et il peut bien être de l'invention de Raoul; le motif seul de l'amour inspiré par les prouesses de Gauvain à une femme qui ne l'a jamais vu reparaît ailleurs, comme nous l'avons dit; ici, il est plus admissible, puisque, dans le tournoi où Gauvain avait été vainqueur, le prix était la main de la demoiselle du Gautdestroit : ce prix, il l'avait gagné, d'où l'amour de cette belle; mais il n'avait pas voulu le toucher, d'où sa haine.

Voyez ci-des p. 34.

Le second épisode de la Vengeance de Raguidel suit immédiatement le premier. Gauvain, se rendant à la cour d'Arthur après avoir quitté le château de Maduc, entend les cris d'une demoiselle qu'un chevalier maltraite et veut tuer, ayant déjà tué son père; il la délivre après un combat terrible, Ide lui offre son amour et lui jure une reconnaissance éternelle; Gauvain, de son côté, se sent pris pour elle d'un vif amour. Après un repos rempli de délices dans le château de sa maîtresse, il reprend le chemin de

8.

la cour, où il veut aller rechercher le tronçon qu'il a oublié; Ide l'accompagne, portant un épervier sur son poing et suivie de deux lévriers. Un « vallet » qu'ils rencontrent en route leur raconte la singulière aventure du « manteau mal taillé », qui vient de se passer à la cour d'Arthur, et qui a couvert de honte toutes les dames et demoiselles; Gauvain se dit que, si son amie avait été là, elle aurait eu le prix qu'une autre a obtenu en son absence. Ils arrivent à la cour. Peu de temps après s'y présente un chevalier qui avait les traits réguliers et le bas du corps fort bien fait, mais le buste ridiculement petit et chargé de deux bosses. Ce chevalier, suivant un usage, d'ailleurs peu vraisemblable, qui fournit des motifs à bien des romans de la Table ronde, obtient d'Arthur qu'il lui accordera, sans le connaître d'avance, le don qu'il va lui demander : or ce don, c'est tout simplement la belle Ide, assise à côté de Gauvain. Celui-ci naturellement proteste, et propose au chevalier de décider la querelle par un combat; l'étranger accepte, mais il ne veut pas combattre Gauvain chez son oncle : il lui donne rendez-vous dans un mois, à la cour du roi Baudemagus. Comme il va s'éloigner, on lui demande comment il s'appelle. Il répond :

V. 4385.
« Druïdains, li fius Druïlas,
Et por ço ai non Druïdain
Que je doi estre drus Ydain,
Ele ma drue et je ses drus. »
Lors s'escria joians et drus :
« Ce ne puet estre trestorné;
Trestuit li homme qui sont né
Ne souroient (éd. touroient) cet argument.
Li lyons d'arain qui ne ment
Me dist que je l'avrai, » fait cil.
Et il dist voir, que puis l'ot il...
Sorti li fu dès qu'il fu né. »

Ce bizarre jeu de mots peut bien être de l'invention de Raoul; mais qu'est-ce que ce lion d'airain qui rend des oracles infaillibles ? Nous ne le savons pas. Quelque temps après, Gauvain s'arme et part avec Ide pour aller trouver son adversaire. En chemin, il rencontre un chevalier qui veut lui enlever sa compagne. Gauvain s'apprête à le frapper, mais l'autre lui dit :

> « S'il vos sanble que ce soit bien, V. 4527.
> Por ce que li tors n'en soit mien,
> Metés la entre moi et vos.
> A celui que voudra de nos
> Se tiengne, par tel covenant
> Que li autres rien n'en demant. »

Gauvain accepte cette singulière proposition, que l'on communique à Ide :

> Chascuns d'els de li s'eslonga, V. 4546.
> Et Ydain remest en mi liu;
> Or ont issi parti le giu.
> Dist mes sire Gauvains : « Alés,
> Ydain, au quel que vos volés ! »
> Quant Ydain escoté les ot,
> En haut respont, que cascuns l'ot:
> « Comment! fait ele, est il ensi?
> Jués (éd. Avés) vos moi a ju (éd. ici) parti?
> Avés me vos mise en balance?
> Moult ai en vos povre fiance!
> Or sai je bien, se m'amissiés,
> Ja ju parti n'i eüssiés...
> Certes je prent ceste partie :
> M'amors est de vos departie ;
> Or en alés, de vos me part,
> Car en moi n'arés mie part;
> Alés vos en, car je vos lès ! »
> Ele s'en vait poignant adès
> Vers le chevalier qui l'atent :
> Son elme oste, ses bras li tent,
> Ele l'acole et il la baise :
> Moult fu li chevaliers a aise.

Le pauvre Gauvain, lui, n'est pas « à aise »; il s'éloigne tout déconfit, et surtout fort embarrassé de son rendez-vous avec Druidain, où il doit amener sa belle. Pendant qu'il se livre sur les femmes aux réflexions les plus pessimistes, et donne raison à Keu, leur éternel détracteur, il s'entend appeler. C'était le nouvel ami d'Ide, qui, excité par elle, venait réclamer à Gauvain les deux lévriers de la belle, qui avaient continué à le suivre. Gauvain refuse de les rendre sans combat; l'autre renouvelle alors sa proposition :

V. 4708.
> « Metés les ciens en mi la voie,
> Si aillent la u il vauront;
> Et cil a cui li cien iront
> Les en menra sans contredit. »
> Lors a mes sire Gauvains dit,
> Qui veut la guerre et het a pès ;
> « Dans chevaliers, je ne ju mès
> A ju parti, je l'ai voué,
> Car jou ai del pior jué,
> Si ai perdu; or m'en repent. »

Ils se battent donc, et Gauvain, d'un coup de lance, perce le cœur de son rival.

V. 4732.
> Ydain le voit, ses paumes bat
> Et rit et fait joie mout grant ;
> Sa mule fiert, et vait avant
> Vers mon signor Gauvain, et dit :
> « Sire, se Damedius m'aït,
> Or vos ai je bien esprové...
> Or sai je bien que vos m'amés...
> Il cuidoit que je fuisse soie,
> Cuidoit voire, mais il ert fols :
> Por veoir un de vos biaus cols,
> Que j'ai tos jors oï loer,
> Le fis je contre vos aler.
> Onques por el n'alai vers lui...
> Sire, u poroie je aler
> A meillor chevalier de vos ?
> Un poi avés esté jalous
> De moi, certes, ce sai je bien,
> Et je vos aim sor tote rien,
> Et or sai bien outreement
> Que vos m'amés certainement. »
> Quant mes sire Gauvains l'oï :
> « Ydain, fait il, oï, oï,
> Bien vos connois, vos dites voir :
> Vos le fesistes por savoir

> Et por veoir que je feroie.
> Errés, metés vos a la voie;
> Alés avant; je vos sivrai.
> Vos verés bien que je ferai...
> Coment ja l'avés espondu?
> — Espondu, sire? non ai voir.
> Vous poés bien de fi savoir
> Et entendre, se je l'amaisse,
> Ja por les ciens ne retornaisse;
> Et quant le fis a vos joster
> Savoie je bien sans douter,
> Biaus sire, que vos l'ociriés.
> — Tot por noient le me diriés :
> Errés, errés; je vos croi bien ;
> Vos le fesistes por mon bien.
> Mais vos ne le quidastes pas. »

Ils arrivent ainsi chez Baudemagus, et le combat a lieu. Vainqueur de Druidain, Gauvain, à sa grande surprise, lui cède la belle Ide, objet de leur contestation, en ajoutant seulement :

> « Se tu ne vuels anui avoir,
> Ne croi pas ce que te dira ;
> Par maintes fois te mentira
> Se tu la crois; ne la croi pas. »
> Or est bien venus a compas
> Li sors en cui Druïdains crut...
> Le jor qu'il demanda Ydain,
> Issi com li lions d'arain
> Le faisoit prover par son non.

V. 4848.

Ce méchant conte d'un inconnu préféré à un amant parfait par une belle au cœur volage est ici visiblement mutilé : pour qu'il ait sa vraie forme, il faut que la fidélité des chiens soit mise en contraste avec l'inconstance de la femme. Il se retrouve dans le Chevalier à l'épée et dans le roman de Tristan en prose; il provient sans doute d'un ancien lai que nous n'avons plus et qui, dans les trois imitations que nous en connaissons en français, nous apparaît assez gravement défiguré. On peut facilement le restituer tel qu'il a dû être à l'origine : un guerrier voyage avec sa belle et son chien (il y a deux chiens dans les trois versions françaises); il rencontre un autre guerrier qui veut lui enlever la femme, mais lui propose, au lieu de combattre, de la laisser choisir entre eux; le héros, plein de confiance, accepte, et, à son grand étonnement, c'est l'inconnu que la belle préfère. La même épreuve a lieu pour le chien, mais elle donne un résultat bien différent : le chien, appelé de deux côtés, court droit au maître qu'il a toujours aimé. Ce conte en rappelle plusieurs autres, et notamment l'histoire du chien d'Ulysse, qui trouve un parallèle plus frappant dans un épisode des anciens poèmes sur Tristan. Il compte au nombre des plus mordants qu'on ait inventés contre les femmes et ne cadre guère avec l'esprit des romans « courtois », où elles sont en apparence placées au-dessus de tout; c'est une revanche de l'esprit goguenard si répandu en France de tout temps. D'ailleurs cette exaltation conventionnelle de la femme est inconnue à la plus ancienne poésie celtique, à laquelle appartient cette malicieuse histoire, comme aussi celle de la Corne enchantée ou du Court Manteau. Aucune des trois versions françaises n'a bien gardé les traits essentiels du récit : dans le Chevalier à l'épée, les lévriers appartiennent à la femme, et s'ils suivent Gauvain (qui est là aussi le héros de l'histoire) quand il les appelle, c'est seulement parce qu'ils le connaissent un peu. Dans notre poème, la seconde et indispensable partie, le choix des chiens opposé à celui de la femme, est supprimée, ce qui enlève au conte presque tout son sel[1]; mais Raoul prend sa revanche dans les détails, qui, sauf un trait inutilement grossier, font de sa version la plus agréable des trois. Dans le Tristan en prose la maîtresse de Dinas s'est fait enlever de son plein gré; en sorte qu'il est absurde, quand il a rejoint le couple fugitif, qu'il espère être choisi par elle. Le récit est d'ailleurs prolixe et maladroitement compliqué; mais il présente quelques traits curieux, et l'on remarque dans les

---

[1] Ce trait manque également, et toute mention des chiens a même disparu, dans un premier épisode que renferme le Tristan en prose (ms. fr. 750, f° 43), et dont c'est Tristan en personne qui est le héros.

détails certaines coïncidences avec celui du Chevalier à l'épée.

Le poème de Raoul, comme on a pu en juger par nos extraits, se lit avec plaisir, et, bien qu'il ne nous en soit parvenu qu'un manuscrit, il paraît avoir eu du succès. Nous en trouvons la preuve dans un passage du livre d'Étienne de Bourbon sur les sept dons du Saint-Esprit, où il raconte qu'un grand clerc qui prêchait la croisade emprunta une «similitude» à l'histoire d'Arthur, c'est-à-dire au début de notre roman: il compara le chevalier percé d'une lance, amené par la barque mystérieuse, qui a dans son aumônière une lettre où il demande vengeance de ses meurtriers, au Christ qui, par les Évangiles, demande aux fidèles de le venger des juifs et des gentils qui l'ont fait périr sur la croix.

Étienne de Bourbon, p. 95.

En outre, le poème de Raoul a été traduit en néerlandais. Cette traduction occupe les vers 11161-14136 du livre III de l'immense compilation qui porte le titre de Lancelot, et dont nous aurons souvent à parler. Elle est sensiblement abrégée, mais en revanche on y trouve deux épisodes qui ne se lisent pas dans notre manuscrit, et qui l'un et l'autre semblent bien être également traduits du français, mais n'appartiennent pas à notre poète. L'un des deux (ch. XXVI, v. 13185-13586) est consacré à terminer l'aventure de la demoiselle du Gautdestroit : Maduc et Gaheriet viennent à leur tour l'assiéger; on convient de remettre le sort de la guerre à un combat singulier, et la demoiselle cherche partout un champion. Le sénéchal Keu se présente sous un faux nom, combat Maduc et est vaincu par lui; il avoue son vrai nom, et il aurait eu la tête coupée s'il n'avait demandé grâce au nom de la reine Guenièvre, sa nièce (nous n'avons pas relevé ailleurs cette particularité). La demoiselle du Gautdestroit est à la discrétion des vainqueurs : Maduc, qui l'aimait depuis si longtemps, l'épouse, et Gaheriet lui pardonne le cruel traitement qu'elle lui avait jadis fait subir.

L'autre épisode propre à la version néerlandaise (ch. XXIV,

v. 12635-13054) est beaucoup plus curieux : il est intercalé entre l'arrivée de Druidain à la cour et le départ de Gauvain pour aller le combattre. Troublé par l'aventure du « manteau mal taillé » et les railleries de Keu, Gauvain s'en va trouver la reine et lui demande si elle peut lui dire « quelle est la pensée des femmes ». Ne recevant qu'une réponse évasive, il se promet d'employer à éclaircir ce mystère le délai qui le sépare encore du jour pris pour combattre Druidain. Il s'arme et cherche une aventure qui l'instruise. Dans une forêt, il rencontre un nain qui, en soufflant sur lui, le change lui-même en nain, puis lui rend sa taille ordinaire, en reprend lui-même une semblable, lui apprend qu'il est roi, et s'entretient amicalement avec lui. Gauvain lui raconte l'objet de sa quête ; le roi lui dit que cet objet est difficile à atteindre, et l'invite à venir dans sa demeure. A souper, Gauvain voit avec étonnement qu'on fait passer de tout ce qu'on boit et mange dans une chambre voisine[1] : le roi lui explique que là est enfermée pour toujours sa femme, fille d'un simple forestier, qu'il a épousée par amour, et qui l'a trahi pour le plus vil et le plus grossier des valets de sa cour. Puis il demande à Gauvain s'il a une amie en qui il se fie, et lui propose de lui faire savoir au juste si sa confiance est fondée. Il donne à Gauvain et à lui une très petite taille, et tous deux se rendent à la cour d'Arthur. Gauvain, méconnaissable, séduit sans beaucoup de peine sa maîtresse (il lui propose une partie d'échecs dont l'enjeu ne la fait pas reculer, et qu'il gagne), passe la nuit avec elle, et se fait donner par elle son propre anneau, dont il lui avait fait présent. Ensuite, reprenant sa vraie forme, il vient trouver Ide et lui réclame son anneau : « Je l'ai perdu, dit-elle, par un étrange accident. « J'étais à la fenêtre, au-dessus des fossés du château, pen- « sant à vous et à votre longue absence, et dans ma dou- « leur je me tordais les mains ; je fis ainsi glisser l'anneau, « qui tomba dans l'eau, où j'ai vu un poisson l'avaler. — J'en

---

[1] Le poète cite ici expressément (v. 12773) sa source française : *Dat walsch seget, daer ict ut screef.*

« sais mieux la vérité, dit Gauvain : j'ai rencontré en venant
« un petit chevalier qui me l'a rendu, et m'a dit l'avoir
« reçu de vous cette nuit. » Ide est confondue, mais elle
fait tant par ses caresses que Gauvain lui pardonne.

Il est clair que ce conte ne faisait pas partie du roman primitif, bien que l'interpolateur l'y ait rattaché par diverses allusions : si Gauvain avait eu une pareille preuve de l'infidélité de sa maîtresse, il ne lui aurait assurément pas accordé la confiance qu'il lui montre dans l'épisode, immédiatement suivant, de la rencontre avec le chevalier inconnu. Le conte en lui-même est assez incohérent : parti pour connaître la pensée des femmes, ce qui rappelle un autre récit que nous retrouverons plus tard, Gauvain n'apprend en somme que les mauvaises mœurs de deux femmes; ce qui ne répond pas à la question. Quant à la séduction d'Ide par son amant lui-même sous d'autres traits, elle rappelle un conte emprunté par La Fontaine à l'Arioste, qu'on a rapproché à bon droit de l'aventure de Céphale avec Procris, et qui se retrouve dans d'autres versions du moyen âge. Le morceau inséré, soit par le traducteur néerlandais, soit plutôt par un compilateur français, dans le roman de la Vengeance de Raguidel était sans doute le sujet d'un petit poème épisodique perdu, et c'est à ce titre que nous avons cru devoir l'analyser.

Voyez ci-dessous p. 96.

Rajna (P.), Le Fonti dell'Orlando Furioso, p. 507 — Germania, t. XXXI, p. 49.

LE CHEVALIER À L'ÉPÉE.

Voyez t. XIX, p. 704-712.

Ce petit poème (1206 vers) a été publié, d'après le manuscrit unique, par Méon. Il avait été analysé par Le Grand d'Aussy. Il se compose de deux parties qui n'ont rien à faire l'une avec l'autre et qui se retrouvent isolées. La seconde est le conte célèbre où la fidélité du chien est opposée à l'inconstance de la femme; nous en avons parlé à propos de la Vengeance de Raguidel. La première repose sur la donnée d'un hôte qui maltraite et même tue ceux qui ne lui obéissent pas en toutes choses; il n'épargne que

Méon, Fabliaux et Contes, t. I, p. 127. — Le Grand d'Aussy, Fabliaux, t. I, p. 101.

le héros du conte, dont il fait même son gendre, parce qu'il ne s'est refusé à aucun des ordres, en apparence capricieux ou absurdes, qu'il a reçus. Un assez pâle reflet de ce conte, sans doute d'origine galloise, se retrouve dans le roman de Gauvain et Humbaut, dont nous parlerons plus loin; dans notre roman même, il est fort altéré et mêlé à l'épisode du lit périlleux, qui figure plusieurs fois dans les récits relatifs à Gauvain, mais qui n'a rien de commun avec celui-ci.

C'est probablement de notre roman même que dérive un petit poème italien en forme de *canzone,* dont on a deux rédactions, la moins ancienne signée par Antonio Pucci, rimeur connu du xve siècle, l'autre anonyme, mais qui pourrait bien être aussi de lui. Au contraire, nous trouvons le conte sous une forme beaucoup plus voisine de celle qu'il a dû avoir primitivement dans un poème anglais du xive siècle, le Vilain de Carlyle, qui nous représente sans doute une source anglo-normande perdue. Au xvie siècle remonte un renouvellement de ce poème sous forme de ballade : il est remarquable qu'on y trouve un dénouement qui doit être primitif et qui ne figure pas dans le poème. Comme ce dénouement a un caractère très fantastique, on peut croire qu'un copiste l'a trouvé absurde et l'a supprimé[1]; la fin du poème anglais, dans le manuscrit unique qui l'a conservé, présente quelque chose de gauche qui rend une mutilation assez vraisemblable.

LA MULE SANS FREIN.

Par Païen de Maisières.

Voyez t. XIX, p. 722-727.

On n'a pas dit dans l'article ci-dessus indiqué que ce poème, de 1136 vers, avait été imprimé par Méon, et qu'il ne se trouvait que dans un seul manuscrit. Il est singulier

---

[1] Une aventure semblable forme le dénouement d'un autre poème anglais du xvie siècle, le Turc et Gauvain (voyez Madden, p. 243-255), dont le début rappelle plutôt Gauvain et le Vert Chevalier.

que Le Grand d'Aussy, qui n'a pas dû en avoir d'autres que nous, donne à l'auteur le nom de Paysan et non Paien de Maisières. Avant lui une analyse, qui est plutôt une imitation fort libre, avait paru dans la Bibliothèque des romans en 1777; cette imitation a servi de base à celle que Wieland en fit la même année sous le titre de *Sommermärchen, oder das Maulthier ohne Zaum*, en attribuant à tort l'original à Chrétien de Troies.

Bien longtemps avant Wieland, le conte de Paien de Maisières avait déjà été mis en vers allemands. Henri du Türlin l'a inséré dans sa compilation intitulée la Couronne, composée vers 1210, ce qui prouve que le poème français est antérieur à cette date; mais il y a fait toute une introduction pour expliquer les antécédents du récit, et il a changé le dénouement pour le mettre en accord avec cette introduction. C'est par erreur, en revanche, qu'on a dit qu'une version néerlandaise de la Mule sans frein avait été incorporée dans le Lancelot néerlandais : le poème néerlandais dont il s'agit est celui que nous retrouverons plus tard sous le titre de Lancelot et le Cerf blanc.

GAUVAIN ET HUMBAUT.

Ce poème, très médiocre tissu d'aventures banales, ne nous est parvenu qu'incomplètement dans le manuscrit souvent cité de M. le duc d'Aumale (fol. 112-133). Le titre est : « De Gunbaut »; mais dans le cours du récit ce personnage est appelé Humbaut; c'est d'ailleurs bien Gauvain, et non lui, qui est le héros principal. Voici une idée très sommaire du roman.

Humbaut, l'un des chevaliers de la Table ronde, raconte un jour à Arthur qu'un roi lointain méconnaît sa suprématie; Gauvain, accompagné de Humbaut, qui lui sert de guide, part pour obliger cet arrogant à s'incliner devant le roi breton. Ils ont diverses aventures, parmi lesquelles celle de l'hôte incommode, dont nous avons parlé ci-dessus à propos du Chevalier à l'épée, et celle du vilain qui se fait couper la tête par Gauvain, que nous mentionnerons à propos du Vert Chevalier. Ils arrivent enfin à la cour du roi en question, le somment de se présenter devant Arthur et s'en vont. Une aventure les sépare. Gauvain rencontre un chevalier qui se vante effrontément d'avoir joué un bon tour à une demoiselle : il a obtenu d'elle ce qu'il souhaitait en lui promettant de l'épouser et en prenant Gauvain pour caution; mais il n'a nulle intention de tenir sa parole, et la demoiselle n'a qu'à s'adresser à Gauvain ! Celui-ci, comme on pense, contraint le chevalier à épouser la belle. Une histoire semblable se retrouve, on va le voir, dans le Cimetière périlleux. — Un conte assez agréable vient ensuite : Gauvain rencontre son frère Gaheriet, qui ne le reconnaît pas, et, sachant seulement qu'il est de la Table ronde, lui demande quel est le meilleur chevalier de la cour d'Arthur. Gauvain nomme successivement Ivain, Lancelot, Keu, Perceval; mais Gaheriet, qui attend toujours que l'on cite Gauvain, s'éloigne fort mécontent. Les deux frères finissent par se battre, se reconnaître et s'embrasser. — Gauvain apprend que sa sœur Limarie a été enlevée : il part au hasard pour la retrouver, et dix chevaliers de la Table ronde se mettent, de leur côté, en quête de Limarie, de Gauvain et d'Humbaut, également disparus. Ces chevaliers arrivent un jour chez la demoiselle du Gautdestroit, qui aime Gauvain, comme dans la Vengeance de Raguidel, mais qui le connaît mieux, puisqu'elle a fait faire de lui une statue tellement ressemblante que Keu, qui la voit dans une chambre, croit que Gauvain se cache là au lieu de chercher sa sœur; la demoiselle leur dit ce qui en est. Humbaut rejoint les chevaliers. La sœur de Gauvain avait été enlevée par Gorvain Cadruz, personnage emprunté au roman de Méraugis; Gauvain la retrouve, combat son ravisseur, et l'oblige de ramener la jeune fille à la cour d'Arthur.

Li rois est as tables (ms. as barons) assis,
Aveuc lui les barons de pris ;
Des mès ne vous ferai pas fable,
Mais ains qu'il lievent de la table...

GAUVAIN ET HUMBAUT.

Là s'arrête le fragment manuscrit, sans que nous sachions si le poème durait longtemps encore ; il devait au moins terminer l'histoire du roi sommé par Gauvain de faire hommage à Arthur. La perte est mince, quelle qu'en soit l'étendue. Les détails même, dans cet ouvrage, n'offrent que rarement de l'intérêt. Signalons, folio 132 *b*, le passage qui nous montre la demoiselle du Gautdestroit entourée de « pucelles » et de chevaliers et prenant le plaisir de la lecture :

> D'un rommant oent uns biaus dis,
> La pucele le faisoit lire.

Nous avons cité le passage où l'auteur nomme Chrétien de Troies. Les rapprochements indiqués plus haut et d'autres montrent qu'il avait lu un grand nombre de romans bretons ; le sien est assurément un des derniers du cycle, comme il en est un des plus faibles.

GAUVAIN ET LE VERT CHEVALIER.

Nous ne possédons de ce roman qu'une version anglaise du xiv° siècle ; mais il est extrêmement probable qu'elle ne fait que reproduire un poème français perdu. Ce n'est pas, il est vrai, l'opinion des critiques qui s'en sont occupés jusqu'à présent : on a bien reconnu dans ce poème une imitation du français, mais une imitation seulement, où le poète anglais aurait à la fois emprunté et inventé. Sir Frederick Madden, qui a le premier publié le poème anglais, le considère comme provenant d'un épisode qui se trouve dans le Perceval (c'est-à-dire dans la première des continuations du Perceval), et c'est aussi l'opinion du second éditeur, M. Morris, et de M. Ten Brink, l'auteur allemand d'une bonne histoire de la littérature anglaise. Une jeune Américaine, qui s'est fait recevoir docteur en philosophie à l'université de Zurich avec une thèse sur *Gawayn and the Green Knight*, a complété, en l'adoptant, l'explication de Madden. Miss Carey Thomas pense que le poète anglais, tout en ayant pour source principale l'épisode du Perceval, s'est aussi servi de traits empruntés au Perceval en prose ou Perlesvaus, qui raconte en effet une aventure analogue (seulement le héros en est Lancelot); elle croit en outre que l'épisode de l'épreuve à laquelle est soumise la loyauté de Gauvain est emprunté à l'aventure de ce même Gauvain avec la sœur de Guigambresil dans la partie du Perceval qui est encore de Chrétien de Troies. Nous aurions donc là, notamment pour le principal récit, une combinaison toute nouvelle et, il faut en convenir, assez singulière, puisque des traits textuels du poème anglais remonteraient à chacune des sources auxquelles l'auteur aurait puisé. A notre avis, cette hypothèse compliquée n'est pas vraisemblable, et rien n'empêche de la remplacer par une autre plus simple. Le sujet principal du poème est, comme nous le verrons, un lieu commun des contes bretons, qui figure, non seulement dans les deux Perceval, mais dans deux autres romans français, et précisément parce que le récit du *Green Knight* contient des traits qui se retrouvent tantôt dans l'un tantôt dans l'autre des récits parallèles, on doit conclure qu'il ne provient d'aucun d'eux, et qu'il nous représente une dérivation indépendante de la source commune, c'est-à-dire un poème français épisodique, qui avait pour sujet principal ce qui dans les autres textes ne forme qu'un incident au milieu d'autres. Un trait signalé par Miss Carey Thomas nous amène à la même conclusion. Le poète mentionne un frère de Gauvain qu'il appelle « Agravayn a la dure mayn »; Sir Fred. Madden a fait observer que ce surnom n'est donné à Agravain (ou Engrevain) dans aucun texte français; Miss Carey Thomas a montré que, précisément dans le passage de Chrétien qu'elle croit être la source de l'épisode accessoire du *Green Knight*, on dit en énumérant les frères de Gauvain :

> Et li secons est Agravains,
> Li orgueilleus as dures mains.

Mais, à notre avis, cet argument se retourne contre l'opinion qu'il est destiné à fortifier. Il faut en effet que le poète anglais, pour avoir conservé en français les mots « a la dure mayn », les ait trouvés textuellement dans son original, tandis que Chrétien dit « as dures mains ». Il a donc puisé dans un poème français, aujourd'hui perdu, où le frère de Gauvain, souvent mentionné pour son orgueil, recevait l'épithète de « à la dure main ».

Nous allons donner un résumé du poème anglais, qui est considéré, à cause de son style et des charmants détails qu'on y trouve, et qui ne viennent sans doute pas du français, comme le joyau de la littérature anglaise au moyen âge; puis nous dirons un mot des deux épisodes dont se compose le récit.

Un jour de fête, le premier jour de l'an, Arthur tient sa cour à Camaalot (Camelot, dans le Somersetshire); dans la salle entre un géant, tout habillé de vert, qui tient une hache à la main. Il défie tous les chevaliers de la Table ronde d'accepter ce qu'il leur propose, c'est-à-dire « un « coup pour un autre » (*a strok for an other*), un coup de sa hache : il recevra le premier, et celui qui le lui aura porté devra venir, au bout d'un an juste, dans son pays, au Nord, à la verte chapelle, recevoir l'autre en échange. Tous les compagnons de la Table ronde, voyant la stature et l'air du Vert Chevalier, se taisent; Arthur, indigné, se lève et va se présenter pour l'épreuve; mais Gauvain le fait rasseoir, et c'est lui qui s'offre à la subir. Le Vert Chevalier s'agenouille, Gauvain prend la hache, et lui décharge sur la tête un coup si pesant que la tête vole à six pas; mais, à la stupeur de tous, le Vert Chevalier la ramasse, et, la tenant à la main, il part, en rappelant à Gauvain le rendez-vous auquel il doit être dans un an.

Les saisons se succèdent, et le terme approche. Gauvain se met en marche dans la direction indiquée, et fait une fort pénible route. Il est accueilli dans un château très voisin du but de son voyage. Un matin, trois jours avant le jour fixé, son hôte lui annonce qu'il part pour la chasse et qu'il le laisse seul avec sa jeune et belle femme : il a confiance dans la loyauté de Gauvain, et il lui demande de prendre avec lui un engagement réciproque : chaque soir ils échangeront les produits de leur journée. A peine le mari a-t-il quitté le château que la dame vient trouver Gauvain et fait son possible pour le séduire; mais celui-ci est inflexible, et, le soir venu, il n'a rien à donner à son hôte en échange du gibier qu'il reçoit de lui. Le lendemain même pacte ; cette fois, Gauvain est moins ferme : il reçoit quelques baisers, qu'il rend fidèlement au chasseur à la fin de la journée. Le troisième jour, la dame le tente d'une autre manière : elle lui fait présent d'une ceinture féée, qui est censée préserver celui qui la porte de la mort et des blessures ; Gauvain devrait la donner le soir à son hôte, mais, songeant à la terrible épreuve qui l'attend le lendemain, il garde le silence, et n'offre rien en échange de la venaison qu'on lui apporte; il avait d'ailleurs promis à la dame de ne pas révéler ce présent, qui, disait-elle, aurait fort irrité son époux.

Le lendemain, premier jour de l'an, à travers une lande désolée, Gauvain se rend à la verte chapelle. Il y trouve son adversaire, qui s'apprête à lui payer ce qu'il lui doit depuis le premier jour de l'année précédente. Gauvain s'agenouille résolument; l'autre lève son arme : au moment où elle va retomber, Gauvain ne peut retenir un léger tressaillement des épaules, et l'autre le raille sur ce mouvement, rappelant que lui, en pareille occurrence, il n'a pas tremblé. Gauvain ne bouge plus; le Vert Chevalier lève son arme, mais il la laisse retomber sans même toucher le cou qui se présente à lui découvert; une seconde fois il en fait autant; à la troisième fois, il porte à Gauvain une légère atteinte. Ensuite il se nomme, Bernlak de Hautdesert, et se fait connaître pour identique au mari chasseur qui vient d'héberger Gauvain : les deux coups sans blessure et la légère blessure du troisième sont le salaire des deux jours de parfaite loyauté et du troisième jour de dissimulation. Bernlak loue hautement Gauvain, malgré ce moment d'oubli, de son courage et de sa fidélité à sa parole; il lui apprend qu'il est venu proposer à la Table ronde cette terrible épreuve à l'instigation de Morgue, la sœur d'Arthur, qui cherche toujours des moyens de courroucer la reine Guenièvre, qu'elle hait (c'est ici une imitation du début du Manteau mal taillé). Gauvain revient à la cour d'Arthur, où on l'accueille naturellement avec grande joie.

L'épisode principal de ce conte se retrouve, comme nous l'avons dit, dans quatre autres romans : la première continuation du Perceval, le Perlesvaus, la Mule sans frein, et Gauvain et Humbaut. Dans ces deux derniers, comme dans le nôtre, c'est Gauvain qui en est le héros; dans Perceval, c'est Caradoc; dans Perlesvaus, c'est Lancelot. Mais dans aucun de ces romans, le conte n'est rapporté comme dans le *Green Knight*. Dans Gauvain et Humbaut, il reste fort peu de chose du récit primitif. Gauvain entre dans un château, où, devant la porte, se tient un vilain armé d'une hache qui réclame son droit : on peut lui trancher la tête, mais après il faut lui tendre le col. Gauvain accepte, et abat d'un coup de hache la tête du vilain agenouillé; celui-ci n'en veut pas moins se relever, mais Gauvain le saisit par ses vêtements, et il tombe mort. C'est à des conditions à peu près semblables que Gauvain accepte l'épreuve dans la Mule sans frein; seulement le vilain lui « part un jeu » : Choisis, lui dit-il, ou de me trancher la tête ce soir à condition que je trancherai la tienne demain matin, ou d'avoir la tienne tranchée ce soir à condition de trancher la mienne demain matin[1] :

> « Mout savré, fait Gauvains, petit
> Se je ne sai lou quel je preingne....
> Anuit la toe trancherai,
> Et lou matin te renderai
> La moie, se viax que la rende. »

Gauvain lui coupe donc la tête; l'autre la ramasse et s'en va.

---

[1] Il y a ici dans le texte français une lacune qui empêche de comprendre; mais voyez la Couronne de H. du Türlin, v. 13112.

Le lendemain matin, le vilain lui rappelle son engagement :

> Fors de laiens s'en ist Gauvains,
> Lou col li estent sor lo tronc ;
> Et li vilains li dit adonc :
> « Laisse col venir a plenté.
> — Je n'en ai plus, fait il, par Dé ;
> Mes fier i se ferir tu viax... »
> Sa jusarme hauce tot droit,
> Qu'il lo fet por lui esmaier ;
> Mais n'a talent de lui tochier,
> Por ce que mout loiaus estoit
> Et que bien tenu li avoit
> Ce qu'il li avoit creanté.

Dans le Perceval en vers (v. 12612 et suiv.), nous trouvons, comme dans le poème anglais, un délai d'un an entre le premier coup (ici coup d'épée) et le second ; mais c'est le provocateur qui revient, au lieu que Caradoc, comme Gauvain dans le *Green Knight,* aille le chercher ; il épargne d'ailleurs Caradoc, et lui révèle qu'il est son père, rattachant ainsi notre conte à une tout autre histoire. Dans le Perlesvaus (p. 102 et suiv.), Lancelot, comme le Gauvain anglais, se rend au bout d'un an à l'endroit assigné pour y recevoir un coup de hache en échange du coup qu'il a donné ; mais celui qui doit le lui asséner est le frère de celui qui a reçu le premier et qui, ayant eu la tête coupée, ne l'a pas ramassée comme les autres. On voit quelles différences considérables se remarquent entre toutes ces versions et la nôtre ; elles sont encore augmentées par un trait important : dans toutes les versions autres que le poème anglais, l'étranger propose au héros de lui couper la tête et de se la laisser couper ensuite ; cette manière de formuler la proposition est évidemment absurde, car on voit tout de suite dans celui qui la fait un être surnaturel de la part duquel on ne peut accepter un pareil défi ; ici, au contraire, la proposition de donner un coup à condition d'en recevoir un autre est acceptable : Gauvain se croit bien tranquille quand il a vu rouler la tête de son adversaire ; c'est seulement quand il voit celui-ci la ramasser qu'il comprend à qui il a affaire, et il n'en tient pas moins fidèlement sa parole[1]. La supériorité du poème anglais est ici incontestable, et elle prouve en même temps qu'il ne dépend pas des autres. Le Vert Chevalier est la version plus ou moins fidèle d'un poème français ou anglo-normand, dérivant directement du même thème que les autres, mais l'ayant mieux conservé. C'est bien d'ailleurs un thème celtique, car on le retrouve dans l'épopée irlandaise[2].

[1] Dans le Perceval en vers on trouve encore des traces de la première version. L'étranger dit : « Le don est colee « reçoivre Por une autre colee prendre » (leçon du ms. de Montpellier); mais plus loin il ajoute : « s'il a çaiens cheva- « lier Qui la teste me puist trenchier A « un seul cop de ceste espee, Et se repuis « de la colee Après saner et regarir, Seürs « puet estre sans falir D'ui en un an « d'ausi reprendre La colee, s'il l'ose « atendre. »

[2] Nous devons à l'obligeance de M. d'Arbois de Jubainville la note suivante, qu'il nous a paru intéressant d'insérer; on verra que, malgré de grandes divergences dans le cadre, le récit irlandais coïncide jusque dans certains détails (la hache trois fois levée) avec les contes français. Il y a là, et dans d'autres rapprochements du même genre, l'indication de rapports étroits, qu'on ne peut encore qu'entrevoir, entre les épopées irlandaise et bretonne. Dans la pièce intitulée Fled Bricrend, « festin de Bricriu », dont le manuscrit le plus ancien a été écrit vers la fin du XIe siècle ou le commencement du XIIe, mais qui remonte beaucoup plus haut et qui n'offre pas trace de christianisme, les trois guerriers Loégairé, Conall et Cù-chulainn se disputent le premier rang, c'est-à-dire la part réservée dans le festin au guerrier qui obtient la primauté; cette part est appelée curad mir, « morceau du héros ». Leur roi Conchobar, dont la capitale est Emain, et Sencha, son principal conseiller, au lieu de juger la question, renvoient successivement les trois concurrents à plusieurs arbitres. L'un de ces arbitres est Budé, qui lui-même refuse de se prononcer et conseille à Loégairé, à Conall et à Cù-chulainn de s'adresser au géant Uath mac Imomain (c'est-à-dire « effroi fils de grande peur »), qui demeure près d'un lac. Loégairé, Conall et Cù-chulainn vont trouver Uath près de son lac. Uath leur promet un jugement si préalablement ils remplissent la condition qu'il va leur faire connaître. Ils promettent de la remplir. « C'est un marché que je « vous propose, dit Uath : j'ai une hache; « je la mettrai dans la main d'un de vous « qui me tranchera la tête aujourd'hui, « et moi je lui trancherai la tête demain. « Ce sera celui-là qui aura le morceau « du héros. » Suivant une version du récit, Loégairé et Conall acceptent d'abord l'épreuve, mais, après avoir coupé la tête de Uath, ils s'enfuient. Suivant une autre version, ils répondent qu'ils ne veulent pas subir l'épreuve. Cù-chulainn déclare qu'il s'y soumet. Loégairé et Conall lui promettent de renoncer en sa faveur au morceau du héros. Uath s'étend sur une pierre, et d'un coup de la hache du géant, qui avait enchanté le tranchant, Cù-chulainn lui coupe la tête. Uath ayant repris sa hache et tenant sa tête sur sa poitrine plonge dans le lac. Il revient le lendemain [la tête sur les épaules]. Cù-chulainn à son tour s'étend sur la pierre et Uath à trois reprises abaisse la hache sur le cou du guerrier [mais sans lui faire de mal]. « Lève-toi, « Cù-chulainn, dit Uath : à toi la pri- « mauté sur les champions d'Irlande et « le morceau du héros sans contesta- « tion. » Alors les trois guerriers parti-

Quant à l'épisode de la dame, la ressemblance qu'il présente avec celui de la sœur de Guigambresil dans Perceval est vraiment très faible. Cette ressemblance se borne à ce que, dans les deux cas, Gauvain est reçu par un chevalier qui, pendant qu'il est lui-même à la chasse, le confie à l'hospitalité de sa sœur ou de sa femme, et que, dans les deux cas, il dépasse les limites où il aurait dû renfermer sa courtoisie envers elle; mais d'ailleurs tout diffère, et surtout il faut remarquer que dans le Perceval nous n'avons pas, comme dans le Vert Chevalier, une épreuve à laquelle l'hôte de Gauvain le soumet exprès, et où la dame sert de complice à son mari. On trouverait dans nos romans plus d'un trait qui offrirait avec le nôtre une ressemblance au moins égale, sans qu'on fût autorisé à conclure à une imitation directe (voyez, par exemple, ci-dessous l'analyse d'Ider). Il est difficile de dire si cet épisode des trois journées d'épreuve a été ajouté au premier récit, avec lequel il est ici habilement entrelacé, par le poète anglais ou par le poète français qu'il suivait : la seconde hypothèse nous paraît plus probable; mais en tout cas il n'a qu'un rapport fortuit avec l'aventure racontée dans le Perceval.

Le poème anglais a été refait au xvie siècle en forme de ballade; le remanieur s'est permis divers changements qui n'ont pas d'intérêt pour nous. Un autre poème anglais du même temps, dont nous n'avons conservé qu'un texte incomplet et défectueux, le Turc et Gauvain, nous offre un début assez semblable à notre poème, tandis que la fin reproduit le dénouement, qui a dû être originairement celui du Chevalier à l'épée.

Madden, Syr. Gawayne, p. 224-242.
Ibid., p. 243-255.

LE CIMETIÈRE PÉRILLEUX.

Ce poème, de près de 7000 vers, nous est parvenu dans

rent pour Emain, capitale du roi Conchobar. Mais ni Loégairé ni Conall ne se soumirent au jugement de Uath. — La *Fled Bricrend* a été publiée par M. Windisch, *Irische Texte*, p. 254-303.

Le passage analysé ici commence à la page 292 et finit à la page 294. Il comprend les chapitres 75-78. Une analyse plus courte que celle-ci a été donnée par M. Windisch, p. 243.

trois manuscrits : l'un est le manuscrit souvent cité qui appartient à M. le duc d'Aumale; les deux autres portent les n°s 1433 et 2168 dans le fonds des manuscrits français de la Bibliothèque nationale. Le poème a été imprimé, d'après un manuscrit seulement, dans un recueil allemand, l'*Archiv für Kunde der neueren Sprachen*, dirigé par M. Herrig, en 1868. Il est anonyme; l'auteur nous apprend incidemment que, comme beaucoup de ses contemporains, il avait écrit contre les femmes.

Herrig, Arch
t. XLII, p. 212.

Le roman doit son nom, le Cimetière (dans le texte «l'Atre») périlleux, à une des aventures décousues qui en forment le sujet; ce n'est même pas une des plus importantes, mais elle sort quelque peu de la banalité ordinaire. Gauvain se trouve obligé, faute d'autre asile, de passer la nuit dans la chapelle d'un cimetière : la tombe sur laquelle il est assis s'ouvre, une demoiselle en sort et lui raconte sa lamentable histoire. Sa marâtre l'avait privée de sa raison par un charme; un diable l'a guérie, mais à la condition qu'elle se donnerait à lui. Il l'a enfermée dans cette tombe, où elle dort pendant le jour, et chaque nuit il vient la visiter : elle compte sur Gauvain pour la délivrer. Bientôt le démon arrive, et un combat terrible s'engage; Gauvain faiblit, la demoiselle stimule son courage en lui disant de regarder la croix qui se dresse au milieu du cimetière; enfin il est vainqueur, et, ce qui peut paraître singulier, il tue même le diable qu'il combat.

L'épisode du cimetière est intercalé dans le récit principal, dont voici un bref sommaire. L'orgueilleux Escanor de la Montagne est venu à la cour d'Arthur enlever insolemment une demoiselle qui s'y trouvait, en défiant tous les chevaliers d'Arthur de la lui reprendre; Gauvain, sous la garde de qui était la demoiselle, est resté sans rien dire, hésitant à troubler le repas en train (signalons de curieuses remarques à ce propos, v. 208 et suiv., 340 et suiv.). Naturellement Keu le sénéchal, suivant son usage, au lieu d'attendre comme Gauvain, auquel il reproche sa lâcheté, s'est armé et s'est mis à la poursuite d'Escanor, qui l'a désarçonné.

Enfin Gauvain sort de son indécision et part pour rejoindre le ravisseur. Il est arrêté par des cris plaintifs, et, s'approchant de l'endroit d'où ils partent, il reconnaît qu'ils sont poussés par trois dames, entourant un jeune homme qui vient d'avoir les yeux crevés ; ce n'est pas toutefois ce malheur qui les afflige le plus : c'est la mort de Gauvain, qu'ils viennent de voir tuer en trahison par trois chevaliers ; et c'est parce que le « varlet » leur reprochait cette action qu'ils l'ont traité si barbarement. Gauvain ne se nomme pas à ses amis inconnus; mais il leur promet de retrouver et de punir les auteurs de ces crimes. Depuis ce temps-là, contrairement à son usage, il refuse de dire son nom, même quand on le lui demande; il déclare qu'il l'a perdu, et qu'il ne pourra le dire que quand il l'aura retrouvé. Ce trait de la mort supposée de Gauvain qu'on lui annonce à lui-même figure encore ailleurs : sans parler du Lancelot en prose, où il a une grande importance, nous le reverrons dans Mériadeuc ; c'est Gauvain lui-même qui annonce sa prétendue mort dans un poème épisodique inséré par Claude Platin dans sa version en prose de Guinglain.

Après la délivrance de la demoiselle du cimetière, Gauvain se remet à la poursuite d'Escanor, que cette demoiselle le détourne en vain de combattre. Elle a appris du diable qu'Escanor avait la force de trois chevaliers jusqu'à none; de none à complies, sa force diminue, mais sans qu'elle cesse d'être fort grande. Nous avons vu plus haut qu'un don surnaturel de ce genre était d'ordinaire attribué à Gauvain lui-même. Notons encore ici la mention d'une prédiction effrayante faite au sujet de ce combat par la propre mère de Gauvain, qui aurait été une fée. Nous ne nous rappelons pas avoir rencontré ce trait ailleurs. Le neveu d'Arthur ne se laisse pas intimider; il profite seulement de l'avis de la demoiselle pour traîner autant qu'il peut le combat en longueur, si bien que, none étant passée, et la force d'Escanor commençant à décroître, il le tue, et emmène avec lui la demoiselle qu'Escanor avait enlevée à la cour d'Arthur et dont il avait fait son « amie »; elle paraît d'ailleurs assez consolable; il la réunit à la demoiselle du cimetière et les emmène toutes deux à Cardueil.

Mais il est séparé d'elles par une nouvelle aventure, qui se présente avec aussi peu de raison que les autres. Il entend dans un bois des cris de femme : il y entre, et voit une demoiselle qui se lamente parce qu'elle a laissé s'enfuir l'épervier de son ami, qui la punira sévèrement de sa négligence. Gauvain essaie de reprendre l'oiseau, qui se pose d'arbre en arbre, et il s'enfonce ainsi dans la forêt; pendant qu'il est sur un arbre, survient l'ami de la demoiselle, qui la soupçonne de s'entendre trop bien avec Gauvain; pour les punir, il emmène leurs deux chevaux, dont le fameux Gringalet, et les laisse ainsi en plein bois. La nuit survient et un orage terrible éclate sur les malheureux, qui trouvent sous une croix de pierre un abri fort précaire et fort insuffisant. Heureusement, au jour, ils rencontrent un chevalier qui, en échange de l'épervier finalement reconquis, leur donne deux chevaux. Vient ensuite l'aventure d'un certain Espinogre, qui se réjouit fort d'avoir abusé une demoiselle en lui donnant Gauvain pour caution de sa promesse de l'épouser. Nous avons déjà vu ce trait dans Humbaut. Espinogre se croit bien à l'abri de tout danger, le bruit de la mort de Gauvain s'étant répandu; mais notre héros, sans lui révéler qui il est, le force à tenir sa parole. Gauvain rencontre ensuite un chevalier appelé Cadrès, qui tantôt rit aux éclats et tantôt pleure à chaudes larmes. Il explique les motifs de cette singulière conduite : il rit en pensant à sa belle et à l'amour qu'elle a pour lui; il pleure en songeant que, pour l'obtenir, il doit combattre vingt chevaliers. Gauvain l'aide, assisté d'Espinogre, de Raguidel (c'est le nom du chevalier auquel il a cédé l'épervier) et de Codrovain (c'est le nom du premier maître de l'épervier, qui a reconnu le tort qu'il avait eu envers notre héros et lui a rendu le Gringalet). Gauvain est ensuite hébergé chez Tristan «qui ne rit» (personnage distinct du fameux Tristan et souvent mentionné dans nos romans, mais sans qu'on nous fasse connaître ses aventures et l'origine de son

Voyez ci-dessus p. 70.

surnom); là il apprend la vérité sur les circonstances qui ont donné naissance au bruit de sa mort. Deux chevaliers, Gomeret « le desmesuré » et « l'Orgueilleux féé », dont le nom indique la puissance surnaturelle, aimaient deux sœurs, qui avaient déclaré leur préférer, bien qu'elles ne le connussent pas de personne, Gauvain, le neveu d'Arthur (nous avons vu que ce trait revenait souvent dans les romans relatifs à Gauvain). Ils s'étaient donc mis à la recherche de leur rival, et, ayant rencontré un chevalier appelé « le Courtois de Huberlant », qui portait des armes semblables à celles de Gauvain, ils l'avaient pris pour lui et l'avaient tué en trahison. Le meurtre avait eu pour témoins les deux demoiselles que Gauvain trouve dans le bois au début du récit et le « varlet » qui, en punition de ses reproches, a eu les yeux crevés. Gauvain combat avec succès ses prétendus meurtriers; l'Orgueilleux féé, vaincu, emploie son art magique à rendre la vie à l'une de ses victimes et la vue à l'autre. Gauvain, qui a retrouvé et repris son nom, combat encore, par suite d'un malentendu, le Laid Hardi, un de ses compagnons de la Table ronde (c'est encore un personnage souvent nommé, ainsi que le Beau Couard, qui lui fait pour ainsi dire antithèse). Enfin tout le monde revient à la cour d'Arthur; on célèbre plusieurs mariages, et tout se termine par des fêtes.

GAUVAIN ET L'ÉCHIQUIER.

Ce roman n'existe que dans une version néerlandaise, mais il n'est pas douteux qu'il soit traduit du français. Les deux rimeurs à qui on le doit, Penninc et Pierre Vostaert, ont travaillé, d'après M. Jonckbloet, l'éditeur de leur œuvre, vers 1250; l'original français était donc plus ancien. Le Walewein est un des romans les mieux construits de la classe à laquelle il appartient; il se termine en nous montrant Gauvain marié, ce qui n'est pas conforme à la donnée ordinaire. Il présente d'ailleurs le même caractère que les

GAUVAIN ET L'ÉCHIQUIER.

autres : les héros y agissent par les motifs les plus frivoles, et le merveilleux qui y foisonne est aussi dénué de profondeur que de vraisemblance; on y trouve cependant quelques traits qui ne manquent pas d'intérêt. En voici un résumé sommaire.

Un jour, à la cour d'Arthur, apparaît dans l'air un échiquier d'argent et d'ivoire, qui traverse la salle et disparaît. Le roi voudrait posséder ce joyau : Gauvain s'offre à le chercher pour son oncle. A travers une fente de rocher gardée par un dragon, il pénètre dans le « pays de féerie » (*Wonderland*), dont le roi possède cet échiquier et l'avait fait apparaître devant la Table ronde pour attirer chez lui un des compagnons. Il promet à Gauvain de lui donner l'échiquier, pourvu que celui-ci lui apporte l'épée « aux étranges renges » (*met de vreemde ringen*). Nous avons déjà vu cette épée dans Perceval, où Gauvain part également pour la conquérir; nous ne savons pas la suite que Chrétien aurait donnée à cette aventure, ni ce qu'était cette épée : l'allusion qui y est faite dans Méraugis ne nous éclaire pas. L'auteur de notre poème a repris ce nom, mais il ne l'explique pas davantage : il nous apprend seulement que cette épée rend toujours vainqueur celui qui la porte, et qu'elle est actuellement dans la possession du roi Amoris.

Après beaucoup d'aventures, Gauvain arrive chez Amoris; ce roi aime Isabele, que son père retient dans un château imprenable. Amoris remet l'épée à Gauvain, et promet de lui en faire don si celui-ci délivre Isabele et la lui ramène; Gauvain s'y engage et se met en route. Après maint nouvel incident, il réussit à pénétrer dans le château malgré tout ce qui le défend; mais il est accablé par le nombre de ses ennemis et jeté en prison. Quand Isabele voit Gauvain, elle reconnaît en lui un héros qui lui est apparu en songe, et qui depuis ce temps occupe constamment son imagination : c'est là un trait qui se rencontre dans nombre de fictions romanesques depuis la plus haute antiquité; Gauvain de son côté trouve pour la première fois en elle l'idéal féminin qu'il a rêvé. Ils s'aiment donc et

Voyez ci-dessus p. 41.

Méraugis, p. 56, 149.

se le disent, et elle travaille à le délivrer; mais ils sont trahis et enfermés dans un affreux cachot. Ils en sont tirés par l'âme d'un chevalier auquel Gauvain a rendu jadis un grand service : c'est encore ici un trait bien connu dans les contes populaires, qui figure dans plusieurs romans du moyen âge et remonte à une source orientale. Dans une des aventures qui suivent, Gauvain perd l'épée d'Amoris. Il révèle alors à Isabele le véritable état des choses : Amoris ne lui a confié l'épée et ne la lui donnera qu'en échange d'Isabele; celle-ci déclare qu'elle aime mieux mourir que d'appartenir à Amoris. Heureusement Gauvain retrouve l'épée, et, plus heureusement encore, quand, esclave du serment prêté, il amène Isabele au château d'Amoris, il apprend que celui-ci vient d'avoir le bon esprit de se laisser mourir. Gauvain retourne chez le roi de féerie, non sans rencontrer encore bien des combats et des épreuves; il obtient l'échiquier merveilleux en échange de l'épée « aux étranges renges », et rentre à la cour d'Arthur, où il épouse Isabele.

Nous n'avons pas parlé, dans cette rapide analyse, de nombreux épisodes qui se mêlent à l'action principale. Citons au moins celui du prince Rogès, changé en loup par sa belle-mère (comme Guillaume de Palerme dans le roman qui porte ce nom), et celui du pont tranchant jeté sur une eau brûlante, laquelle eau n'est autre chose que le purgatoire. On reconnaît ici un ancien mythe celtique, défiguré par une interprétation chrétienne et par l'addition de traits qui appartiennent à une autre conception de la demeure des morts.

GAUVAIN ET KEU.

Ce poème, comme le précédent, n'existe qu'en néerlandais. Il est inséré dans une compilation que nous ne possédons pas en entier, bien que le manuscrit ne comprenne pas moins de 87296 vers, et qui, sous le nom de Lancelot, embrasse toute une série de romans français traduits au XIIIe siècle. On trouvera ailleurs un aperçu des éléments divers dont se compose cet immense recueil; bornons-nous à dire que notre poème compte 3668 vers et est inséré dans le livre III du Lancelot (v. 18603-22270).

Le roman qui nous occupe est un des plus faibles et sans doute des derniers du cycle. Dans l'étendue assez courte qu'il a, du moins en néerlandais, il présente une masse d'aventures sans liaison comme sans intérêt, enfilées au hasard les unes au bout des autres. Nous nous contenterons d'en indiquer quelques-unes. Le cadre du roman, sans doute de pure invention comme tout le reste, permettait et ordonnait même à l'auteur de les multiplier; il ne s'en est pas fait faute. Dans ce cadre, on remarquera l'exagération des mauvais côtés du caractère de Keu, que nous avons déjà signalée.

Le sénéchal, rempli d'envie contre Gauvain, présente à Arthur des chevaliers gagnés par lui qui prétendent que Gauvain s'est vanté de mettre à lui seul en un an plus d'aventures à fin que tous les chevaliers de la Table ronde. Gauvain nie, à bon droit, avoir jamais tenu ce propos présomptueux; mais il se dérobe de la cour, résolu à n'y rentrer que s'il a accompli ce dont on l'accuse de s'être vanté. Keu, de son côté, part avec les chevaliers ses amis pour rivaliser avec Gauvain. Inutile de dire qu'ils ne retirent que de la honte de leurs entreprises, tandis que Gauvain revient au bout de l'année, ayant envoyé au roi son oncle plus d'ennemis vaincus ou de captifs délivrés que tous les autres chevaliers ensemble. Peu de temps après, Keu revient aussi avec ses amis; on les force à confesser leur faux témoignage. Blessé dans le combat qui a amené ce résultat, honteux d'avouer sa calomnie, le sénéchal s'enfuit et disparaît. Personne ne le regrette à la cour. « Il « a fait mainte méchanceté, dit le roi. Qu'il aille au diable! » C'est toute son oraison funèbre. Ce n'est nullement ainsi que Keu est traité par Arthur dans les poèmes de Chrétien : au début de la Charrette, sa simple menace de quitter la cour décide le roi à lui accorder tout ce qu'il demande.

Mentionnons seulement un ou deux des incidents de

cette pauvre production. Gauvain combat un chevalier, Morilagan de la Noire Montagne, qui maltraitait indignement son amie parce qu'elle lui avait dit que Gauvain était plus preux et plus beau que lui. Nous retrouvons là cette admiration universelle que Gauvain, même de loin, inspire aux dames et aux demoiselles.

Voyez ci-dessus, p. 34.

Plus tard, il tue un dragon qui dévastait depuis longtemps la contrée où il habitait. Le dragon jette par la bouche des flammes dont le contact fait pâmer Gauvain; le sénéchal du roi de cette contrée le trouve inanimé, le relève, le soigne et le mène au roi, qui lui offre sa fille. C'est une variante très altérée d'un conte fort répandu, dont nous reparlerons à propos d'un petit poème épisodique sur Lancelot.

Signalons encore, parmi les adversaires que Gauvain envoie prisonniers à la cour d'Arthur, le terrible Gorleman : le combat entre lui et notre héros ne dure pas moins de trois jours, parce que Gorleman reprend ses forces, chaque fois qu'elles vont s'épuiser, en buvant à une fontaine merveilleuse, dont Gauvain réussit enfin à l'écarter. Cette histoire rappelle à la fois celle d'Antée dans la mythologie grecque et celle de Fierabras dans l'épopée française.

RIGOMER, par Jehan.

Ce poème ne se trouve que dans le manuscrit de M. le duc d'Aumale (fol. 1 et suiv.), et n'y est pas complet; il n'en compte pas moins 17459 vers. On l'a souvent désigné sous le nom du Lancelot de Jehan, mais à tort; dans la première partie, que nous avons seule en entier, ce n'est pas Lancelot qui a l'honneur, bien qu'il soit longtemps en scène, et il est probable que dans la deuxième partie Gauvain devait également l'emporter sur lui. C'est Gauvain qui est le véritable héros; mais, vu la variété des aventures qui sont racontées dans ce long poème, aventures qui ont pour centre le château de Rigomer et ses « merveilles », vu aussi le nombre des poèmes sur Gauvain et l'opportunité de les

RIGOMER. 87

distinguer par leur titre, il vaut mieux appeler celui-ci Rigomer. Ce qui a trompé, ce sont les premiers vers, où l'auteur, après avoir cependant clairement annoncé qu'il va consacrer ses vers à Gauvain, semble prendre Lancelot pour héros; c'est aussi le fait que les aventures de Lancelot occupent seules d'abord plusieurs milliers de vers. Voici ce début, où l'auteur se nomme :

> Jehans, qui en maint bien s'afaite
> Et pluisor bele rime a faite,
> Nos a un romans comenchié,
> Asés briément l'a romanchié,
> Des aventures de Bretaigne :
> Bien cuic que des meillors ataigne.
> Del roi Artu et de ses houmes
> Est cis roumans que nous lisoumes,
> Si est del chevalier le roi
> U plus ot sens et mains desroi :
> Quant plus ot sens et desroi mains,
> Dont fu ço mes sire Gauvains.
> Or ai talent que je vos die
> De Lancelot del lac partie,
> Et si vos veul dire et conter
> Les mervelles de Rigomer
> Dont cis romans meut et commence.

L'auteur se nommait donc Jehan; il avait composé plusieurs autres poèmes. Nous ne possédons sur lui ni sur ses œuvres aucun renseignement; aussi est-il bon de citer un autre passage, d'ailleurs intéressant, où il parle de lui :

> Or entendés, et roi et conte,
> Çou que Jehans nos dist et conte
> D'un romans que en escrit mist
> Au tens que il s'en entremist.
> Des aventures et des lais
> Biaus et plaisans est li plus lais,
> Mais seur tous [doit estre en haut pris]
> Cil [dont] Jehans s'est (ms. sen) entremis;
> Car il nos dit tante aventure,
> Qui bien i meteroit sa cure
> En escouter et en entendre
> Mout grant sens i poroit aprendre.

Peu de romans nous présentent une telle masse d'aventures étranges et décousues; mais il faut reconnaître que l'auteur n'a pas perdu de vue, tout en entassant les incidents inutiles, le plan général de son poème, qui, au moins dans la première partie que nous avons en entier, se déroule avec une réelle unité. C'est ce plan général que nous mettrons en relief dans une analyse rapide, où nous laisserons de côté les mille épisodes qui commencent et finissent presque à chaque feuillet et dont la bizarrerie monotone lasse l'attention du lecteur le mieux disposé. Il paraît que le goût de nos pères était en cela l'opposé du nôtre.

Une « pucele » se présente, un jour de fête, à la cour d'Arthur, reproche aux chevaliers de la Table ronde leur inertie, et les invite à venir en Irlande, auprès de sa dame, chercher des aventures et de belles amies. Lancelot du Lac la suit de loin, arrive en Irlande, et, au milieu d'innombrables aventures, il apprend que la dame à qui appartient cette messagère est une demoiselle qui s'appelle Dionise. Elle est maîtresse du château de Rigomer, théâtre d'enchantements et de prodiges qui font la terreur de l'Irlande: « les merveilles de Rigomer » ne prendront fin et Dionise ne sera mariée que quand y viendra le meilleur chevalier du monde, lequel doit avoir femme ou amie[1] : ainsi l'a décidé la malédiction d'une fée. En attendant que la délivrance arrive, l'existence de Rigomer est un véritable fléau. Dans la lande qui entoure le château, on peut jouter et mener belle vie, pourvu que l'on consente à n'y entrer que désarmé; mais, si l'on veut passer le pont qui traverse le fossé, il faut combattre un serpent monstrueux, et quand même on arriverait à le vaincre, on n'en serait pas moins sûrement ou tué ou déshonoré; tel a été le sort de tous les chevaliers qui ont tenté l'aventure. Lancelot se présente; il combat d'abord un chevalier d'énorme stature, dont il finit, à la troisième reprise, par avoir raison, mais non sans avoir reçu de terribles blessures. Il se fait panser, et

[1] Le ms. (folio 23 b) porte « femme et amie », mais il faut certainement corriger *et* en *ou*.

au bout d'un mois il revient pour combattre le serpent : il réussit à l'étourdir d'un coup de massue, et franchit le fossé. Mais là commence sa déconvenue : une « pucele » se présente à lui, et l'emmène, sous prétexte de combattre un ennemi de sa dame, dans un souterrain (« fosse, chavee »), où elle lui dit d'attendre son adversaire; elle l'arme d'une lance qui a la propriété d'ôter à celui qui la porte force et courage (comparez un trait analogue, mais plus accusé, dans le Lancelet d'Ulrich de Zatzikhoven). Le chevalier que doit combattre Lancelot arrive, le désarme sans peine, et le laisse seul dans le souterrain. Pendant qu'il se désole, survient une autre « pucele », qui lui présente un anneau comme « druerie » de la part de sa dame; à peine l'a-t-il passé à son petit doigt qu'il perd mémoire et sens, et se laisse docilement réunir aux autres chevaliers qui ont tenté l'aventure avant lui, et qui, comme lui, chacun au doigt un anneau, ne sachant plus qui ils sont ni d'où ils viennent, travaillent aux métiers les plus divers. Parmi eux se trouvent notamment des « teliers », ce qui nous rappelle un épisode qui a quelque analogie avec ce passage dans la première continuation du Perceval. Lancelot est mis aux cuisines, et se résigne sans résistance à faire l'office de marmiton.

Perceval,
v. 21376 et suiv

Cependant la cour d'Arthur a reçu presque chaque jour, depuis le départ de Lancelot, les vaincus qu'il y envoyait après chacune de ses aventures. Arrive enfin le dernier, ce géant qui défendait le pont de Rigomer : on le prend de loin pour un clocher (cf. ci-dessous l'analyse de Durmart). Il raconte les merveilles de Rigomer et apprend aux chevaliers de la Table ronde le triste sort où est réduit leur compagnon. Le printemps venu, cinquante-huit chevaliers partent pour délivrer Lancelot et « asomer » Rigomer. Gauvain d'abord, puis sept autres, Saigremor, Engrevain, Bliobléhéris, Ivain « del leonel », Gaudin le Brun, Cligès, Gaheriet, sont successivement séparés de la petite troupe, rencontrent des aventures diverses, et finissent par arriver isolément à Rigomer, où tous, excepté Gauvain, qui est retenu plus longtemps en route, partagent bientôt le sort de Lancelot. Après le récit de l'aventure de chacun de ces huit chevaliers, le poète revient au gros des autres, et chaque fois avec une sorte de refrain épique : « Les cinquante-sept « poursuivent leur route », puis « les cinquante-six, les cin- « quante-cinq, les cinquante-quatre, les cinquante-trois, « les cinquante-deux, les cinquante-un, les cinquante... » Le lecteur craint que chacun de ces cinquante ne doive avoir aussi son aventure épisodique; heureusement Jehan s'est contenté d'en attribuer une aux huit premiers. Les cinquante donc arrivent devant Rigomer; ils campent dans la lande qui entoure le château et y livrent tous les jours des combats effrayants. Le poète fait enfin accourir au secours du château enchanté des armées immenses, composées de tous les êtres fantastiques dont le moyen âge avait précieusement recueilli la liste, en l'enrichissant encore, dans les écrits les plus fabuleux de l'antiquité, les Têtes de chien, ceux qui n'ont qu'un pied, les Cornus, ceux qui ont un bec d'oiseau, les « Canelieus » (Chananéens), les « Popeliquans », etc. Devant cette inondation de monstres, les Bretons, malgré tout leur courage, ne peuvent tenir: ils fuient, et l'aventure de Rigomer va être abandonnée pour jamais, quand survient Gauvain, qui, comme le meilleur chevalier du monde, était destiné à y mettre fin.

Voyez Romania, t. VII, p. 441.

Gauvain avait été, peu après l'arrivée des cinquante-huit en Irlande, attiré dans un piège et jeté en prison. Mais il en est bientôt délivré par Lorie, « une fee qui mout l'amoit ». Le poète semble parler de ces amours de Gauvain et de la fée Lorie comme d'une chose connue; cependant nous ne les avons pas vus mentionnés ailleurs[1]. Dans la lande devant Rigomer, Lorie a dressé un pavillon magnifique; elle y reçoit Gauvain, quand, après maintes aventures intermédiaires, il arrive à son tour au rendez-vous. Sans se faire reconnaître de ses compagnons, il prend part à plusieurs combats; enfin il se présente pour terminer l'aventure. Il

---

[1] Voyez cependant plus loin, à propos de Guinglain, l'introduction du poème allemand sur Wigalois.

passe le pont : le serpent lui fait fête ; la « pucele » qui avait trompé Lancelot veut lui en faire autant, mais elle perd « son mimoire » et lui confesse la vérité sur le souterrain, la lance et le reste de l'enchantement ; le chevalier qui doit le combattre s'enfuit devant lui ; la « pucele » aux anneaux veut lui en offrir un, mais Gauvain tire son épée, et elle s'enfuit. Gauvain entre dans la cuisine : il y trouve Lancelot occupé à tourner la broche, gros et gras, mais devenu tout à fait « bestial », et qui ne reconnaît pas son ami. Gauvain pleure à ce spectacle, et l'appelle par son nom. Lancelot sent quelque émotion, mais il refuse de le suivre hors de ce lieu, à cause de son amie, qui, lui dit-il, lui a envoyé hier l'anneau qu'il porte au doigt (or il y avait juste un an qu'il l'avait). Gauvain le lui enlève, et Lancelot revient à lui. Tous deux vont à l'ouvroir, où les chevaliers prisonniers travaillent à des métiers serviles ; ils les délivrent, ainsi que les sept derniers venus, Saigremor et les autres, qui avaient été mis à part et avaient pour fonction de dresser des chiens et des oiseaux. Enfin, après quelques formalités encore, l'aventure est « asomée » :

> Li prison sont desprisoné,
> Et li malade et li navré
> Furent tot sain et sans dolor,
> Et li outré ont lor onor.

On demande naturellement à Gauvain d'épouser Dionise ; mais Lorie arrive avec un train magnifique, elle se déclare l'amie du meilleur chevalier du monde, et aucune mortelle ne peut prétendre l'emporter sur une telle rivale. Gauvain promet à Dionise de lui trouver dans le délai d'un an un époux digne d'elle.

Ici prend fin la première partie du poème. Passant une aventure intermédiaire, qui ramène Gauvain et Lancelot à la cour, nous arrivons à celle qui le termine, ou du moins au début de laquelle il s'interrompt. Elle ne manque pas d'originalité, et doit reposer sur un conte plus ancien. Une « pucele » vient trouver le roi de la part de la demoiselle qui est héritière de Quintefeuille, et qui, orpheline, est assiégée par son cousin. Leur débat doit être réglé par un combat singulier; mais le cousin n'accepte pas d'autre adversaire qu'Arthur lui-même. Le roi promet d'être le champion de la demoiselle et se met bientôt en route. Gauvain s'offre pour être son écuyer, mais Arthur désire qu'il reste auprès de la reine; il refuse également tous les autres qui se proposent. Il monte en selle et, regardant son pied que Gauvain met dans l'étrier, se prend à rire. La reine, qui pleure, s'offense de ce rire. « J'ai bien sujet de rire, dit « Arthur. D'abord je suis le meilleur roi du monde, puis « je suis sur le meilleur destrier du monde, enfin le meilleur « chevalier du monde me tient l'étrier. » La reine ne répond rien ; Arthur s'irrite de son silence et lui en demande la cause : « Il faut, dit-elle, faire passer la vérité avant tout. Il « y a bien aussi bon chevalier que Gauvain. » Arthur entre en fureur: il lui dit de justifier ses paroles, ou qu'elle perdra la tête ; il l'aurait prise par les tresses et traitée fort peu courtoisement si on ne l'avait arrêté. Gauvain intervient avec sa magnanimité ordinaire : « Je vous accorderai avec le roi, dit-« il à Guenièvre, car vous avez certainement raison. » Mais tout ce qu'il obtient pour elle, c'est un répit jusqu'au retour du roi. Elle s'engage à soutenir alors son dire, mais à condition qu'Arthur emmènera Lancelot du Lac comme écuyer. Il est probable qu'elle comptait sur les prouesses que Lancelot accomplirait dans ce voyage pour convaincre Arthur qu'il valait autant que Gauvain; mais nous n'avons pas le dénouement de l'aventure. Lancelot livre, peu de temps après le départ, un combat terrible à une bête merveilleuse appelée « pante » ou « pantre » (panthère?), qui jette le feu par la bouche. Il est si gravement atteint par ces flammes qu'il tombe comme mort. Heureusement survient une dame vêtue de blanc qui le guérit en un moment avec un « ongement » merveilleux :

Cil qui la sont s'esmervellent,
Bassement dient et conseillent :
« Cist est garis a poi de paine !
C'est ci Marie Madelaine,

> S'a aporté de l'ongement
> Dont ele fist a Diu present. »
> Auquant jurent saint Bertemiu :
> « Ains est la biele mere Diu,
> Car autre n'en peüst finer. »
> Ne sevent nient adeviner,
> Car ce fu ma dame Lorie,
> Li mon segnor Gauvain amie.

Arthur et Lancelot arrivent à Quintefeuille le jour même où le combat doit avoir lieu; le roi tue son adversaire. Après les fêtes que leur donne la demoiselle, ils prennent congé et se mettent au retour. Bientôt ils arrivent à une prairie où coule un ruisseau :

> Li rois a coisi le ruissel...

Ici s'arrête notre manuscrit. Il fallait encore au moins, pour que le poème eût sa fin légitime, raconter le résultat du débat d'Arthur et de Guenièvre, et marier la demoiselle de Rigomer. Nous sommes portés à croire, d'après la première partie, que Lancelot, malgré ses prodiges de valeur, était jugé inférieur à Gauvain et reconnaissait lui-même de bon gré la supériorité de son ami. Quant à Dionise, il est probable, d'après un passage (fol. 51 d), que Gauvain lui faisait épouser Midomidas, un chevalier qui se distingue dans l'épisode intermédiaire que nous n'avons fait qu'indiquer. C'est avec ce mariage que le poème devait finir: il se terminait, comme il avait commencé, par l'aventure de Rigomer. On peut évaluer assez exactement ce qui nous manque : d'après une ancienne pagination, cinq feuillets ont été enlevés au manuscrit de Chantilli entre celui qui termine le vers qu'on vient de lire et le suivant, qui contient le début d'un autre poème. Or chaque feuillet ayant six colonnes, chacune de 53 vers, on voit que c'est au moins 1,272 vers et au plus 1,590 qui sont perdus. Mettons 1,500 vers : il semble que c'était peu pour terminer l'aventure d'Arthur et Lancelot, revenir à Dionise et la marier à Midomidas.

On peut d'ailleurs se demander si cette aventure d'Arthur n'est pas un poème isolé, sans rapport à l'origine avec le reste. Les vers du début sont, il est vrai, précédés de quelques autres qui rattachent l'aventure au reste du poème; après la fin de l'épisode précédent, on lit :

> Ciste aventure est a fin traite,
> Qui de Mirondiel fu estraite;
> Mais or me samble, en mon memoire,
> Qu'el cief de l'an, en cel tempore,
> Avint une aventure grans
> Dont jou vos conterai par tans.
> Segnor, oiiés que dire vuel, etc.

Mais ces vers de liaison ont fort bien pu être ajoutés par un compilateur. Ce qui peut porter à croire que l'aventure d'Arthur fait bien partie intégrante de Rigomer, c'est que nous y voyons figurer Lorie, la fée amie de Gauvain, qui, comme nous l'avons vu, est à peu près inconnue en dehors de ce poème. Toutefois, on pourrait dire que le compilateur l'a substituée à la Dame du lac, dont l'intervention pour guérir Lancelot, son protégé dès l'enfance, est plus naturelle. Il est donc fort possible que cet épisode ait formé à l'origine un poème à lui seul.

La question semble se compliquer par une circonstance accessoire. Le manuscrit de l'Université de Turin L. IV, 23, qui contient le texte unique du roman de Gliglois (voyez ci-dessous), renferme (fol. 51-59), sous le titre « D'une aventure du roy Artu », une autre copie de l'épisode qui termine Rigomer dans le manuscrit de Chantilli. Le début est le même dans les deux manuscrits :

> Seigneur, oiés que dire vuel.
> Un jour estoit a Estriguel (*ms. de Turin :* Tintaguel)
> Li rois Artus et ses barnages :
> Assés i ot et fols et sages;
> Mout i ot rois et dus et contes, etc.

Cet épisode est donc présenté, dans le manuscrit de Turin,

comme un poème isolé, et l'on pourrait croire en avoir là une copie dans son état originaire. Mais c'est une illusion qui s'évanouit au premier examen. En effet, dans ce manuscrit (fol. 59 b), comme dans l'autre, le récit s'arrête bien avant la fin et au même vers :

> Li roys a choissy le ruissiel.

Seulement ici ce vers est au milieu d'une colonne. Il résulte de là que le scribe du manuscrit de Turin a copié l'épisode final de Rigomer sur le manuscrit même de Chantilli, et quand ce manuscrit était déjà tronqué. Cette copie n'a donc aucune valeur.

Le roman de Rigomer est certainement un des moins anciens du cycle. Il est précieux par cela même, en ce qu'il contient de nombreuses allusions, souvent importantes, à la littérature antérieure, et parfois à des œuvres que nous ne connaissons pas autrement. Jehan écrit avec facilité, mais sans art, et sous le rapport du style son œuvre n'a rien de remarquable ; elle se laisse lire cependant, malgré sa longueur et sa prolixité. Une particularité curieuse qu'elle présente, c'est la connaissance précise de l'Irlande (bien plus grande que dans Durmart) qu'elle atteste chez le poète. Dès le début, nous voyons un tableau du pays qui devait être assez exact au XIIIe siècle :

> Lanselos entra en Irlande.
> La terre estoit estrange et grande
> Et les forès grant et plenieres,
> Li marescoi et les bruieres ;
> Et les viles sont si lointaines
> C'on va de l'une a l'autre a paines :
> Cil qui bien a la voie antee
> Va del (*ms.* le) main jusqu'a l'avespree,
> Et cil qui pas ne set la voie
> Par les forès va et forsvoie
> Et sueffre grant faim et grant soi.

Lancelot est logé chez le seigneur de Medri, qui a la terre « jusqu'as marces de Brefeni ». Medri est peut-être

Midia ou Meath, au nord-est; mais Brefeni, qu'on retrouve encore plus loin, est sûrement le district de Brefinia, Brefny, à l'ouest. Au sud, on trouve le Conast (Connaught), à travers lequel Lancelot pénètre enfin dans le royaume de Dessemonne, dont la capitale est Corque : il s'agit évidemment de Cork et du pays appelé anciennement Desmomn ou Deswown, dont le comté de Desmond ne fait aujourd'hui qu'une partie; Cork ne se trouve pas dans le Desmond actuel, mais appartenait au Deswown ancien. D'autres noms sont moins clairs; mais ceux-là suffisent pour établir que Jehan, soit directement, soit indirectement, avait de l'Irlande une connaissance assurément assez rare chez les Français de son temps. On peut supposer qu'il trouvait ces indications dans une source anglo-normande, où il aurait puisé le sujet de son poème; mais une source de ce genre nous paraît en ce cas assez peu vraisemblable. Quant à Jehan, il était certainement Français et non Anglais; mais rien n'empêche qu'il ait fait un voyage en Irlande.

ARTHUR À TARN WADLING.

Sous le titre assez mal choisi de « The aventurs of Arthur at the Tarne Watheling », nous possédons un petit poème anglais qui a été publié par Sir Frederick Madden et d'autres. Il se divise en deux parties qui n'ont d'autre lien entre elles que le rôle prépondérant, qui, dans toutes deux, est assigné à Gauvain. La première est très bizarre. Arthur chasse dans la forêt d'Ingleswood (Lancashire), près du lac (*Tarne*) Wahethelyne (aujourd'hui Tarn Wadling). Survient un orage : Gauvain et la reine Guenièvre (Waynour) sont séparés des autres; au milieu de l'orage, Guenièvre voit lui apparaître l'âme de sa mère : elle est en purgatoire, réclame des messes pour son salut, et fait une prophétie. Gauvain rassure la reine, qui promet à sa mère ce qu'elle demande. L'esprit disparaît; l'orage s'apaise, et le roi et sa suite rentrent à Carlisle pour souper. Mais une aventure les y attend, qui fait le sujet de la seconde partie. Un chevalier, sire Galleron de Galway, entre dans la salle, accompagné d'une dame; il réclame son héritage, dont le roi, dit-il, s'est emparé injustement pour le donner à son neveu Gauvain, et il offre de prouver son droit contre n'importe lequel des chevaliers présents. Arthur accepte le défi pour ses guerriers, et accorde courtoisement à l'étranger les honneurs de l'hospitalité. Le lendemain, Gauvain combat Galleron en champ clos et le vainc; mais, à la requête d'Arthur, il lui rend les possessions contestées, et reçoit en retour d'autres biens et de nouveaux honneurs.

Le sujet de cette seconde partie est, comme on le voit, peu intéressant; celui de la première est peu chevaleresque. L'auteur écossais du xve siècle à qui nous devons ce poème, et qui a composé aussi celui de Golagros et Gauvain, rachète le défaut du fond par son talent original de conteur. A-t-il suivi un modèle français? Sir Frederick Madden le conclut avec vraisemblance de la mention d'un Galleron de Galway dans l'Arthur de Malory, compilation entièrement puisée à des sources françaises; en tout cas, le modèle ne contenait pas les noms tout anglais des localités qui figurent dans ce poème.

Voyez ci-dess[us] p. 41.

Madden, Sy[r] Gawayne, p. 32[.]

LE MARIAGE DE GAUVAIN.

Voici encore un poème qui n'existe qu'en anglais; on ne peut même pas dire avec certitude qu'il ait une source française. Il n'est cependant pas téméraire de lui assigner une provenance au moins anglo-normande, et comme il est intéressant à divers titres, nous n'hésitons pas à le faire entrer dans notre étude. On en possède deux versions, l'une, « The Wedding of sir Gawen, » est en strophes de six vers; la seconde, moins ancienne, a la forme habituelle des ballades populaires. Voici l'analyse de la première.

Madden, S[yr] Gawayne, p. 298 — Child, Englis[h] ballads, tome I[I] p. 288.

Arthur, chassant dans la forêt d'Ingleswood, et se trouvant isolé de ses gens, est surpris par un baron appelé

Gromer, qu'il a privé de son patrimoine; Gromer paraît vouloir saisir l'occasion de se venger sur le roi, qui est désarmé; il lui laisse cependant la vie, mais à une condition : c'est que, au bout d'un an révolu, il répondra à cette question : Qu'est-ce que les femmes aiment par-dessus tout? Arthur jure de se présenter au jour fixé, et rejoint les siens. Il raconte son aventure à Gauvain, qui lui conseille d'employer l'année à parcourir le monde, interrogeant hommes et femmes sur le sujet de la question, et écrivant leurs réponses dans un livre; pendant qu'Arthur fera ainsi son enquête, Gauvain fera la sienne de son côté. Ils mettent ce conseil à exécution, et, peu avant le terme, ils ont rempli deux gros livres des réponses qu'ils ont reçues. Gauvain ne doute pas que la bonne ne soit dans le nombre, mais Arthur est inquiet. En se rendant à Ingleswood, il rencontre une femme d'une laideur monstrueuse, qui lui dit qu'elle connaît son secret, et qu'elle sait que, de toutes les réponses qu'il a recueillies, aucune ne vaut rien. Elle le sauvera s'il le veut, mais à une condition : c'est qu'il lui donnera Gauvain pour époux. Arthur répond que ce serait grande pitié, mais qu'après tout la décision regarde Gauvain. Celui-ci, quand il apprend la chose, dit sans hésiter : « Quand elle serait le diable en personne, je l'épouserai « plutôt deux fois qu'une, ou je ne serai pas un vrai ami. « — De tous les chevaliers tu portes la fleur! » s'écrie le roi. Il revient à dame Raguell (c'est le nom de la « demoiselle « hideuse »), qui prononce ainsi son oracle : « L'un dit ceci, « l'autre dit cela, mais ce qu'aiment les femmes par-dessus « tout, c'est la domination (*sovereynte*). Dis cela à ton en- « nemi; il maudira qui t'a si bien instruit. » C'est en effet ce qui arrive. Les réponses contenues dans les deux livres sont rejetées avec mépris par Gromer; mais quand il entend la dernière : « C'est ma sœur, dame Raguell, s'écrie-t-il, qui t'a « dit cela! Je voudrais la voir brûlée dans un feu. » Toutefois il ne peut nier que ce soit la vérité, et il s'éloigne.

Cependant dame Raguell réclame le payement de la dette contractée par Arthur. On célèbre une noce splendide, où la mariée mange effroyablement. On conduit ensuite les époux dans la chambre nuptiale; ils prennent place dans le lit; le pauvre Gauvain tourne le dos à sa compagne[1]. « Donnez-moi au moins, lui dit-elle, un baiser « par courtoisie. » Il se retourne, et voit à ses côtés la plus belle jeune femme qu'on puisse imaginer. Elle lui dit alors qu'il peut choisir de l'avoir belle le jour et horrible la nuit, ou l'inverse; il trouve le choix trop difficile et le lui laisse. « Tu m'auras donc belle, lui dit-elle, et le jour et la « nuit. Ma marâtre, par nécromancie, m'a réduite à la forme « repoussante où tu m'as connue, et je ne devais retrouver « celle où tu me vois que si le meilleur chevalier d'Angle- « terre m'épousait et m'accordait en tout la domination. Tu « m'as délivrée par ta courtoisie, et le bonheur sera désor- « mais notre lot. » Le lendemain matin, Arthur et les autres, pleins d'angoisse, viennent voir si Gauvain n'a pas été tué par le monstre avec qui ils l'ont laissé; mais quelle n'est pas leur surprise et leur joie en voyant Gauvain sortir radieux de la chambre nuptiale, tenant par la main sa jeune et belle épouse, qui, par surcroît, promet de lui obéir constamment en toute chose!

La ballade ne provient pas du poème; elle présente quelques circonstances différentes. Arthur y joue un triste rôle. Surpris près du Tarn Wadling (voyez ci-dessus, p. 96) par un baron armé d'une massue, qui lui donne le choix entre se battre avec lui ou répondre à la fameuse question, il préfère éviter le combat; il recueille partout des solutions du problème, et revient au terme fixé. Une femme hideuse lui déclare qu'elle peut seule lui fournir la bonne réponse, mais à condition qu'il lui donnera Gauvain en mariage; ce qu'Arthur, sans autre forme de procès, promet de faire. Là-dessus, elle lui apprend que ce que désire toute femme, c'est de faire sa volonté (*a woman will have her will*); le terrible questionneur, quand il entend cette réponse, maudit sa sœur, qui l'a trahi. Dans la nuit de noces, quand

[1] Ce qui est résumé dans cette phrase manque dans le manuscrit, par suite de l'enlèvement d'un feuillet, mais on le supplée facilement.

la femme de Gauvain lui demande s'il préfère qu'elle soit belle le jour ou la nuit, il avoue qu'il préférerait la nuit, mais il lui laisse le choix. Elle lui raconte alors son histoire, qui est plus complète que dans le poème, en ce que son frère est ici, comme elle, victime du charme que leur a jeté leur belle-mère : il était obligé de provoquer tous ceux qu'il rencontrait jusqu'à ce qu'un d'eux lui eût révélé le secret des femmes; elle devait garder sa forme monstrueuse jusqu'à ce qu'un chevalier lui eût accordé de faire sa volonté[1]; ils sont tous deux délivrés grâce à Gauvain.

Ces deux versions ont cela de commun que Gauvain ne devient la victime, puis le héros de l'aventure, que dans la seconde partie : c'est Arthur et non lui qui court d'abord le danger et qui doit chercher la réponse à la terrible question. On suppose naturellement qu'il n'en était pas ainsi dans la forme première du récit, et que le personnage qui triomphe à la fin était en scène dès le commencement; c'est ce que nous voyons en effet dans les deux autres versions anglaises de ce conte, celle de Gower et celle de Chaucer, dont la seconde a pour théâtre la cour d'Arthur, mais ne mentionne pas Gauvain, tandis que la première nous éloigne tout à fait du cycle breton.

Voici ce que raconte Gower dans sa *Confessio Amantis* (vers 1390). Florent, neveu d'un empereur qui n'est pas nommé, a commis un meurtre. La grand'mère de celui qu'il a tué, pour se venger de lui malgré la protection de l'empereur, propose au jeune homme de lui garantir que les parents du mort le tiendront quitte s'il peut, dans un temps donné, répondre à la question que nous connaissons; s'il n'est pas en état de le faire, il se soumet volontairement à la mort. Florent s'engage par serment, et se met à recueillir de toutes parts des opinions; mais il n'en trouve pas deux pareilles, et désespère d'échapper aux conséquences de son téméraire engagement. Il rencontre une vieille femme qui lui offre de le tirer d'affaire s'il veut

---

[1] Cet endroit de la ballade est très défectueux, par suite de la lacération du manuscrit unique qui nous l'a conservée.

lui promettre de l'épouser; Florent refuse d'abord, puis finit par accepter ce pacte. Il comparaît devant la cour des dames, qui doit prononcer la sentence : il commence par citer toutes les autres réponses, mais aucune n'est jugée bonne ; enfin on l'avertit qu'il n'a plus le droit d'en donner qu'une seule ; il donne celle de la vieille : « Ce que les fem- « mes aiment le mieux, c'est d'être souveraines en amour. » On l'acquitte, en maudissant celle qui a trahi le secret du sexe entier. Florent emmène sa fiancée dans son château, où on les marie. La nuit, elle lui reproche sa froideur et lui demande de se tourner vers elle; il le fait et voit un miracle de beauté. Elle lui propose le même choix que nous avons vu offrir à Gauvain ; il la laisse maîtresse de décider. Elle lui apprend alors qu'elle sera toujours belle ; elle avait été la victime d'un charme jeté par sa marâtre et qui devait durer jusqu'à ce qu'elle eût obtenu l'amour et la « souveraineté » d'un chevalier renommé sur tous les autres.

Dans Chaucer (Conte de la femme de Bath), la scène est à la cour d'Arthur, mais le héros est un simple bachelier. Il commet un viol et non un meurtre, et c'est la reine qui lui impose de répondre à la question s'il veut échapper à la mort; il a un an pour se préparer. Il ne recueille pas deux réponses pareilles, et attend avec un grand découragement le terme fatal. Il voit un jour dans une clairière une troupe dansante qui s'évanouit à son approche et ne laisse sur la place qu'une vieille femme, qui lui révèle la bonne réponse («les femmes n'aiment que la souverai- « neté »), à condition qu'il l'épousera. Après qu'il a été acquitté à l'unanimité, la vieille réclame son dû, et, malgré ses supplications, l'emmène chez elle. Le soir, elle le raille de sa froideur, et lui dit que, si elle est vieille, laide, repoussante (le poète ajoute : sans naissance, pour avoir l'occasion d'une longue et fort inopportune digression sur la noblesse), tout cela est une garantie pour un mari; au reste, il peut choisir : ou la garder telle qu'elle est, ou l'avoir jeune et belle avec toutes les conséquences dange-

Child, The english and scottish ballads, t. I. p. 29

reuses que ces qualités peuvent entraîner. Il lui laisse le choix : « Tu m'accordes donc la souveraineté? dit-elle. « Alors je serai à la fois belle et bonne. Regarde-moi. » Il se retourne et est émerveillé de ce qu'il voit. Elle fut toujours en effet aussi bonne qu'elle était belle, et ils vécurent heureux. Il est clair, d'après l'incident de la danse, que nous avons ici affaire à une fée, qui se joue du jeune homme et sait d'avance comment tout finira. On sait que le conte de Chaucer a été imité en vers par Dryden, puis par Voltaire dans « Ce qui plaît aux dames ». Voltaire a substitué Dagobert et Berthe à Arthur et à sa femme. Toutes les circonstances qui diffèrent dans Gower et dans Chaucer ont été modifiées par ce dernier, qui a embelli le conte par les détails les plus heureux, s'il l'a bien malencontreusement allongé par de pédantesques dissertations. Il n'est pas probable cependant que Chaucer ait tiré son récit de celui de Gower; on a fait remarquer qu'il a des vers identiques à certains vers du « Mariage de Gauvain », et les deux poèmes doivent remonter à une même source. C'est aussi sans doute celle où a puisé Gower, et les trois dérivations indépendantes, dont les rapports ne sont pas très clairs, nous indiquent une source commune assez reculée comme antiquité. Il n'est pas téméraire de supposer que c'était quelque lai breton.

Si nous ramenons ces versions diverses à leur forme la plus simple, nous voyons tout de suite que le conte réunit deux éléments originairement indépendants : le premier est l'histoire de la belle, enchantée par un pouvoir malfaisant, qui recouvre sa beauté quand, malgré sa forme hideuse, elle est aimée et épousée; c'est là une donnée que nous retrouverons en analysant le roman de Guinglain, et qu'on peut regarder comme le pendant féminin de celle du conte si répandu de la Belle et la Bête. Avec cette circonstance spéciale que la belle est changée en vieille, on la retrouve dans divers contes ou chants populaires anglais, celtiques et scandinaves. L'autre élément de notre conte est la prétendue divulgation du secret des femmes. Il ne paraît pas, malgré l'accord sur ce point des différentes versions du conte, que la décision qui sauve la vie au héros de notre aventure soit aussi universellement acceptée qu'elles le disent.

AUTRES POÈMES ÉPISODIQUES.

Bien que le plus grand nombre, de beaucoup, des poèmes épisodiques du cycle breton aient Gauvain pour héros, la règle n'est pas absolument sans exception. Sans parler des lais que nous avons énumérés plus haut, nous possédons cinq petits romans épisodiques qui ne sont pas consacrés au neveu d'Arthur. Deux nous sont parvenus en français; deux n'existent qu'en anglais; nous n'avons le cinquième que dans une version néerlandaise.

LE MANTEAU MAL TAILLÉ.

Voyez t. XIX, p. 712-716.

Le conte du Manteau mal taillé vient d'être publié de nouveau, d'après tous les manuscrits, par M. Fr.-A. Wulff; les diverses versions de ce thème satirique ont été l'objet d'une savante étude comparative de M. Warnatsch.

Romania, t. XI p. 343.

LE CHEVALIER DU PERROQUET.

Le manuscrit français 2154 (ancien 7980), composé de 74 feuillets d'assez petit format, contient, sous le titre de « Conte du papegant », c'est-à-dire « du perroquet », un petit roman épisodique en prose, d'une écriture du XVe siècle. Il n'est pas sûr que ce roman, dont l'invention et la composition sont toutes françaises et fort peu anciennes, ait d'abord été en vers; il est à noter que là où la prose semble laisser encore transparaître le rythme et les allures habituelles de vers, ce sont des vers alexandrins groupés en laisses monorimes, et non des vers de huit syllabes rimant deux à deux, qu'on croit retrouver. Si cette hypothèse était fondée, le Conte du perroquet offrirait, parmi tous les poèmes arthuriens, le seul exemple d'une telle forme. Quoi qu'il en soit, nous donnerons d'autant plus volontiers une courte notice de ce roman qu'il n'a été signalé jusqu'à présent, si nous ne nous trompons, dans aucun ouvrage de bibliographie ou d'histoire littéraire. Le titre rappelle un poème provençal bien connu, *las Novas del Papagai*, attribué à Arnaut de Carcasses; mais là s'arrête la ressemblance. Un autre roman, ayant pour titre le Papegaut ou le Chevalier du papegaut, également en prose, se trouvait, au XIVe siècle, à Mantoue, dans la bibliothèque des Gonzague. Il paraît avoir été différent du nôtre; l'inventaire des manuscrits Gonzague, rédigé en 1407 par un Italien, qui défigurait le français qu'il copiait jusqu'à le rendre souvent inintelligible, donne identiquement les premiers et les derniers mots de ces deux manuscrits : ils commençaient, en restaurant les formes françaises, par : « En ceste partie dit li contes que puis, » et finissaient par : « Il ne crerat mais en alcun, si se dresce. » Le début indique une branche d'un grand roman en prose plutôt qu'un récit isolé, et la fin est évidemment tronquée; en sorte qu'il est probable que, des deux manuscrits Gonzague, l'un était copié sur l'autre. Ces deux manuscrits étaient d'ailleurs de petite dimension, comme le nôtre, contenant l'un 60, l'autre 70 feuillets; on ne sait ce qu'ils sont devenus.

L'auteur du Conte du perroquet a rattaché sa fiction au Merlin de Robert de Boron, qui se termine, comme notre conte commence, par le couronnement d'Arthur à la Pentecôte : il ne paraît pas avoir connu les continuations en prose qu'on a données à l'œuvre de Robert; au reste, sauf quelques allusions aux prophéties de Merlin, il se réfère peu aux autres monuments de la littérature arthurienne : le roi Loth, qu'Arthur institue régent du royaume en son absence, est le seul héros connu qu'on retrouve dans le récit, dont tous les personnages ont des noms de pure invention. Mais l'auteur n'en a pas moins taillé ce récit sur le plan ordinaire des romans bretons, et sa seule originalité est d'avoir donné à Arthur lui-même le rôle attribué d'habitude à quelque chevalier de la Table ronde. Les aventures qui forment le sujet de ce récit ne se distinguent des autres que parce qu'elles poussent jusqu'à une plus extrême invraisemblance les données, d'ailleurs banales, qu'elles ont en commun avec la masse des contes du même genre : ce sont toujours des tyrans vaincus, des orgueilleux humiliés, des géants et des monstres pourfendus, des princesses délivrées; mais tout cela est ici raconté avec une sorte de sérieux dans l'absurde qui rendrait la lecture de ce petit roman insoutenable si elle était plus longue, et si l'auteur n'avait pas le mérite d'une certaine rapidité dans le récit qui le fait suivre sans trop d'ennuis d'une aventure à l'autre. La partie comique est confiée au perroquet et au nain chargé de sa garde : dès qu'il y a un danger, ce nain couard prend la fuite, et refuse, malgré les objurgations du perroquet non moins tremblant, de lui ouvrir sa cage pour lui permettre de prendre son vol; de là entre eux des disputes qui égayaient des lecteurs peu difficiles. Ce perroquet fantastique est, comme on le voit, doué de raison; il parle même fort doctement, sait beaucoup de choses, apprécie le vrai mérite, et surtout charme les voyages de son maître et le soutient dans ses travaux en lui chantant d'une voix mélodieuse les plus belles chansons du monde. C'est un oiseau qui paraît avoir apporté de sa patrie asiatique les qualités souvent attribuées à ses congénères dans les contes de l'Inde et de la Perse.

Le jour même du couronnement d'Arthur, raconte notre roman, une demoiselle vient demander un chevalier pour délivrer sa dame de la terreur où la tient un ennemi que nul n'ose combattre. C'est Arthur qui part lui-même. Chemin faisant, entre autres exploits, il débarrasse le pays de Causuel de la tyrannie d'un chevalier outrageux, le Lion sans merci, qui obligeait tous les chevaliers à lui faire hommage et à décerner chaque année le prix de la beauté à son amie, bien qu'elle fût si hideuse que le romancier renonce à la décrire. Arthur fait attribuer le prix à une demoiselle qu'il a déjà secourue, qui s'appelle « la Belle sans vilenie » et est « sœur Morgaine, la fée de Montgibel »; or ce prix, c'est précisément le papegaut merveilleux. Arthur le demande en récompense, et depuis ce temps il l'emmène avec lui et ne prend que le nom de « Chevalier du papegaut ». Il arrive bientôt près de l'Amoureuse Cité, où habite la Dame aux cheveux blonds, qui l'a fait chercher; il y rencontre son adversaire : c'est un chevalier colossal, sur un cheval aussi grand qu'un « olifant ». Après un combat terrible, le géant tombe, blessé à mort, et son agonie est tellement épouvantable que personne n'ose l'approcher avant qu'il soit tout à fait mort. Enfin la Dame aux cheveux blonds, qui a appris l'heureuse nouvelle, marche en grande pompe à la rencontre du Chevalier du perroquet; puis tous reviennent dans la plaine contempler le cadavre de leur ennemi. Quelle n'est pas leur stupeur en voyant que cheval, cavalier, heaume, haubert, écu, lance et épée sont d'une seule et même pièce! L'auteur nous explique plus tard cette merveille : « L'on trouve en [un] « livre qu'on appelle *mapemundi* qu'il est ung monstre qui « en mer a sa conversion, que l'on clame poisson-chevalier, « qui semble avoir destrier, heaulme et haubert et lance et « escu et espee, mais il est tout de luy mesmes; et tel estoit « celluy. » Et en effet on constate qu'il sortait tous les jours de la mer, pour ravager le pays et tuer tout ce qu'il rencontrait, et l'on entend dans la mer un tumulte affreux, produit sans doute par le deuil que la nouvelle de sa mort cause dans les profonds abîmes. Nous n'avons trouvé cette étrange fable ni dans le poème de l'Image du monde, appelé souvent « Mapemonde », ni dans aucune autre encyclopédie du moyen âge; il est probable qu'elle s'appuie sur une description fort exagérée de l'espadon.

En revenant du bord de la mer, le Chevalier du perroquet rencontre une demoiselle éplorée qui se jette à ses genoux et lui fait promettre de venir secourir la princesse Flordemont, que son père, le roi de l'île Fort, a laissée en mourant sous la tutelle d'un perfide maréchal qui veut l'épouser malgré elle et la tient assiégée (cela rappelle assez le sujet de Floriant et Florete). La Dame aux cheveux blonds est fort mécontente de cet incident, car elle aime déjà beaucoup son libérateur. Elle demande un délai de huit jours, pendant lequel elle organise un grand tournoi, dont le vainqueur aura un baiser d'elle et sera son ami pendant un an. Elle mande le Chevalier du perroquet dans le pavillon magnifique qu'elle a fait construire sur un échafaud au lieu même où se passeront les joutes, et là ils se parlent si tendrement qu'elle « eust perdu le nom de chas- « teté » si le tête-à-tête n'avait été dérangé. Elle demande à notre héros de se conduire au tournoi comme le plus mauvais chevalier du monde, et en effet le lendemain il est la risée de tous. C'est ici sans doute une imitation du Lancelot de Chrétien; mais Arthur ne supporte pas aussi bien que l'amant de Guenièvre le caprice de sa dame. Quand au soir elle l'appelle de nouveau, ayant décidé, après un long monologue, de se donner à lui, il l'insulte, la rudoie et va jusqu'à la battre cruellement et à la traîner par ses tresses blondes, lui reprochant de l'avoir déshonoré pour prix de la délivrance qu'elle lui doit. Le lendemain, rendu à sa libre action, le Chevalier du perroquet remporte le prix et finit par vaincre en combat singulier son plus dangereux rival. La dame et lui se pardonnent alors leurs torts réciproques, et passent une nuit de délices, suivie de plusieurs autres. On voit par cet épisode que le temps de la soumission absolue et aveugle, idéal de la poésie courtoise du xiie siècle, est passé, et les dames sont invitées à ne pas mettre à une trop rude épreuve la docilité de leurs amants.

Cependant le Chevalier du perroquet part pour sa nouvelle expédition. En route, il combat et tue un chevalier géant qui avait promis à sa belle de lui apporter la main droite de l'inconnu déjà célèbre ; le frère du vaincu, qui veut le venger, est renversé à son tour, et punit cruellement la dame dont la légèreté a envoyé son frère à la mort : nouvel exemple de la modification des idées chevaleresques. Après quelques autres aventures, le Chevalier du perroquet pénètre dans le château où Flordemont est en prison. Une bête merveilleuse le guide vers l'endroit où il doit rencontrer son adversaire : cette bête n'est autre chose que l'âme du roi Belnain, père de Flordemont, qui dirige le libérateur de sa fille et le prémunit contre les dangers fantastiques de son entreprise. Celui-ci faillit pourtant périr avant de toucher le but, atteint presque mortellement par un serpent monstrueux auquel il a enlevé le chevalier qu'il emportait. Ce chevalier le retrouve, le soigne, le guérit et lui donne à son tour quelques utiles instructions. Enfin il entre dans la grande salle du château périlleux, après avoir franchi le pont enchanté qui le défend. Il voit sortir d'une chambre voisine des demoiselles en grand nombre, chacune portant deux torches allumées, qui se rangent sur une estrade disposée tout autour de la table. Bientôt paraît le maréchal lui-même. Après un combat acharné, il est tué; tous les habitants du château, affranchis d'un joug odieux, font fête au vainqueur; on sonne les cloches, et tout le pays se livre à la joie. Flordemont et sa mère viennent en grand apparat féliciter leur sauveur et voudraient le retenir; mais il se hâte de se mettre au retour, et il ne leur demande qu'un vaisseau pour s'embarquer.

Ce vaisseau est surpris par une furieuse tempête, qui le pousse sur une plage inconnue. Le Chevalier au perroquet va seul à la découverte. Dans un pays absolument désert, il trouve une tour, n'ayant pour ouverture qu'une haute fenêtre, et habitée par un vieux nain, qui lui fait le récit le plus étrange du monde. Jeté, vingt ans avant, par un orage dans cette île déserte, il a été abandonné par son maître et ses compagnons, avec sa femme que venaient de prendre les douleurs de l'enfantement, et qu'ils n'ont pas voulu emmener parce que la mer n'aurait pu la souffrir : c'est une croyance qui remonte à l'antiquité et qui était fort répandue au moyen âge. La mère est morte, et le fils qu'elle a mis au monde a été allaité par une « unicorne »; ce qui l'a rendu d'une vigueur surhumaine, égale à sa taille gigantesque; mais son intelligence n'est pas à la hauteur de sa force : il tue tout ce qu'il rencontre, et n'obéit qu'à son père. Sur les injonctions de celui-ci, il épargne Arthur, qui s'est nommé au nain et lui a offert de le rapatrier. Il y a dans cette histoire, outre les absurdités du fond, des incohérences singulières : ainsi l'île est déserte, et cependant le jeune géant y tue chaque jour des hommes ; le maître du nain, vingt ans avant, allait trouver le roi Arthur pour être admis à la Table ronde, et le roman nous présente Arthur comme venant d'être couronné. Ces faiseurs de contes à dormir debout semblent souvent avoir dormi eux-mêmes en les faisant.

La mer s'étant calmée et le vent étant favorable, Arthur, le perroquet, le nain, le géant, et l'unicorne elle-même, qui ne peut le quitter, reprennent la mer et abordent bientôt à un rivage qu'Arthur reconnaît : c'est le royaume de la Dame aux cheveux blonds. Elle reçoit son ami avec la plus grande joie ; mais Arthur ne fait qu'un court séjour auprès d'elle. Un peu moins d'un an après avoir quitté Camelot, où il avait été emmené, le roi revient à Windsor (Videsores), et le lendemain, jour de la Pentecôte, il tient une cour splendide, couvert pour tout son règne de la gloire qu'il vient d'acquérir.

Ainsi se termine le « Conte du papegaut », où l'on trouve, dit la rubrique initiale, « les premières aventures qui avin-« drent au bon roy Artur quant il porta coronne. » Ces aventures sont restées inconnues à tous ceux qui ont parlé de lui ; et cela n'a rien d'étonnant, vu la date, assurément assez récente, où le récit en a été composé. Il ne serait pas impossible qu'à l'origine elles se rapportassent à un autre : le conte devrait finir, à ce qu'il semble, par le mariage du héros soit avec la Dame aux cheveux blonds, soit avec Flordemont (leur dualité rappelle assez les deux amies successives de Guinglain ; voyez ci-dessous) ; mais on ne pouvait donner à Arthur d'autre femme que Guenièvre. C'est Guenièvre aussi qui a fait changer le dénouement d'un petit roman épisodique sur Lancelot dont nous parlerons tout à l'heure. Le fait est que toutes ces aventures, qui se ressemblent entre elles et prouvent combien l'invention est plus pauvre que la réalité, peuvent être à peu près indifféremment assignées à l'un ou à l'autre des héros, aussi peu vivants qu'elles sont peu vraisemblables, entre lesquels les a réparties le caprice changeant des romanciers.

ARTHUR ET LE ROI DE CORNOUAILLE.

Percy (The) Folio manuscript, t. I, p. 59. — Child, The english and scotch ballads, t. I, p. 274.

Nous n'avons de ce poème anglais en forme de ballade dans le célèbre manuscrit de l'évêque Percy, le seul qui nous l'ait conservé, que quelques fragments, malheureusement très mutilés et très obscurs, mais très intéressants. Le sujet ressemble beaucoup à celui de la chanson de geste française du Pèlerinage de Charlemagne : on voit au début, comme dans ce poème, la reine opposer aux vanteries de son époux la supériorité d'un autre prince; on y trouve aussi quelque chose de fort ressemblant aux « gabs » de la chanson française, mais le récit semble tourner court. Par la vertu d'un livre saint qu'il a trouvé dans ses voyages, Bredbeddle, un des compagnons d'Arthur, dompte un démon à sept têtes, qui, par son pouvoir merveilleux, fait réaliser leurs « vœux » aux chevaliers bretons, et remplace ainsi la protection miraculeuse dont Dieu lui-même couvre les douze pairs. Arthur coupe ensuite la tête au roi de Cornouaille son hôte, beaucoup moins bien traité que le roi Hugon du poème français. Le tout a quelque chose de colossal, de féroce et de grotesque à la fois, qui, joint à l'état de mutilation où ce singulier poème nous est arrivé, lui donne un air tout à fait fruste et primitif. L'éditeur de l'admirable collection des ballades anglaises en cours de publication, M. Child, ne doute guère que la ballade dont il publie les fragments (après Madden) ne provienne de la chanson française; nous serions moins portés à l'admettre. Le roi qui en va visiter un autre dont on lui a vanté la magnificence, les « gabs », sont des lieux communs de la poésie germanique (et proprement scandinave), qui ont fort bien pu, dans une forme où ils étaient déjà réunis, passer indifféremment en France et en Angleterre, et s'attacher dans un pays à Charlemagne, dans l'autre à Arthur. La ballade anglaise, comme toutes celles qui lui ressemblent, doit avoir pour base un poème antérieur d'une autre forme, et nous croirions volontiers que ce poème à son tour dérivait d'un poème anglo-normand. Nous avons vu plus haut, en analysant le roman de Rigomer, qu'une donnée analogue au début du Pèlerinage de Charlemagne se retrouvait ailleurs dans les poèmes français du cycle d'Arthur.

LES VOEUX DE BAUDOUIN.

Il s'agit encore ici de « vœux », c'est-à-dire d'espèces de « gabs »; malgré la mention, dans le titre donné à ce roman par l'éditeur (Les Vœux d'Arthur, Gauvain, Keu et Baudouin), de quatre personnages principaux, le véritable héros du récit est Baudouin, nom altéré sous lequel il faut reconnaître Beduer, le célèbre bouteiller d'Arthur. Les quatre chevaliers sont dans la forêt d'Ingleswood, à la chasse d'un sanglier monstrueux dont on leur a fait le rapport. Chacun fait un vœu (*avowing*). Arthur promet de poursuivre le sanglier, et, s'il l'atteint, de le dépecer suivant les règles de l'art; Gauvain d'attendre la bête au Tarn Wadling (voyez ci-dessus, p. 96); Keu de tuer tout homme qu'il rencontrera dans la forêt. Baudouin se vante de trois choses : de ne craindre aucune menace, de ne refuser à personne la participation à son repas, de n'être jaloux d'aucune femme. Là-dessus, il s'en va. Les autres exécutent plus ou moins bien leurs vœux; Keu naturellement se couvre de confusion. Cette première partie n'a rien à faire avec la seconde, qui contient le vrai sujet du poème, et qui devrait avoir pour titre : Les Vœux de Baudouin.

Arthur se rend avec les siens au château de Baudouin ; il met successivement à l'épreuve son intrépidité, son hospitalité et son indifférence à l'égard de la conduite de sa femme : il trouve que Baudouin justifie parfaitement toutes ses prétentions, et lui demande avec surprise comment il a pu les concevoir et les réaliser. Baudouin lui raconte alors trois aventures qui lui sont arrivées, et qui lui ont donné des convictions très arrêtées sur la conduite à tenir dans la vie. La première lui a appris qu'un homme raisonnable ne doit pas craindre de risquer sa vie, car la mort n'arrive qu'à son heure, et souvent atteint précisément celui qui croit l'éviter en se cachant au moment du danger. La seconde lui a fait un devoir de ne refuser à manger à personne, parce qu'une fois, assiégé dans un château, et réduit à n'avoir plus qu'un jour de vivres, il a décidé les ennemis à lever le siège en faisant largement banqueter le messager qui venait le sommer de rendre la place, et leur a ainsi fait croire qu'il avait des provisions en abondance. Enfin, s'il ne cherche pas à contrôler la conduite de sa femme (qui d'ailleurs, dans le poème, n'a que les apparences de la légèreté), c'est pour ce qu'il a vu dans ce même château, qu'il défendait jadis contre les infidèles. Là vivaient bien cinq cents chevaliers, sans communication avec le dehors, et ils avaient avec eux trois femmes, qui ne trouvaient pas qu'elles fussent trop peu nombreuses; loin de là, deux d'entre elles s'unirent pour jeter la troisième dans un puits, et des deux survivantes, l'une coupa la gorge à sa compagne, afin de rester seule avec les cinq cents chevaliers, qu'elle suffisait à contenter. Baudouin a vu là la preuve qu'il est inutile d'essayer de contraindre une femme qui veut le mal, et que celle qui veut le bien n'a pas besoin de surveillance. Le conte appelle une conclusion un peu autre que celle-là, et plus grossière; c'est celle qui lui est donnée dans la forme française que nous en possédons, et qui semble, quoique visiblement empreinte d'exagération, reposer sur quelque fait réel arrivé en Palestine.

Ce petit poème, qu'on fait remonter au xive siècle (cependant la mention du canon comme d'une chose toute coutumière paraîtrait devoir le faire descendre plus bas), a été publié par Robson. Il est écrit avec beaucoup d'agrément et de vivacité. Rien ne prouve qu'il ait eu un original français, mais rien non plus ne s'y oppose. La mention de la forêt d'Ingleswood et du Tarn Wadling le rattache à d'autres poèmes anglais que nous avons examinés plus haut.

LANCELOT ET LE CERF AU PIED BLANC.

Ce poème occupe 856 vers dans le livre III du Lancelot néerlandais, cette vaste compilation dont nous avons déjà parlé; il n'est pas douteux qu'il ne soit la traduction d'un poème français perdu. Il présente de l'intérêt à divers points de vue. Voici ce qu'il raconte :

A la cour d'Arthur se présente un jour une jeune fille, qu'accompagne un petit chien blanc. Elle dit qu'elle est envoyée par une reine aussi puissante que belle, qui promet sa main et son trône au chevalier qui pourra accomplir un exploit d'ailleurs très difficile : dans une forêt est un cerf qui a un pied blanc et que gardent des lions; celui qui, vainqueur des lions, rapportera à la reine le pied blanc du cerf, sera son époux; le petit chien conduira au but, sans faillir, celui qui osera tenter l'aventure. Keu, suivant son usage, se met en avant; le chien le mène jusqu'au bord d'une rivière large et rapide, et la traverse à la nage; mais le sénéchal n'ose s'y engager, et, tournant la bride de son cheval, rentre tête basse à la cour, où il raconte qu'un mal subit l'a forcé de revenir sur ses pas.

Lancelot veut à son tour essayer l'aventure. Il traverse la rivière, trouve les sept lions, les tue, non sans avoir reçu de terribles blessures, atteint le cerf dans la prairie où il paît, et lui coupe le pied; mais il tombe épuisé sur le gazon. A ce moment, il voit venir un chevalier qu'il invite à s'approcher : il lui raconte l'histoire, lui remet le pied blanc du cerf, et le prie d'aller porter ce pied à la reine, en lui disant que celui qui l'a tranché est gisant dans la forêt, grièvement blessé, et qu'elle vienne le secourir. Le chevalier, quand il a le pied blanc, a la scélératesse de tirer son épée et d'en frapper Lancelot, puis, le croyant mort, il se rend chez la reine, déclare qu'il a coupé le pied du cerf et réclame la récompense promise. La jeune reine éprouve pour lui une profonde répugnance, et ne peut se résoudre à tenir sa promesse. Elle convoque sa cour, et les barons décident qu'on attendra quinze jours avant de célébrer le mariage.

Cependant Gauvain s'inquiète de ne pas voir reparaître son ami Lancelot; il s'arme et part au hasard à sa recherche : Dieu le mène à l'endroit où Lancelot gisait; il le trouve respirant encore, le relève, et le conduit chez un médecin renommé, auquel il le confie, après que Lancelot lui a raconté sa victoire et la trahison du chevalier étranger. Gauvain se rend alors à la cour de la reine, et y arrive le jour même où, le délai étant expiré, elle allait épouser le prétendu vainqueur des lions. Gauvain le dément, le défie et le tue. Le lendemain paraît Lancelot lui-même, complètement guéri, et la reine, avec empressement cette fois, lui offre d'être son époux et de partager son trône. Lancelot demande un délai et retourne à la cour d'Arthur; on ne dit pas s'il revint jamais près de celle dont il avait conquis la main et le cœur; mais le poète remarque que, pour le monde entier, il ne l'aurait pas épousée, à cause de l'amour exclusif qu'il avait pour Guenièvre. Ce gauche dénouement est visiblement l'œuvre du compilateur néerlandais, qui insérait ce récit épisodique au milieu du roman consacré aux amours de Guenièvre et de Lancelot. Il est clair que, dans la forme française du récit, Lancelot épousait réellement la jeune reine, et cela prouve aussi que ce n'est pas le compilateur néerlandais qui a attribué cette aventure à Lancelot, en en dépossédant un autre héros : il n'a pas voulu la perdre, bien qu'elle le gênât, et il a préféré en altérer la fin. L'auteur du poème français qu'il suivait, non plus que celui du Lancelot traduit en allemand par Ulrich de Zatzikhoven, ne connaissaient les amours de Lancelot du Lac avec la femme d'Arthur, qui devaient tenir une si grande place dans les romans postérieurs.

Ce n'est cependant pas Lancelot, c'est un personnage d'ailleurs inconnu qui est le héros de l'aventure dans un lai qui présente avec notre poème la plus étroite ressemblance. Tyolet, dont l'enfance est toute pareille à celle du Perceval de Chrétien, vient d'arriver à la cour d'Arthur, quand s'y présente la « pucele » accompagnée du « blanc brachet »; seulement elle n'est pas la messagère d'une reine; elle est la fille du roi de Logres, et c'est elle-même qui sera la récompense du vainqueur. Ce n'est pas Keu, c'est Beduer (appelé Lodoer dans le manuscrit unique) qui tente le premier l'aventure et ne se risque pas à passer l'eau. Tyolet, qui a le don merveilleux d'attirer à lui les animaux en sifflant, en fait usage pour appeler le cerf et lui coupe le pied; aux cris du cerf, les sept lions, qui dormaient, se réveillent et attaquent le héros, qui les tue tous, mais tombe ensuite sans force à côté d'eux. Gauvain, qui joue ici le même rôle, est guidé jusqu'à Tyolet par le « brachet » revenu à la cour; ce qui vaut mieux que la version du néerlandais; il le confie à une « pucele » qu'il rencontre et qui le conduit au médecin, et retourne à la cour d'Arthur, où le délai de huit jours, fixé par le roi pour remettre la jeune princesse au chevalier qui a présenté le pied du cerf, est expiré. Gauvain inflige un démenti au traître; l'autre se défend et se déclare prêt à soutenir son droit par les armes, quand paraît Tyolet lui-même, qui interpelle le prétendu vainqueur des lions et lui reproche son infâme conduite. Celui-ci se trouble, avoue son crime, et se jette aux pieds de Tyolet; Tyolet lui pardonne et épouse la « pucele », qui l'emmène dans son pays :

> Rois fu et ele fu roine.
> De Tyolet le lai ci fine.

Il est clair, par les différences qu'on remarque entre les deux récits, qu'ils ne dérivent pas l'un de l'autre. Ils proviennent d'une source commune où se trouvait déjà le petit chien servant de guide, le pied blanc du cerf gardé par sept lions, et le meurtre commis sur le héros par celui auquel il s'est confié. Sous une forme différente et plus ancienne, cette histoire figurait déjà dans le cycle breton : elle forme un des principaux épisodes de la vie de Tristan dans la rédaction de Thomas comme dans celle de Béroul. Au lieu de sept lions qui gardent un cerf, il s'agit là d'un serpent monstrueux que Tristan combat et tue; il lui coupe la langue, la met dans sa « heuse », comme Tyolet le pied du cerf, et tombe inanimé par l'action du venin que le serpent lui a lancé. Le roi d'Irlande avait promis sa fille à qui tuerait le serpent : le sénéchal du roi, qui a vu de loin le combat, s'approche, coupe la tête du serpent mort, et prétend épouser Iseut; mais Tristan, qu'Iseut a relevé et soigné, confond le traître en faisant constater que la tête du serpent est dépourvue de langue et en montrant la langue qu'il a coupée. Bien qu'anciennement insérée dans la légende de Tristan, cette aventure ne devait pas en faire partie originairement, car Tristan se borne, quand son haut fait est reconnu, à demander la main d'Iseut pour le roi Marc, son oncle, tandis que primitivement c'était le héros qui devait lui-même épouser la princesse.

Ce beau récit n'appartient pas d'ailleurs en propre à la légende celtique, et il est intéressant de signaler sommairement quelques-unes des versions extrêmement nombreuses qu'on en connaît. Il figure dans beaucoup de contes populaires européens, souvent mêlé à d'autres thèmes; on les a plus d'une fois cités et rapprochés. Il est bon d'indiquer à part un conte récemment recueilli au Bengale, où le héros coupe la tête d'une *rakshasi* qui dévorait des victimes humaines, l'emporte, et s'endort; d'autres dépècent la *rakshasi* morte et prétendent l'avoir tuée pour obtenir la main de la fille du roi, promise au libérateur du pays; mais la tête, qu'on trouve en la possession du héros, le désigne, et c'est lui qui épouse la princesse. Une ressemblance plus frappante encore avec l'épisode de Tristan nous est fournie par un mythe grec, l'histoire d'Alcathoüs, fils de

Pélops, telle que nous l'ont fait connaître Pausanias et le scholiaste d'Apollonius de Rhodes. Le roi de Mégare avait promis sa fille à celui qui débarrasserait le pays d'un lion terrible qui le désolait. Alcathoüs tua le monstre, lui coupa la langue et la mit dans un sac ; aussi plus tard, d'autres s'étant attribué son exploit, évidemment en présentant la tête du lion, Alcathoüs les confondit en montrant la langue coupée par lui à cette tête, et devint ainsi le gendre du roi de Mégare.

Il résulte de ces rapprochements, comme de bien d'autres, que l'épopée celtique, dont les romans bretons sont une dérivation très altérée, contient, comme toutes les épopées, des éléments adventices à côté de données nationales. L'histoire du tueur de monstre auquel un imposteur veut dérober sa gloire et son salaire s'y trouve au moins sous deux formes : celle où le héros est Tristan et celle où il est Tyolet ou Lancelot. La seconde est beaucoup plus éloignée de la forme originaire : le trait caractéristique et si ancien de la langue coupée y fait défaut ; il est remplacé bien imparfaitement par le pied du cerf, qui ne joue pas même le rôle qu'il devrait jouer, puisque le héros a l'imprudence de le remettre lui-même au traître. Ce traître, dans notre version, est plus odieux que dans aucune autre : il ne se contente pas de dépouiller le vainqueur du fruit de son courage, il le tue ou croit le tuer, après qu'il en a reçu la plus grande preuve de confiance. Dans plusieurs formes du récit, la princesse doit être dévorée par le monstre dont le héros la délivre ; il est difficile de dire si ce trait est primitif ou s'il provient d'un autre thème, de celui qu'on retrouve par exemple dans la légende de Persée et Andromède. Le petit chien qui dans notre version indique la voie au héros et plus tard le fait retrouver par son sauveur peut faire songer aux trois chiens qui, suivant plusieurs formes du récit, jouent un rôle important dans le combat livré au monstre ; mais il est plus probable que nous avons là un simple lieu commun des contes bretons, commode pour servir d'introduction à une aventure : on le retrouve, avec des circonstances toutes pareilles, au début de la Mule sans frein, et c'est ce qui a fait croire que l'épisode du Lancelot néerlandais que nous venons d'analyser était une version de ce poème.

ROMANS BIOGRAPHIQUES.

Les plus anciens exemples de romans biographiques appartenant au cycle breton qui soient arrivés jusqu'à nous sont les deux Tristan, l'Érec, le Cligès, le Perceval inachevé, et, si l'on veut, l'Ivain de Chrétien de Troies. En dehors de ces œuvres, dont il a été parlé ci-dessus, et qui ont servi de modèle aux autres, nous possédons une vingtaine de romans biographiques; il est probable que nous en avons perdu beaucoup, surtout parmi les plus anciens : c'est ce qu'indiquent les nombreuses allusions qui se trouvent notamment dans les poèmes de Chrétien et que nous ne savons souvent à quoi rapporter, et les longues énumérations de compagnons de la Table ronde qui se présentent dans Érec, puis dans d'autres poèmes; la plupart des noms qui y figurent ne sont pour nous que des noms : au poète et à ses auditeurs ils rappelaient les aventures des héros qui les portaient.

Dans l'examen auquel nous allons soumettre les romans biographiques, nous comprendrons, comme nous l'avons fait pour les romans épisodiques, les ouvrages en langues étrangères qui nous représentent des poèmes français perdus. Nous devons faire ici sur plusieurs romans allemands une remarque générale qui nous dispensera de notices détaillées sur chacun d'eux. Les Allemands ne se sont pas contentés de traduire plus ou moins librement les poèmes français du cycle breton; ils ont de bonne heure essayé de composer des romans arthuriens de leur cru, en les donnant d'ailleurs généralement comme pris d'une source française, afin de les faire profiter du succès acquis aux traductions du français. On n'est pas encore arrivé à se mettre d'accord sur le point de savoir si Wolfram d'Eschenbach a déjà employé ce procédé dans les parties du Parzival qu'il n'a pas trouvées dans Chrétien et qu'il prétend devoir à un certain « Kiot le Provençal »; cette question se rattache à l'histoire du Perceval de Chrétien et de ses diverses continuations, et nous ne l'examinerons pas. Mais il est à peu près certain, et nous l'avons indiqué plus haut, que Henri du Türlin, dans sa « Couronne », a joint de pures inventions, qu'il donne comme de Chrétien de Troies, aux emprunts qu'il a faits soit à ce poète soit à d'autres poètes français. Les critiques allemands diffèrent d'avis en ce qui concerne le Daniel du Stricker : les uns sont portés à le croire original, les autres le jugent traduit; aussi consacrerons-nous un article à cet ouvrage, à propos duquel se posent diverses questions qui rentrent bien dans notre étude. Mais on s'accorde, et à bon droit, à regarder comme de pures fabrications, d'ailleurs des plus fastidieuses, les trois énormes romans d'un auteur autrichien qui n'est connu que sous le nom du « Pleier », et qui florissait, si l'on peut ainsi dire, entre 1260 et 1270 : Garel du Val Florissant, encore inédit; Meleranz, qui a été publié il y a vingt-cinq ans; et Tandareis et Flordibel, qui vient de l'être. Ce Pleier imitait, entre autres prédécesseurs, le Stricker jusque dans le titre de son poème. Il a été imité lui-même par un rimeur de la fin du XIIIᵉ siècle, appelé Conrad de Stoffeln, et dans lequel on a reconnu, peut-être sans grande raison, un chanoine de Strasbourg du même nom. Conrad a composé aussi un très long poème, le Gauriel de Montavel, dont il prétend (c'est une réminiscence du Parzival) avoir trouvé l'original en Espagne. « Mais, dit avec raison le seul critique qui ait eu la patience de lire ce poème en manuscrit, ce n'est là qu'une invention, une invention comme toute l'histoire du Chevalier au bouc (c'est le surnom donné au héros, imitation ou plutôt parodie du surnom du Chevalier au lion), histoire qui est plus pauvre et plus vide que dans aucun des romans arthuriens de la décadence, et qui, par conséquent, peut très bien avoir été inventée par l'auteur. » Un poème plus ancien, qui a plus de mérite de style, sinon de composition, est l'Edolanz, dont on n'a que des fragments ; un autre critique remarque judicieusement : « La préten- « tion de l'auteur de suivre fidèlement son modèle n'est « qu'une formule vide, et ce modèle, qui aurait été à peu « près nécessairement français, n'a pas existé. On n'a là « qu'une reproduction agrémentée, surchargée, exagérée, « des données des célèbres poèmes de l'âge précédent. » Tous ces romans décèlent leur véritable origine par la constante imitation des poètes allemands plus anciens, notamment de Hartmann d'Aue, de Wolfram d'Eschenbach et de Gotfrid de Strasbourg, qu'avaient illustrés leurs traductions des poèmes français du XIIe siècle. Leurs successeurs ne puisent plus directement à la source : on le voit tout de suite en ce qu'ils ne connaissent de noms celtiques que ceux qui sont dans les poèmes allemands antérieurs, et notamment en ce qu'ils rattachent leurs récits à cette partie du Parzival de Wolfram qui, d'où qu'elle sorte, est absolument inconnue à toute la littérature française. La valeur de ces essais de production originale de romans bretons sur le sol germanique est extrêmement faible, et les critiques allemands, comme on l'a vu, ne l'exagèrent pas : ils conviennent que, du moment qu'un roman de ce genre est d'invention allemande, il a chance d'être au-dessous des plus faibles parmi les compositions traduites du français. En tout cas, nous n'avons pas à examiner ici des œuvres qui appartiennent en propre à la littérature allemande ; nous avons seulement voulu les signaler. Nous laisserons également de côté le poème cyclique sur la Table ronde d'Ulrich Füterer, composé au XVe siècle, uniquement d'après des sources allemandes.

Chez les autres peuples qui ont traduit nos romans, on ne rencontre guère de compositions originales. On a pensé que c'était le cas pour deux poèmes néerlandais, le Chevalier à la manche et Morien ; mais nous ne le croyons pas, et nous les analyserons plus loin. Il semble bien qu'il y ait, dans les sagas norvégiennes et islandaises, dont beaucoup sont fort peu anciennes, quelques récits arthuriens, donnés comme des traductions, et qui ne sont que des imitations. Nous ne les avons pas recherchées avec beaucoup de soin, nous bornant à mentionner aussi complètement que nous l'avons pu ceux de ces récits scandinaves qui ont réellement une source française.

BLANDIN DE CORNOUAILLE.

Voyez t. XXII, p. 234-236.

Ce roman fort médiocre a été imprimé en 1873 par M. Paul Meyer (Romania, t. II, p. 170-202). L'éditeur ne doute pas qu'il ne soit du xive siècle, et il est porté à voir dans l'auteur un Catalan qui essayait d'écrire en provençal. Cette hypothèse a soulevé des objections; il est sûr, en tout cas, que l'auteur de Blandin n'écrit pas purement, même pour son temps. Notons que le roman de Blandin n'a des romans de la Table ronde que le caractère général des aventures et le surnom donné au héros principal : il n'y est d'ailleurs question ni d'Arthur ni d'aucun personnage du cycle breton.

Voyez Romania, t. IV, p. 146.

Le volume des Mémoires de l'Académie de Turin auquel renvoie l'article de l'Histoire littéraire est mal indiqué; il s'agit du tome XXVII, deuxième partie, dans lequel on se borne d'ailleurs à indiquer une notice manuscrite de M. Portalis des Luckets sur ce roman. Cette notice a été récemment retrouvée à Turin; elle a perdu tout intérêt depuis la publication du texte. Elle est faite, paraît-il, très consciencieusement.

Hist. litt. de France, t. XXI p. 235.

Giornale storico della letteratura italiana, t. IV, p. 47.

LE CHEVALIER À LA MANCHE.

Nous sommes obligés d'enregistrer ce poème sous ce titre, et non sous le nom du héros, par la raison que ce héros n'est pas nommé dans la seule version que nous en connaissions, la version néerlandaise, qui remplit environ quatre mille vers de la compilation connue sous le nom de Lancelot (III, 14581-18602). Voici un court résumé de ce poème sans grand intérêt. Pendant une absence d'Arthur, la reine Guenièvre est restée seule au palais de Cardueil; elle a bien le sénéchal Keu pour la garder, mais celui-ci est tombé malade; un jeune bachelier, qui vient d'arriver pour demander à Arthur de l'armer chevalier, se trouve seul dans la salle avec la reine et son hôtesse, la jeune princesse Clarette d'Espagne. Soudain on entend des cris de détresse poussés par une voix de femme. Le jeune étranger demande à la reine de l'armer en hâte pour qu'il aille secourir celle qui appelle à son aide; Guenièvre y consent, et Clarette, charmée du courage du jeune homme, lui donne sa manche. Keu raille, suivant son usage, la confiance de la belle étrangère, et le jeune homme promet, en s'éloignant, de tirer quelque jour vengeance du sénéchal.

Il arrive à l'endroit où un chevalier sans courtoisie accable de violences la « pucele » dont on a entendu les cris. Il le provoque, le vainc, et, après l'avoir réconcilié avec celle qu'il soupçonnait injustement, les envoie tous deux au palais et les charge de présenter son respect à Guenièvre, son amour à Clarette et sa menace à Keu. Cette menace se réalise par la suite : quand le héros du poème s'est illustré par ses exploits, Arthur lui fait demander de revenir à sa cour; il s'y refuse à cause du sénéchal. Celui-ci se met alors à la recherche du jeune inconnu; il l'atteint, mais il est par lui renversé de cheval, grièvement blessé, et revient couvert de honte auprès du roi. Nous avons ici une visible imitation du Perceval.

Nous ne suivrons pas le « Chevalier à la manche » dans ses nombreuses aventures. Le poète, comme nous l'avons déjà dit, ne le désigne que sous ce nom, qu'il a pris à cause du don de Clarette. Le héros lui-même déclare qu'il ne sait pas comment il s'appelle, ni d'où il est, ni qui sont ses père et mère. Il sait seulement que, nouveau-né, il a été trouvé à Douvre avec du vair et du gris et cent livres d'argent. On l'a recueilli dans un cloître, et pendant dix ans il a étudié pour être clerc; mais quand il a appris l'incertitude qui plane sur son origine, il a embrassé la profession chevaleresque, et s'est mis en quête de ses parents, A la suite d'une blessure grave qu'il a reçue dans un combat, il est soigné dans le même cloître où s'est passée son enfance, et il déclare que, s'il ne peut arriver à épouser Clarette, il reviendra à sa première vocation et se fera moine. Peu de temps après, il apprend qu'on a proclamé un tournoi dont la main de la princesse d'Espagne doit être le prix. Il s'y rend sous sa chape de moine, et, à la surprise de tous, est vainqueur des plus célèbres chevaliers. Il arbore alors au-dessus de son capuchon la manche blanche que lui avait jadis donnée Clarette, et réclame le prix du tournoi, qu'elle est heureuse de lui donner.

A la cérémonie même du mariage, qui se fait en grande pompe, la mère du Chevalier à la manche le reconnaît. Ce n'était rien de moins qu'une reine. Elle avait eu ce fils de son « ami », et, délivrée en secret, elle avait exposé l'enfant avec les marques qui servent à le faire retrouver. Devenue veuve, et n'ayant pas d'autre enfant, elle le fait son héritier et emmène les nouveaux époux dans son royaume. Mais notre héros ne veut pas se reposer tant qu'il n'aura pas aussi trouvé son père, dont il ne sait rien, et qui a disparu depuis longtemps. Il se remet donc en quête, réussit à l'atteindre, et, après plusieurs autres aventures, le roman se termine par le mariage des père et mère de notre chevalier, dont on aurait pu enfin, à ce moment, nous faire connaître le vrai nom.

M. Jonckbloet est porté à croire que le Chevalier à la manche est une œuvre d'invention néerlandaise. Les raisons qu'il en donne ne nous paraissent pas convaincantes, et le roman ressemble trop aux productions les plus banales de la poésie arthurienne française pour que nous ne le regardions pas comme une d'elles; ce qu'indiquent aussi les noms propres qui y figurent (Clarette, Fellon, Galias, etc.).

Jonckbloet, G schiedenis, t. I p. 384.

CLARIS ET LARIS.

Ce roman, comme nous l'avons déjà indiqué, est le plus récent des romans en vers de la Table ronde; il en est aussi le plus long, et ces deux qualités suffisent à faire pressentir qu'il n'en est pas le plus intéressant. C'est un vrai produit de décadence, une perpétuelle imitation d'imitations, une interminable compilation de lieux communs. Le seul mérite qui puisse nous en faire supporter la lecture, en dehors de l'intérêt qu'un ouvrage aussi considérable présente toujours au point de vue du langage, c'est qu'il contient un grand nombre d'allusions aux romans antérieurs. L'auteur s'est attaché à faire reparaître les plus célèbres personnages des romans bretons, et à leur donner dans son récit un rôle qu'il a eu soin de rendre toujours inférieur à celui de ses deux héros, Claris et Laris, et cet artifice a pu réveiller quelque peu l'attention des lecteurs ou auditeurs du XIIIe siècle, qui retrouvaient avec plaisir, dans des aventures nouvelles, leurs anciennes connaissances poétiques, Ivain, Gauvain, Gahériet, Dodinel, Érec, Saigremor, *e tutti quanti*. Le patient éditeur des 30369 vers que contient le manuscrit unique de Claris et Laris (Bibl. nat., franç. 1447), M. Johann Alton, a joint à son édition une longue et consciencieuse analyse, qui ne lui a pas coûté peu de peine, les épisodes de ce roman étant très nombreux, généralement courts, et cependant rattachés entre eux et au récit central avec une certaine habileté, dans un plan général que l'auteur a dû établir d'avance et méditer longuement, et que l'éditeur a su mettre en relief. Nous ne voulons ici ni reproduire ni refaire l'analyse qui, dans le volume de M. Alton, n'occupe pas moins de trente-deux pages; nous nous bornerons à indiquer succinctement le fil général du récit, ou plutôt le double fil, car ce roman biographique a cela de particulier qu'il est également consacré à deux héros; il nous raconte les aventures qu'ils ont soit ensemble, soit séparément, depuis qu'ils sont devenus chevaliers errants, et qui se terminent, pour l'un comme pour l'autre, par la gloire et le bonheur. Çà et là nous mentionnerons quelque épisode qui pourra offrir un intérêt particulier.

Le jeune Claris, écuyer à la cour de Ladont, roi de Gascogne, s'éprend d'un amour aussi ardent que subit pour Lidaine, femme de son seigneur. Voulant rester fidèle à celui-ci et à l'honneur, il se décide à quitter la cour de Ladont, après qu'il s'est fait armer chevalier par lui. Il part pour la cour d'Arthur en compagnie de son ami Laris, qui est le frère même de celle qu'il aime. Après avoir délivré Ivain, Gauvain et d'autres nombreux prisonniers, et avoir fait triompher le bon droit de Carados dans un combat inégal, ils entrent sans le savoir dans la forêt de Brocéliande (l'itinéraire qui les mène de Gascogne à la cour d'Arthur est extrêmement vague). Là ils pénètrent dans le château enchanté de Morgant, la sœur d'Arthur, et on leur annonce qu'ils y jouiront de tous les plaisirs, mais qu'ils n'en sortiront jamais. La nuit, Claris, croyant son compagnon endormi, s'abandonne à la douleur que lui cause la pensée de ne plus revoir Lidaine; Laris le surprend, le presse de questions, et finit par lui arracher son secret. Il est loin d'ailleurs d'éprouver les scrupules de Claris, et il apprend sans la moindre indignation que son ami aime sa sœur :

> « Claris, fait il, pou m'amiez
> Quant cele chose celiez.
> Ja pour ce voir ne vous harrai,
> Ançois vous en avancerai
> Vers ma seror, bien le sachiez,
> Mès que vous plus ne vous sechiez,
> Mès pensez de joie mener,
> Car je croi bien a ce mener
> Ma seror, ne m'en cuit taisir,
> Que l'avrez a vostre plesir. »

V. 3970.

Mais il s'agit d'abord de s'échapper. Laris réussit à persuader de son amour Madoine, une des fées subordonnées à Morgant, qui lui révèle l'unique issue, et les deux amis, la nuit suivante, sortent du château et de la forêt.

Ils recommencent leurs prouesses, et délivrent notamment les trois rois Lot, Marc et Baudemagus, que le roi Thoas avait traîtreusement faits prisonniers. Le bruit de leurs exploits arrive à la cour de Bretagne, et Arthur en est émerveillé :

> Quant li roys ot tot entendu,
> Un clerc manda, n'a atendu,
> Tout a fet en la chartre escrire.
> Par verité vous puis bien dire
> De quanqu'en Bretaigne avenoit,
> En chartre escrire convenoit
> Por touzjours renomer les faiz
> Que li bon averoient faiz,
> Et des mauvais les mauvestiez
> Fussent seues par tretiez,
> Qu'après lor mort s'en amendassent
> Cil qui les euvres escoutassent.

Après quoi le roi fait savoir par toute sa terre qu'il faut qu'on porte grand honneur aux deux compagnons; ce que sachant, ils changent leurs armes contre celles de Keu et de Gale le Chauve, qu'ils ont trouvées chez un ermite. Ainsi déguisés ils reprennent leur marche, délivrent le jeune roi Brandaliz, et tuent une guivre énorme qui, avec ses sept petits « guivrets, » désolait une contrée.

Cependant l'empereur de Rome, Tereüs, fait sommer Arthur de venir à Rome se reconnaître son vassal (c'est, sauf le nom de l'empereur, une histoire qui vient de Gaufrei de Monmouth et qui a passé dans plus d'un roman). Arthur naturellement refuse, et convoque ses gens pour résister à l'attaque des Romains. Claris et Laris le rejoignent, se font connaître, et prennent la plus grande part à la défaite des ennemis. Mais au milieu des fêtes qui célèbrent, à Caradigant, la victoire des Bretons, un messager arrive de Gascogne, et réclame, au nom du roi Ladont, les services des deux jeunes héros. En effet, le roi d'Espagne Savari assiège Ladont dans sa capitale pour s'emparer de la belle Lidaine. Claris et Laris, accompagnés de Gauvain et de neuf autres chevaliers de la Table ronde, dégagent le roi de Gascogne, mais Claris est blessé dans le combat. Comme la reine vient le visiter, il lui révèle son amour; Lidaine lui répond sévèrement; sur quoi il se pâme, et tout le monde le croit mort. Au milieu de la douleur générale, Lidaine, qui est elle-même fort affligée, raconte à son frère ce qui s'est passé, et Laris obtient d'elle qu'elle baise le prétendu mort : il revient à la vie à ce doux contact, et la reine, pressée par son frère, lui accorde d'être son amie, mais avec quelques réserves :

> « Ore est alé si faitement
> Que la vostre amie serai
> Ainsi con je deviserai :
> De l'acoler et du besier
> Ne vous ferai ge nul dangier,
> Mès du seurplus vous sofferrés. »

V. 8168.

Elle exige même qu'aussitôt guéri il reparte pour la Bretagne; mais elle déclare que, si son mari venait à mourir, elle n'aurait pas d'autre époux que Claris.

Nos deux amis se remettent donc en route, avec leurs dix auxiliaires bretons. Une nuit qu'ils dorment tous dans un pavillon, qu'ils ont dressé au milieu d'un bois, survient Madoine[1], la fée que Laris avait autrefois trompée à Brocéliande, et qui était restée grosse de lui. Elle le reconnaît, l'enlève, et l'enferme dans une prison du château enchanté. Au matin, les onze chevaliers, ne trouvant plus leur ami, veulent le chercher; ils se mettent en quête chacun de son côté, jurant de se retrouver au bout d'un an au même pavillon.

Les aventures de chacun d'eux, aventures qui souvent se croisent et se mêlent, nous sont racontées ensuite en plusieurs milliers de vers. Notons seulement que Claris combat le diable pour lui enlever une jeune fille dont il s'était

---

[1] Madoine est accompagnée de deux autres fées, dont l'une s'appelle *Brunehout*, nom intéressant à noter. L'éditeur imprime ici (v. 8239) *Brimeholz*, mais plus loin (v. 10757) correctement *Brunehout;* dans l'analyse et au glossaire il lit dans le second passage *Brumehout*.

emparé (imitation du Cimetière périlleux); que Gahériet défend un ermitage contre quatre voleurs qui l'attaquent de nuit (absolument comme dans un épisode de Rigomer); que le Laid Hardi est retenu avec d'autres par le chant d'un jongleur magicien [1], dont le charme cesse quand survient le plus loyal des chevaliers, c'est-à-dire Claris; Claris délivre aussi de leur captivité plusieurs de ses compagnons qui avaient été surpris par le traître Thoas, et réussit à s'introduire auprès de Laris, auquel Keu, vaincu par un géant au service de Madoine, est venu tenir compagnie. Avec l'aide de ce même géant, dompté par Claris, les trois chevaliers s'échappent, et Claris, Laris et bientôt Gauvain se présentent, sous des armes inconnues, à un tournoi que donne Arthur et y remportent le prix; après quoi ils se font reconnaître. Laris, qui a été blessé dans le tournoi, est soigné par Guenièvre et ses demoiselles; parmi celles-ci il remarque Marine, sœur d'Ivain, et s'éprend pour elle d'un amour qu'il lui avoue et qu'elle lui rend. Sur ces entrefaites, on apprend que Ladont est mort, et que le roi Savari a de nouveau envahi la Gascogne : il assiège dans son dernier château Lidaine, qui fait demander secours à ses amis. Après de longues péripéties, Savari est vaincu et tué par les Bretons, l'Espagne conquise, et Arthur donne ce royaume à Claris, qui y joint celui de Gascogne en épousant la belle Lidaine.

Laris reste quelque temps auprès de son ami; mais le désir de revoir Marine le rend triste et malade. Il finit par avouer son amour à Claris, et celui-ci, avec sa femme, l'accompagne à la cour d'Arthur. Ils rencontrent naturellement bien des aventures, qui surprendraient si on n'en avait déjà vu la plupart ailleurs. La plus piquante est celle de la barque, encore est-elle racontée sans esprit. Ils arrivent, tout près de Camaalot, où ils vont rejoindre Arthur, à une rivière, et une

---

[1] Le passage mérite d'être signalé. Le Laid Hardi voit dans une prairie beaucoup de gens assis et écoutant *un conteor qui contoit une chançon et si notoit ses refrez en une viele* (v. 9941). Ainsi le violon ne servait qu'à exécuter le refrain en musique; peut-être était-ce ainsi qu'on chantait les chansons de geste.

barque s'offre à eux pour les passer; sur cette barque est une inscription, portant que ceux-là seuls peuvent y monter en sûreté qui sont exempts de toute tricherie, trahison et «loberie». Ils hésitent un instant, puis, se sentant à l'abri, ils montent dans la barque; ils touchent l'autre rive sans encombre et mettent déjà pied à terre; mais

> Lidaine ne se pot tenir
> Qu'un seul petit ne se vantast
> Et que Claris n'aresonnast:
> «Certes, fet ele, bien me semble
> Qu'en cest mont n'a, si con moi semble,
> Si leal feme con je sui...
> Par ceste nef bien le savez
> Des letres, que leü avez.»
> Quanque Lidaine ainsi parla,
> Dusqu'aus mameles se trova
> En l'iaue; hautement s'escrie:
> «Amis Claris, aïe! aïe!
> Se ne m'aidiez, ja noierai!...»

V. 16521.

On la tire de l'eau, punie de son indiscrétion; il faut avouer qu'elle était excusable, car la vanterie n'était pas mentionnée dans l'inscription comme un cas rédhibitoire, à moins que «loberie» n'ait eu ce sens : nous ne lui connaissons que celui de paroles trompeuses, décevantes, et l'on ne voit pas que celles de Lidaine eussent ce caractère.

Marine n'est pas à la cour d'Arthur, et l'on reçoit bientôt un message de son père, le roi Urien, annonçant qu'il est assiégé dans sa capitale par le roi Tallas de Danemark, qui veut malgré lui épouser sa fille. A cette nouvelle, Laris tombe en pâmoison, et sa sœur Lidaine, sur le conseil de Claris, a recours à un stratagème, inspiré par le souvenir du procédé qui lui avait réussi jadis :

> Vers son frere prist a aler,
> Par grant tendreur vers soi l'embrace,
> Baise li la bouche et la face
> Molt dolcement, puis li escrie:
> «Douz amis, vez ci vostre amie,

V. 16731.

Marine, vostre damoisele !
Douz amis, quant je vous apele,
Certes bien me devez respondre... »
Laris ot sa seror parler,
Qui se fait Marine clamer ;
Li nons de sa trés douce amie
Et la douçor qu'il a sentie
De la bouche la damoisele,
Qu'il crut de s'amie la bele,
Li ramaine le cuer a point...
Les eulz ouvri delivrement.

Arthur se dispose à secourir Urien; mais Ivain, Gauvain, Claris et Laris prennent les devants, et, après maintes aventures (dans l'une desquelles Madoine tente encore de s'emparer de Laris), réussissent à se jeter dans la ville assiégée. Leur arrivée coïncide avec celle d'Arthur, et Tallas, attaqué de deux côtés, est complètement vaincu; mais Laris, qui s'est laissé entraîner trop loin à la poursuite des fuyards, est entouré, fait prisonnier et conduit en Danemark. Quand on s'aperçoit de sa disparition, les trente meilleurs chevaliers de la Table ronde jurent de ne pas revenir à la cour avant d'avoir de ses nouvelles; Arthur leur donne rendez-vous au bout d'un mois à Clavent, le chef-lieu de la province du Danemark la plus voisine (l'auteur, à aucun endroit de son poème, ne paraît se douter que la Bretagne est une île).

Ainsi recommence une nouvelle quête, faite cette fois, non par onze chevaliers, mais par trente, dont chacun a ses aventures particulières. Nous ne les raconterons pas; elles n'occupent pas moins de huit mille vers, et rappellent parfois, par leur nature aussi bien que par l'arrangement général, celles qui remplissent une bonne partie de Rigomer. Signalons seulement un ou deux épisodes. Mordret, l'un des frères de Gauvain, celui qui doit plus tard commettre la grande trahison qui amène la ruine de la Table ronde, montre déjà ses mauvais instincts : rencontrant une « pucele » qui voyage seule, il veut lui faire violence, et n'est arrêté que par la venue des deux frères de la jeune fille, qui l'auraient tué sans l'intervention de Gauvain. Cela ne le corrige pas, car plus tard, rencontrant encore une « pucele » seule à cheval dans un bois, il lui annonce brutalement qu'il faut qu'elle se soumette à ses désirs; mais ce n'était pas une demoiselle ordinaire, c'était Calogrenant (personnage emprunté au Chevalier au lion), qui, par un enchantement, avait été changé en femme, et qui « chevauchoit come damoisele ». Malgré ses protestations, Mordret s'approche :

> Kalogrenanz le voit venir,
> Et lors ne se vout plus tenir :
> La jambe giete d'autre part,

et, luttant à bras le corps avec Mordret, s'empare de son cheval et s'éloigne, pour trouver aussitôt la délivrance du charme qu'il subissait. Un personnage qui est aussi un peu moins banal que les autres est Dodinel, auquel le poète a donné un caractère facétieux et plus d'esprit que de vaillance. Reçu par un chevalier qui a l'habitude de jouter avec ses hôtes, il le prie de remettre le combat au lendemain, pour que son amie, qui va arriver, en soit témoin, et, après une nuit confortablement passée, il s'esquive au petit jour. Plus loin, il rencontre sur la route un chevalier qui le provoque et lui annonce que, s'il le renverse, il lui coupera la tête. Dodinel s'en tire encore :

> « Vassaus, fet il, il vos estuet,
> S'il vous plest, un petit entendre;
> Car forment feroie a reprendre
> Se je ici vous assailloie :
> Ja vient mes peres ceste voie,
> Qui est chevaliers merveillous,
> Et un mien frere, travaillous
> D'armes plus qu'autres chevaliers...
> Poour ai qu'il ne nos trovassent
> Ci iluec, et vos decoupassent,
> Car trop m'ainment parfetement.
> Ge reviendrai prouchainement :
> Moi et vous nos combaterons;
> Ja par el n'en eschaperons. »

V. 26875.

Dodinel arrive chez Tallas, et, celui-ci lui demandant s'il n'est pas un de ces chevaliers d'Arthur qu'il emprisonne tous à mesure qu'ils se présentent, il lui répond qu'il est un simple ménestrel, et qu'il a trouvé dans un bois l'armure dont il est revêtu. On le met en présence de ses compagnons, auxquels il demande de ne pas le déceler :

> « Mielz aing menestrel devenir
> Que chevalier prison tenir ;
> Ceanz menestrel demorrai,
> A mon pooir vous servirai,
> Et quant revenrons en Bretaigne,
> Si reserons de la compaigne. »

Un trait encore à noter est l'intervention de Merlin dans le récit. Brandaliz rencontre, la nuit, dans une forêt, auprès d'un feu, un vieillard qui lui donne à souper et auprès duquel il s'endort. Le lendemain, à son réveil, il ne voit personne, mais il entend une voix qui lui reproche de n'avoir pas interrogé sur le but de son voyage Merlin, qui l'a hébergé la veille,

> Qui tout set, tout fet et tout oit,

qui connaît seul le secret de la naissance d'Arthur et qui l'a fait proclamer roi par l'épreuve de l'épée fichée dans le « perron » (c'est un épisode du Merlin de Robert de Boron), et qui sait aussi où Laris est prisonnier. En effet, peu de temps après, Claris, dans le même bois, fait la même rencontre ; mais, plus avisé que Brandaliz, il interroge son hôte, et celui-ci lui répond aussitôt :

> « Ge sui Merlins par non clamez ;
> Du roy Pendagron fui amez,
> Longuement fui ensemble o soi,
> Mès le monde est si plain d'anoi
> Que ci ving pour espeneïr :
> N'en partirai dusqu'au morir. »

Et il lui révèle la prison de Laris et les moyens de l'en délivrer, lui et ceux qui y ont été jetés avec lui.

Cette délivrance est encore le sujet d'un assez long récit. Attaqué par les Bretons, Tallas appelle à son secours son frère Salahadin et le roi de Russie Baraton. Dans un grand combat, Tallas est tué par Arthur, Salahadin par Laris et Baraton par Claris, le Danemark est conquis comme l'Espagne, Arthur le donne à Laris comme il avait donné l'Espagne à Claris, et l'on envoie chercher Marine pour l'unir à son amant. Mais cela ne marche pas aussi droit qu'on le supposerait. La fée Madoine réussit à s'emparer de Marine, qu'elle transporte à Brocéliande avec Ivain et Gauvain. Elle a la malice et l'imprudence de venir l'annoncer elle-même à Laris; mais celui-ci la saisit et la secoue de bonne sorte jusqu'à ce qu'elle ait promis de les rendre; en effet, Marine et les deux chevaliers se retrouvent, sans savoir comment, à l'endroit d'où la fée les avait enlevés, et bientôt après ils arrivent en Danemark, où on les reçoit à grande joie. Au milieu de fêtes magnifiques, on célèbre le mariage de Laris et de Marine, et les deux amis sont aussi heureux l'un que l'autre.

Assurément, après 29748 vers, le poème pourrait finir là, et la curiosité du lecteur le plus exigeant est assouvie; mais notre infatigable rimeur ajoute encore 622 vers pour nous raconter comment Arthur alla dans Cologne délivrer le roi Henri, père de Laris et de Lidaine (nous en entendons parler pour la première fois), qu'assiégeait le roi de Hongrie Saris. Ce roi est tué par Laris dans une grande bataille, et le vieux Henri, heureux de revoir son fils, lui abandonne le royaume d'Allemagne, qu'il joint à celui de Danemark. Enfin chacun retourne chez soi, et personne n'a plus parlé de Claris et de Laris jusqu'au jour où M. Alton est venu, du fond de l'Autriche, les tirer de l'oubli profond où ils sommeillaient dans le manuscrit cédé par Cangé à la Bibliothèque du Roi.

Le poème de Claris et Laris peut être daté avec assez de précision. L'auteur, s'élevant au début, suivant l'usage de la plupart des poètes contemporains, contre l'avarice qui règne de son temps, dit:

> Ele a tout le mont tormenté.
> Nous savons bien par verité
> Que Grece et Acre et Antioche
> L'une en chiet et li autre en cloche,
> Et la tierce en est ja ploïe :
> Ce n'est pas nouvele joïe;
> Costentinoble en est perdue,
> Antioche s'en est rendue
> Et sougiete au roi des Tartaires...
> Et Acre en tremble de racine...
> Et Envie y a tant regné
> Qu'ele a moult grand part ou regné;
> Nés a Fedric l'empereeur
> Tolirent cez deus grant honneur,
> Dont encore la trace dure,
> De quoi mainte pesme aventure
> Est avenue puis no tans.

Constantinople fut perdue en 1261, Antioche fut prise par les Turcs le 1ᵉʳ mai 1268, et la nouvelle de ce malheur était fraîche quand le poète écrivait ces vers. C'est donc en 1268, suivant toute apparence, qu'il commença son œuvre. Combien mit-il d'années à la parfaire? Rien ne nous l'indique; mais en supposant qu'il fût né vers 1240, nous pouvons admettre qu'il vécut jusqu'au commencement du XIVᵉ siècle. Les particularités de son langage montrent, comme l'a vu M. Alton, qu'il appartenait à cette région picarde où la poésie épique du moyen âge, sous toutes ses formes, se continua le plus longtemps. Le style n'offre rien de remarquable : il est généralement clair et assez facile, mais terne et sans relief; quand on y trouve une tournure originale, une expression frappante, on peut être à peu près sûr qu'elle est empruntée à des ouvrages antérieurs. L'auteur devait être un ménestrel de profession; l'éditeur le conclut avec vraisemblance des louanges qu'il donne à la libéralité du temps jadis, par contraste avec la chicherie de ses contemporains, notamment à l'égard des ménestrels; ainsi, en racontant les noces de Claris:

CLARIS ET LARIS.

> Uit jours cele feste a duree.
> Menestrel orent tel soudee
> Comme il oserent deviser;
> Car roys Laris lor fist donner
> Palefroiz et chevaux et robes;
> Ne furent pas servi de lobes,
> Si come endroit chevalier font
> Quant lor noces tenues ont.

V. 29740.

Après avoir copié à peu près textuellement un passage de Floriant et Florete (voy. ci-dessus, p. 11), l'auteur de Claris et de Laris développe à sa manière la pensée de son modèle. Celui-ci avait dit :

> Quar qui romanz volt escouter
> Et es biaus diz se velt mirer
> Merveille est se ne s'en amende.

Floriant et Florete, v. 6239.

Notre poète en tire ces réflexions assez curieuses sur l'utilité des livres et notamment des livres français :

> Et qui vos vorroit demander
> S'en puet riens en romans aprendre,
> Et je diroie sans mesprendre
> Qu'il i gist tout li sens du monde...
> Car se les estoires ne fussent,
> Les genz de droit riens ne seüssent.
> Li philosophe les (nos?) escrisent,
> Qui tout le sens du monde lisent,
> Qu'en ebreu furent premier fetes
> Et de l'ebreu en latin tretes,
> Ou molt bien furent translatees,
> De latin en romans portees,
> Fors que li sacres de la loy.

V. 29623.

M. Alton a joint à son édition de Claris et Laris, outre l'analyse du poème, une étude philologique, des remarques grammaticales, un index fort utile des noms propres et une liste de mots qu'on trouvera bien courte. Il y a dans tout son travail quelques marques d'inexpérience, mais en somme il s'en est acquitté d'une manière très satisfaisante, et l'on ne peut que le remercier de la peine qu'il s'est donnée pour nous permettre de prendre facilement connaissance du dernier poème de la Table ronde, sorte d'encyclopédie arthurienne après laquelle il n'y avait plus de longtemps à revenir à la matière de Bretagne. C'est le Cercle littéraire de Stuttgart, auquel nous devons déjà tant de publications intéressant notre ancienne littérature, qui a donné l'hospitalité au vaste poème copié par M. Alton.

DANIEL, par LE STRICKER.

On possède un poème allemand dont le héros, chevalier de la Table ronde, est appelé « Daniel vom blüenden Tal », ce qui répondrait en français à un nom comme « Daniel « du Val Florissant ». Ce poème est encore inédit, mais on en doit à M. Karl Bartsch une analyse assez détaillée, dont nous donnons le résumé.

Le roi Arthur avait l'habitude de ne jamais manger sans qu'une aventure se fût présentée à lui (voyez sur ce trait ci-dessus, p. 49). Un jour que le repas, faute d'aventure, avait été différé jusqu'au soir, arrive à la cour de Cardueil un géant, qui vient sommer Arthur de rendre hommage à son maître, le roi de Cluse, Matur. Ce roi habite un pays plein de merveilles, séparé du reste du monde par une porte infranchissable. Pendant qu'Arthur se prépare à l'expédition qu'il veut faire en réponse à cette insolence, un jeune chevalier, Daniel du Val Florissant, qui venait d'être admis à la Table ronde après avoir montré sa valeur en renversant à la joute une douzaine des meilleurs compagnons, entre autres Gauvain, Ivain et Perceval, part seul pour aller chez le roi Matur. En chemin, il tue un nain qui tyrannisait une jeune fille, et s'empare de l'épée magique à laquelle le nain devait son pouvoir. Il secourt ensuite une autre dame contre un monstre « sans bu » (*búchlos*), qui répandait la terreur grâce à une tête enchantée dont la vue tuait; Daniel attend le monstre le dos tourné, le voyant venir dans un miroir, lui abat, sans se retourner, avec l'épée magique du nain, la main qui tenait la tête fatale, et, dirigeant cette tête contre lui, le fait ainsi périr; après quoi il la jette dans un lac, trouvant une telle arme indigne d'un chevalier. Il arrive à la porte du royaume de Matur, gardée par un géant jusque-là invincible; il le défie, le combat, et il vient de le tuer quand Arthur, Ivain, Gauvain et Perceval arrivent à leur tour. Ils entrent : un animal fantastique prévient par ses cris le roi Matur de la présence d'ennemis; il accourt, mais il est tué en combat singulier par Arthur lui-même. Une bataille terrible s'engage entre les Bretons et les guerriers de Matur, parmi lesquels le géant messager du début, frère de celui que Daniel a tué, se fait surtout craindre par sa force surhumaine et sa rage, qui redouble encore quand on lui a crevé les yeux à coups de flèches. Enfin, avec son épée magique, Daniel réussit à lui couper, comme à son frère, les deux mains, puis la tête, et les vassaux de Matur se soumettent au vainqueur. Daniel retourne à une aventure des plus fantastiques, commencée avant son combat contre le géant, qu'il mène à bonne fin en tuant un abominable enchanteur, qui était malade (sans doute lépreux), et qui rassemblait partout des victimes pour se faire de leur sang un bain où il devait retrouver la santé. Avec ceux qu'il a délivrés, il revient à Cluse, où Arthur se trouve en face d'une nouvelle armée ennemie, puis de plusieurs autres. Enfin on en vient à bout, grâce à Daniel, qui conseille d'utiliser la vertu magique de la bête qui se trouve à l'entrée du pays : quand elle crie, les Bretons l'ont éprouvé, tous ceux qui l'entendent tombent sans connaissance; or elle pousse ces cris stupéfiants dès qu'on enlève une bannière qu'elle porte dans sa bouche : on n'a qu'à la lui enlever en se bouchant les oreilles, et ce sont les ennemis qui seront victimes de l'enchantement. C'est ce qu'on fait, et, pour être délivrés du charme, tous les habitants de Cluse se soumettent. La veuve de Matur, Danise, après quelque hésitation, se décide à épouser Daniel; toutes les demoiselles de son royaume, ainsi que les veuves qu'ont faites les derniers combats, suivent son exemple en prenant pour époux les chevaliers bretons, et tout le pays est en fête. La joie est troublée par l'arrivée soudaine d'un géant, frère des deux qu'a tués Daniel, qui enlève Arthur, puis Perceval, et les dépose, dans la situation la plus périlleuse, sur la pointe inaccessible d'un rocher, avec l'intention de les y laisser mourir de faim. On s'empare de lui à l'aide d'un filet magique, appartenant à une jeune fille jadis secourue par Daniel, et le vieux géant se réconcilie avec Arthur quand il sait que la provocation, dans cette guerre, était venue de Matur et non du roi de Bretagne. Les fêtes reprennent de plus belle; enfin, Arthur retourne dans ses États, et Daniel reste roi de Cluse.

Nous avons dû, dans cette analyse, laisser de côté bien des épisodes; ce que nous en avons rapporté suffit à montrer que Daniel est un des romans les plus aventureux et les plus fantastiques du cycle breton. Les contes dont il est rempli sont-ils sortis de l'imagination du Stricker, ou les a-t-il trouvés dans un modèle français aujourd'hui perdu? S'il faut l'en croire, il n'a été que traducteur; mais sa déclaration ne suffit pas. Quelque singulier que cela puisse nous paraître, on sait qu'au moyen âge il n'y avait rien dont un romancier se défendît plus que du soupçon d'avoir inventé son récit; quand il osait le faire, il osait rarement l'avouer, de peur de perdre sans retour la confiance du public. En outre, en Allemagne, comme nous l'avons déjà dit, la mode était aux romans traduits du français, et un auteur inconnu, comme le Stricker, dont Daniel est le premier ouvrage, était naturellement amené à appeler la bienveillance sur son œuvre en la donnant comme traduite du français. Enfin la précision même avec laquelle il parle de son modèle rend son indication suspecte. Il prétend traduire son Daniel du français d'Albéric de Besançon. Cet Albéric n'est pas un inconnu : le clerc Lambert, vers 1130, déclarait, dans son poème allemand sur Alexandre, traduire les vers français d'Albéric de Besançon, et l'on sait qu'un fragment, malheureusement trop court, contenant le début du poème d'Albéric, a été retrouvé à Florence il y a quelques années et souvent publié. Traduit vers 1130, Albéric n'a pas écrit plus tard que le commencement du XIIe siècle, et c'est aussi la date qu'indique la langue du fragment de Florence. Or il est de toute impossibilité qu'un ouvrage comme le Daniel remonte à une telle antiquité : on ne connaissait pas même de nom, dans le sud-est de la France, à cette époque, Arthur et la Table ronde. Le Stricker a dû simplement emprunter le nom d'Albéric de Besançon à Lambert, et cette conclusion devient évidente quand on compare les vers où les deux poètes nomment leur auteur : ceux du Stricker ne sont que ceux de Lambert, légèrement rajeunis comme langue et comme rimes, par un homme qui s'est adonné en grand, plus tard, à ce genre de travail, en renouvelant tout le poème du clerc Conrad sur Roland. Voilà donc le Stricker pris en flagrant délit de mensonge, et dès lors on se demande si cet original français, auquel il a en tout cas donné un auteur imaginaire, n'est pas lui-même une fiction.

Certains traits du poème porteraient à le croire, comme l'absence frappante de noms propres. Les personnages principaux, dit M. Bartsch, ne sont presque jamais désignés que par des périphrases, ou ne reçoivent un nom que tout à la fin, comme par exemple « la demoiselle de la Verte Prairie », qui, au dénouement, est appelée Santinose. La géographie est laissée dans un vague remarquable. Certains traits du récit paraissent empruntés à l'épopée germanique. D'autres, et cela est plus incontestable, ressemblent à des traits connus de la mythologie gréco-romaine. Ainsi la tête dont la vue est meurtrière est visiblement la tête de Méduse; d'autres détails rappellent, quoique moins clairement, les histoires des sirènes, de Polyphème, de Circé. Un original celtique n'aurait pas puisé à cette source classique, et contiendrait en revanche plus de faits et de noms locaux. Il n'y a rien dans tout cela qui n'ait pu sortir de l'imagination d'un poète allemand du XIIIe siècle.

Il ne faut cependant pas se hâter de conclure, et, à notre avis, il est plus vraisemblable que le Stricker a réellement mis en vers un roman français. Le caractère général de son poème est bien celui des romans français de la Table ronde de la seconde ou de la troisième époque. Le vague géographique se retrouve dans la plupart d'entre eux. La rareté des noms propres, remplacés fréquemment par des périphrases, est déjà notable dans les poèmes de Chrétien; dans quelques œuvres de la décadence, comme le Chevalier au perroquet, la plupart des personnages ne sont pas désignés autrement. Les emprunts à la mythologie germanique se réduisent à très peu de chose; ils ne portent que sur des traits accessoires, et ont fort bien pu, s'ils sont certains, être ajoutés par le traducteur. Quant aux imitations de fables antiques, elles peuvent aussi bien être le fait d'un poète français que d'un poète allemand : on lisait Ovide des deux côtés du Rhin et, même dans des textes celtiques, gallois ou irlandais, nous rencontrons de fort bonne heure des réminiscences ou des imitations de la mythologie. Un conte qui rappelle aussi, quoique de moins près, la fable de Méduse, se retrouve dans une des continuations en prose du Merlin. Remarquons encore que l'épisode du géant qui transporte Arthur sur une pointe de rocher inaccessible rappelle d'une manière frappante le début du roman de Jaufré et paraît moins en être une imitation que remonter à la même source. Il est sûr que le Stricker a trompé ses compatriotes en leur faisant croire qu'il traduisait un roman d'Albéric de Besançon : il a voulu profiter de la renommée attachée à ce nom, comme l'ont fait d'autres, par exemple Wolfram d'Eschenbach, en attribuant à Chrétien de Troies les poèmes anonymes qu'ils traduisaient; mais il a bien pu dire vrai en assurant qu'il suivait un modèle français. C'est parce que cette supposition, qui est d'ailleurs conforme à l'opinion de M. Bartsch, nous paraît au moins admissible, et même vraisemblable, que nous avons donné place à Daniel parmi les romans français du cycle breton. Il n'y tient qu'un rang secondaire, entre les productions les moins anciennes et les moins puissantes d'une sève déjà presque épuisée. Cependant la variété et l'étrangeté même des aventures qui y sont accumulées, l'entrain avec lequel elles sont contées, en font lire au moins l'analyse avec un certain plaisir. Le Daniel ne paraît pas avoir été aussi goûté que d'autres romans qui ne valent ni plus ni moins : on a pensé, non sans vraisemblance, que cela pouvait tenir au peu de place qui y est fait à l'amour, contrairement au style ordinaire des romans de ce genre et aux goûts de leurs lecteurs habituels. Cependant, comme nous l'avons vu, le roman du Stricker ne fut pas sans influence sur la littérature de son pays, et c'est surtout, semble-t-il, en imitant ce roman que quelques poètes du XIII° siecle osèrent composer des poèmes bretons de pure invention allemande.

DURMART LE GALLOIS.

L'auteur de Durmart le Gallois nous est inconnu. Son poème, quoique offrant d'assez remarquables qualités de composition et de style, paraît avoir été peu répandu ; on n'a relevé jusqu'à présent, dans les littératures française et provençale, si riches en allusions aux romans célèbres, aucune mention qui s'y rapporte. Nous en avons trouvé cependant une, mais bien postérieure, dans le Débat des deux Amants, de Christine de Pisan ; c'est même, en quelques vers, une sorte de résumé du poème, qui prouve que Christine l'avait lu, et par conséquent qu'il n'était pas oublié à la fin du XIV° siècle. Citant plusieurs héros que l'amour rendit vaillants, Christine dit :

> Et le Galoys
> Durmas vaillant, qui fu fils au bon roys
> Danemarchois, celluy ot si grans roys
> De prouesse que plus n'en orent trois.
> Je vous demande
> Que il perdy, quand la royne d'Irlande
> Prist a amer, et tout en sa commande
> Il se soubzmist, dont passa mainte lande

> Pour lui conquerre
> Son royaume, et mena si grant guerre
> Qu'il le conquist et lui rendi sa terre.

Mais ce témoignage est isolé. Le poète, il est vrai, dit en terminant son récit :

> Ci fine l'ystoire et li conte :
> Mainte gent le prisent et loent,
> Et molt volentiers dire l'oent.

Mais ce succès se bornait sans doute à des lectures faites dans un petit cercle. L'auteur se plaint, dans un passage curieux, mais assez obscur, de la décadence du goût à son époque. « Autrefois, dit-il, ceux qui faisaient les beaux dits, ceux qui « savaient bien composer les chansons et les histoires, étaient « en grand prix, et recevaient les riches dons. Aujourd'hui je « vois partout des gens sans sérieux et sans art, « une voide « gent sans mestier », qui prétendent à de beaux présents, « mais n'ont aucun titre à en recevoir. L'un dit : Je suis au roi ; « l'autre, qui ne sait que crier et se chamailler, dit : Je vais « de tournoi en tournoi. Un autre contrefait le « sot sage », « avec des mots frivoles et niais... La plupart ne servent « qu'à porter de folles et vaines paroles d'amour... Et ils se « figurent qu'ils ont un grand mérite et que les beaux dons « leur sont dus ; pour savoir imiter l'homme ivre on demande « maintenant une robe de vair, » etc. (v. 15086 et suiv.). Le poète n'est pas de ces gens-là : il prétend respecter son art et soigner son style ; il revient à plusieurs reprises sur l'importance qu'il attache à son travail et sur le mérite qu'il s'attribue. Dès le début, il nous prévient qu'un homme qui sait dire « de beaux mots » doit chercher un public capable de l'apprécier : il y a des gens qui blâment sans raison et sans être en état d'amender ; cela n'est que désagréable ; mais il faut s'adresser à des auditeurs qui sachent bien reprendre et bien corriger. Le défaut que notre poète dit avoir surtout à cœur d'éviter, c'est la prolixité. Je veux, dit-il dès les premiers vers,

> D'un roial conte d'aventure
> Commencier et dire briément
> Sans anuioz alongement.

Ailleurs, s'excusant de ne pas rapporter tout l'entretien de certains personnages, il ajoute :

> Car cil n'est mie bons contere
> Qui trop alonge sa matere.

V. 6075.

Plus loin : Si, dit-il, je vous racontais tout le voyage de Durmart,

> Ce seroit parlers por noient :
> Trop i aroit d'alongement.
> A grant matere bien descrire
> Covient de mainte chose dire,
> Mais on i doit parler briément
> Et bien fornir ce c'om enprent.

V. 9095.

Malheureusement, ici comme dans bien d'autres poèmes du moyen âge, ces sages réflexions sur les avantages de la concision ne font que mieux ressortir combien la pratique est opposée à la théorie. Sur un sujet, en somme assez pauvre, l'auteur de Durmart n'a pas rimé moins de seize mille vers, et il aurait pu facilement en économiser la moitié. Toutefois il faut reconnaître que son style est toujours clair, correct, et parfois élégant, sinon original, que ses descriptions sont assez vives, et que les longs monologues qu'il prête à ses personnages prouvent une certaine finesse dans l'analyse des sentiments.

Il avait certainement lu Chrétien de Troies, et il l'imite visiblement. Dans un combat auquel prennent part les chevaliers de la Table ronde, le poète, par un artifice bien souvent employé depuis Homère, fait nommer les principaux d'entre eux à Durmart, qui les combat, par un compagnon à lui qui les connaît. Les traits qui distinguent chacun d'eux sont empruntés aux poèmes de Chrétien : Ivain, le chevalier au lion, porte, ainsi que tous les siens, des lions sur son écu; Perceval cherche le graal et la lance (de même v. 7375, les dames admirent Perceval, mais elles n'espèrent rien de lui, car, tout entier à la quête du saint graal, il est voué à la chasteté); Érec, bien que de lignage royal, a épousé une pauvre fille, etc. A un moment où il nous

V. 8402 et sui

montre Durmart chevauchant tout rêveur, le poète ajoute, par allusion à un des plus célèbres passages du Conte du graal :

> Onques Percevaus li Galois
> Ne fu de penser si destrois
> Quant le vermel sanc remira.

Comme Chrétien, il a tenu à faire admirer dans son héros, à côté d'un courage à toute épreuve, d'une force et d'une adresse extraordinaires, la bonté, la douceur, la justice, la fidélité en amour, et par-dessus tout la courtoisie, ce mot qui exprimait à la fois l'exercice de toutes les vertus sociales et la perfection des manières. Par là déjà son roman, comme ceux de son modèle, peut passer pour une sorte de roman moral, de Télémaque ou de Cyropédie à l'usage des jeunes chevaliers et surtout des princes; et, cette application morale, l'auteur, en terminant, n'hésite pas à la faire lui-même, en s'adressant aux rois, ducs, comtes et barons, qui doivent trouver dans son récit l'exemple de la conduite qui leur convient. Mais ce qui distingue d'une façon assez remarquable notre anonyme de la plupart de ses émules, c'est qu'il ne cherche pas seulement à présenter un modèle accompli des vertus mondaines; il veut encore y joindre, bien que l'accouplement soit malaisé, la perfection chrétienne. Il a symbolisé cette dernière tendance dans une invention assez froide, mais fort claire. Sortant de chez son père pour commencer sa carrière chevaleresque, Durmart rencontre un arbre dont les branches sont chargées de « chandelles » reluisant dans la nuit comme des étoiles; au sommet de l'arbre est un enfant nu, qui brille plus que l'arbre lui-même. Durmart veut s'approcher, mais tout disparaît, et une voix lui apprend qu'il reverra l'arbre et qu'il recevra alors des ordres qu'il devra exécuter. En effet, quand il a mené à bonne fin l'aventure qui est le sujet du roman, quand il est époux et roi, il revoit, à la chasse, l'arbre merveilleux, et il reçoit de la voix l'ordre d'aller à Rome, où le pape lui expliquera sa vision, et, dorénavant, « de servir le grand roi qui récompense

« tous les services. » Durmart va à Rome (il la délivre de Sarrasins qui l'assiégeaient; ce qui est une imitation de plusieurs chansons de geste), et le pape lui fait comprendre, en effet, que l'enfant est Jésus-Christ, l'arbre le monde, et que les chandelles dont les unes avaient une flamme sombre et se sont éteintes en fumant, tandis que les autres brillaient purement et se sont élancées vers le ciel, sont les âmes des mortels. Durmart, édifié, cherche, par toutes ses actions subséquentes, à plaire à Dieu autant qu'au siècle. Encore ici c'est Chrétien qui a servi de modèle. Si dans Érec, dans Ivain, dans Cligès et surtout dans Lancelot, il a célébré la chevalerie entièrement mondaine; s'il n'est pas, suivant l'opinion de plusieurs critiques, l'auteur de la légende ascétique de Guillaume d'Angleterre, le poète champenois a donné dans le Perceval l'exemple, peu suivi au moins en France, de la fusion dans un même idéal des qualités du chevalier et des vertus du chrétien. L'arbre symbolique de Durmart est imité de divers épisodes du Conte du graal. Seulement notre auteur n'a pas su mêler intimement les deux éléments qu'il voulait associer : l'élément chrétien est demeuré tout extérieur et pourrait être supprimé sans que le poème en souffrît le moins du monde. La pensée de l'auteur n'en est pas moins sérieuse; on le voit aux vers de la fin, où il demande pardon à Jésus-Christ des fautes qu'il a pu commettre; on le voit surtout au ton général du récit, qui, bien qu'étant une histoire d'amour, ne présente, sauf dans l'épisode du début, où le héros est sévèrement blâmé par le poète, ni une expression, ni même une situation contraire à la décence. La scène la plus vive qui se passe entre la reine d'Irlande et son amant est celle où elle lui donne trois baisers pour le réveiller sans bruit, parce qu'il courrait un grand danger si on le trouvait endormi. Le poète a eu soin de donner à la reine cette excuse, et il n'indique que par une allusion bien légère qu'elle eut peut-être quelque plaisir à se la donner elle-même :

> Molt le vit bel en son dormant,
> Car contre la lune luisant

> Pot bien sa façon remirer.
> Je ne sai pas adeviner
> S'ele ot talent de lui baisier,
> Mais por docemént envellier
> Le baisa la belle trois foiz.

Cette réserve n'est pas habituelle dans les romans du genre de celui qui nous occupe ; le poète l'a rendue plus facile à ses amants et à lui-même en les tenant presque constamment séparés jusqu'au jour de leur mariage. A l'occasion de cette cérémonie, il exprime sur le mariage et l'amour des idées qui sont le simple langage du bon sens, mais qui sont curieuses en ce que le ton polémique du poète prouve qu'elles étaient contraires à l'opinion la plus répandue dans les cercles aristocratiques pour lesquels il écrivait. « En gé-« néral, dit-il, on blâme ceux qui épousent leurs amies ; mais « parler ainsi c'est prouver qu'on n'aime pas véritablement... « Quand on aime bien, on doit préférer la joie qui vous est « donnée à celle qui vous est seulement prêtée. Celui qui « n'épouse pas son amie est en grand danger : un autre peut « la lui enlever et l'épouser sous ses yeux..... Prendre son « amie pour femme, c'est s'en assurer la possession pour tou-« jours..... Celui qui refuse d'épouser celle qu'il dit aimer « ne l'aime guère, et, en vérité, bien des gens font mine « d'aimer qui ne savent ce que c'est. » Or, dans le code de la galanterie conventionnelle de la société élégante, au XIIe et au XIIIe siècle, l'article premier était, on le sait, que l'amour ne peut exister entre mari et femme. Notre auteur au rebours : il nous raconte dans l'introduction de son roman la liaison de Durmart, encore tout jeune « varlet », avec une dame de la cour du roi son père ; mais il n'a que du mépris pour ces amours qui, outre qu'elles sont coupables, ne peuvent pousser à aucune prouesse, et il fait montrer la vraie voie à Durmart par son père, dans des vers qui méritent d'être cités :

> « Filz de roi doit estre loialz,
> Dignes et vrais et de cuer halz ;
> Ne doit estre luxurios,
> Quar c'est uns plais vilz et hontos.

> Tu fais pechié molt desloial
> De la feme le seneschal
> Que tu tiens..........
> E ! quar laisse ester ta folie :
> Tu feras sens et cortoisie...
> N'est pas amors de fil a roi
> Vers la feme d'un vavassor.
> Filz de roi doit avoir amor
> A haute pucele roial
> Ou a roïne emperial...
> Quant je fu jones, je tendi
> A fille a roi de haut parage,
> Tant que je l'oi par mariage :
> C'est vostre mere; je l'ain tant
> Que tos jors va l'amors croissant. »

L'affection conjugale des parents de Durmart l'un pour l'autre n'est égalée que par celle qu'ils lui portent et celle qu'il a surtout pour sa mère, dont il se déclare le chevalier, et à laquelle il envoie en hommage les prisonniers qu'il fait ou les tyrans dont il triomphe.

Les sentiments et les manières de voir que l'auteur de Durmart exprime dans son poème en font le principal intérêt. L'intrigue, avons-nous dit, en est assez pauvre ou au moins très simple; elle n'en est pas plus vraisemblable pour cela. Durmart, fils de Jozefent, roi de Galles et en même temps de Danemark, décidé à quitter l'oisiveté où un amour mal placé le retenait et à se distinguer par ses hauts faits, entend parler avec admiration, par un pèlerin, de la beauté de la reine d'Irlande. Il en devient aussitôt épris, quitte la cour de son père après avoir été armé chevalier, et passe en Irlande. Mais en Irlande il y a, paraît-il, tant de rois et de reines que personne ne peut le renseigner sur celle qu'il cherche. Il rencontre un jour une demoiselle d'une beauté merveilleuse, accompagnée d'un chevalier dont la stature dépasse l'ordinaire; il se joint à eux. La demoiselle lui raconte qu'elle se rend à la ville de Landoc, où, tous les ans, le preux Cardroain expose un épervier, dont peut se saisir celle qui prétendra être plus belle que son amie Ide; seulement elle devra avoir un chevalier qui soutienne ses prétentions contre Cardroain. Nous avons déjà vu plus d'une fois cet épisode, qui paraît pour la première fois dans Érec; il a toute l'absurdité qu'on rencontre trop souvent dans les « contes de Bretagne » : la beauté se constate et ne se prouve pas, surtout de cette étrange manière; et quoi de moins conforme à la dignité et à la modestie d'une femme que l'auteur prétend élever au-dessus de toutes les autres, que de traverser toute l'Irlande pour venir se faire déclarer belle, moyennant que le champion qui l'accompagne sache mieux se battre que Cardroain? Quoi qu'il en soit, on arrive à Landoc; la demoiselle inconnue saisit l'épervier; Cardroain l'arrête, le grand chevalier menace Cardroain s'il ne laisse aller et la demoiselle et l'oiseau; mais comme Cardroain, au lieu de céder, s'apprête à la joute, ce « grand clocher », comme l'appelle plus tard un des personnages (v. 2464), se refuse au combat, qu'il espérait éviter par ses menaces et son aspect terrible, et va laisser conduire en prison la demoiselle tout en pleurs, quand Durmart intervient. Il tue Cardroain, et, grièvement blessé lui-même, part cependant en hâte, avec la demoiselle qui porte l'épervier désiré sur son poing, parce qu'on l'a prévenu que le frère de Cardroain, Brun de Morois, voudrait venger son frère. En route, il désarçonne le grand chevalier, qui a cru que Durmart, affaibli par ses blessures, ne pourrait lui résister; mais, atteint par Brun de Morois, il lui expose qu'il ne peut le combattre dans l'état où il est, et lui demande un répit, que celui-ci lui accorde. Durmart et sa belle compagne arrivent à une tente, dressée dans une clairière de la forêt, où une demoiselle savante en l'art de guérir panse si bien les plaies du Gallois qu'en trois jours il les a oubliées. Or cette demoiselle a un ami, nommé Gladinel, qui est allé combattre un tyran aussi redoutable que cruel, le « Félon de la Garde », et qui ne revient pas. Durmart, on le devine, va attaquer le Félon, l'envoie à sa mère, et délivre Gladinel qui était prisonnier.

Ici prend fin la première des trois parties dont, avec l'introduction et l'épilogue, se compose notre roman. Durmart veut revenir à la tente où il a laissé les demoiselles; mais il se trompe de chemin et s'en éloigne de plus en plus. Pendant une année environ il erre par l'Irlande et l'Angleterre, couvrant son nom de gloire, remportant le prix des tournois, délivrant des princesses, exterminant des brigands, mais rongé de souci; car il a appris trop tard que la demoiselle à l'épervier n'était autre que la belle reine d'Irlande dont il était épris avant de l'avoir vue, qu'il adore après avoir passé quelques jours près d'elle, et qu'il ne peut arriver à retrouver. On voit qu'ici l'invraisemblance touche au comique. Enfin, un jour, il fait une rencontre qui décide de son sort, et avec laquelle s'ouvre la troisième partie du récit (v. 10407).

Il est en Irlande, dans une contrée sauvage; il voit, au milieu d'un pays ravagé, des ruines de villes récemment détruites par l'incendie, des débris de châteaux et d'églises; sur les routes il trouve des cadavres sans sépulture. Il apprend d'un chasseur que ces contrées appartiennent à la belle reine d'Irlande, et qu'elles viennent d'être dévastées par son ennemi, le roi Nogant. Ce roi n'était autre que le grand chevalier qui avait si mal défendu la reine à Landoc, et qui, aussi méchant que lâche, avait juré de se venger du mépris qu'elle lui témoignait depuis lors. Abandonnée par beaucoup de ses vassaux, la reine s'est enfermée dans la seule ville qui lui reste, Limeri, où elle est assiégée; la garnison qui y est avec elle n'ose pas faire de sorties; mais en avant de la ville se trouve une forteresse, bâtie au milieu de l'eau, appelée le Château des Moulins, parce qu'elle protège les moulins où se fabrique le pain de la ville. Là s'est enfermée une poignée de jeunes gens, commandée par un écuyer appelé Procidas, et qui ne craint pas de sortir parfois de son fort pour harceler l'ennemi. Durmart se fait conduire dans ce château, devient le chef des courageux jouvenceaux, accomplit avec eux des exploits éclatants, mais où la prudence du capitaine consommé accompagne toujours la hardiesse, et n'hésite pas à armer chevaliers un certain nombre de ses braves compagnons. La reine, qui a su le nom de ce défenseur inattendu, et qui retrouve en lui son libérateur d'autrefois, ce chevalier qui l'aimait sans la connaître, qu'elle avait aimé en le voyant, et dont elle avait tant pleuré la perte, assiste du haut des créneaux de la ville aux prouesses de Durmart et rouvre son cœur à toutes les espérances ; mais, craignant d'éveiller la jalousie de ses barons, elle ne laisse pas voir qu'elle connaît ce chevalier aux léopards qui excite l'admiration de tous. Cependant Nogant, désespérant de prendre la ville malgré la supériorité de ses forces, envoie demander son appui à Arthur, en lui faisant croire que la reine qu'il assiège est une barbare, ennemie de la foi chrétienne, et en lui promettant vingt châteaux et l'hommage lige pour son royaume. Arthur et ses preux arrivent devant Limeri. Les combats recommencent plus brillants que jamais (le poète sait mettre d'ailleurs, dans leur description, de la variété et un certain intérêt), et nous voyons Durmart humilier successivement les plus célèbres champions de la Table ronde et désarçonner Gauvain lui-même. L'auteur de chaque nouveau roman, nous l'avons dit, se croyait obligé d'immoler ainsi les renommées les mieux consacrées à la jeune gloire qu'il célébrait ; mais ces succès, à la fois trop précoces et trop peu vraisemblables, font souvent sur le lecteur une impression toute contraire à celle qu'ils sont destinés à produire. Enfin, Arthur veut avoir une entrevue avec la reine Fenise (on ne nous dit son nom qu'à ce moment), et il apprend qu'il a été trompé, qu'elle est fort bonne chrétienne, et que le roi Nogant lui fait la guerre contre tout droit. Nogant veut soutenir ses dires, mais, défié par Durmart, il s'enfuit pendant la nuit, et va se cacher dans un château au fond de l'Irlande, où on ne le poursuit pas. Durmart, comme on le pense bien, épouse la belle Fenise, et chacun rentre dans son pays.

L'épilogue, après nous avoir parlé du bon gouvernement du roi Durmart, nous fait connaître le couronnement édifiant que reçut une si belle vie. Nous avons déjà parlé de cette fin du poème, et des réflexions morales et pieuses par lesquelles l'auteur le termine. De toutes les vertus mondaines ou chrétiennes qu'il recommande, il n'en est aucune qu'il mette au-dessus de la largesse, fort en décadence, à ce qu'il assure, chez ses contemporains; et par là, comme par plusieurs autres traits, il se révèle à nous comme un de ces ménestrels qui vivaient des libéralités des grands. C'est pour un seigneur, sans doute pour un prince, qu'il a composé son roman.

On a fait remarquer avec raison, dans Durmart, l'unité de la composition et la symétrie de la disposition. On ne quitte pas un instant le héros principal pour en suivre d'autres, comme il arrive dans plus d'un roman semblable, et, ce qui est encore plus rare, toutes les aventures par lesquelles il passe ont un lien direct avec le sujet essentiel du poème, son amour pour la reine d'Irlande et son mariage avec elle. A ce mérite de l'unité il en faut joindre un autre, que l'éditeur a judicieusement relevé : on ne trouve dans Durmart, sauf un ou deux traits accessoires imités des romans consacrés (par exemple, le héros s'assied impunément dans une « chaire » où nul ne peut s'asseoir sans perdre la raison, à moins qu'il ne soit un chevalier parfait), aucun élément merveilleux. « Au lieu de fée, nous avons une jeune et charmante « reine; au lieu de géants, de simples brigands ou des hommes « aussi lâches que grands, comme Nogant; au lieu de châ- « teaux magiques, des manoirs très réels; peu de monstres, « de dragons, d'enchanteurs, d'objets féés..... On peut sou- « tenir que, pour le lecteur du moyen âge, cette suppression « du fantastique et du surhumain diminuait le charme poé- « tique du conte; mais l'histoire littéraire doit savoir gré à « l'auteur des efforts qu'il a faits dans ce sens : le roman entre « dans une nouvelle voie, meilleure et plus conforme à l'art « que l'ancienne. »

C'est précisément ce caractère prosaïque du récit, joint à la pauvreté de la fable, qui empêche, à notre avis, de croire que l'auteur de Durmart a puisé, pour l'écrire, dans la tradition celtique. L'éditeur pense qu'il existait avant notre poème une légende de Durmart le Gallois. Que pouvait-elle bien raconter? En laissant de côté les épisodes, le roman se réduit à ceci : un chevalier s'éprend d'une reine sans l'avoir vue, la rencontre sans la connaître, la perd, et enfin, l'ayant aidée à reconquérir son royaume envahi, devient son époux. Ce sont là des incidents bien communs et bien peu saillants pour avoir fourni une véritable légende. Il est bien plus naturel d'en attribuer au poète, non pas même l'invention, mais la réunion. S'éprendre d'amour pour une princesse lointaine sur le seul bruit de sa beauté est un trait qui se retrouve dans les fictions romanesques de tous les peuples, et il n'y a aucun lieu de soupçonner, avec l'éditeur, dans la biographie, fabuleuse à notre avis comme au sien, du troubadour Geoffroi Rudel, la source où notre poète l'aurait puisé. C'est cependant la seule chose qui, dans Durmart, sorte quelque peu de la banalité ordinaire des récits de ce genre; pour plusieurs des autres épisodes, l'éditeur lui-même a montré qu'ils sont imités de romans antérieurs, notamment de ceux de Chrétien, et il ajoute avec raison qu'on pourrait sans doute trouver de semblables modèles à bien d'autres traits du poème. Nous avons donc là, taillée sur le patron général des romans d'origine celtique, une composition toute française, dont l'auteur ne connaissait sans doute aucunement les sources galloises ou bretonnes où avaient puisé ses prédécesseurs.

Fidèle à la tradition qu'il trouvait établie, il met en Angleterre et en Irlande la scène de son récit. La façon dont il traite la géographie de ces pays mérite d'être examinée, car elle peut nous éclairer sur le lieu où il vivait. Il admet un roi de Galles, Jozefent, contemporain d'Arthur, ce qui choque les idées habituellement reçues; il attribue à ce même Jozefent, du chef de sa femme, le royaume de Danemark. La capitale de Jozefent est appelée simplement la Blanche Cité, ce qui paraît un nom de fantaisie; cependant le poète nomme à d'autres endroits la ville connue de Bangort (Bangor) comme résidence de ce roi. Les noms de Benevic (Berwick), Galvoie (Galloway), Arondel, et autres qu'il cite, lui étaient connus par les romans antérieurs où ils figurent;

mais nous n'avons trouvé que chez lui la forme, d'ailleurs correcte, de Glastingebieres (écrit aussi dans le manuscrit Glatingebieres, Gladingesbieres et Glandingesbieres) pour Glastonbury (anglo-sax. Glaestingabyrig), dont il fait à plusieurs reprises le séjour du roi Arthur. De l'Irlande il n'a évidemment qu'une connaissance très vague, et qui se borne à peu près à savoir qu'elle est séparée de l'Angleterre par la mer : il en nomme cependant trois villes, Duveline (Dublin), souvent mentionnée dans les romans, Limeri (Limerick), et Landoc, que nous ne savons pas identifier. Rien dans tout cela, à notre avis, n'autorise à penser que l'auteur de Durmart ait eu des Îles Britanniques une connaissance personnelle.

La langue du poème, telle qu'on peut la reconnaître, non en se fiant au texte du manuscrit, très altéré dans ses formes grammaticales, mais en étudiant les rimes, ne permet pas d'ailleurs de voir dans cet auteur un Anglo-Normand. Elle présente les caractères du parler usité dans la région de la France qui correspond à peu près à la Picardie. C'est dans cette région et dans celles qui l'avoisinent qu'a été, au xiiie siècle, le siège de la plus grande activité poétique; c'est pour les princes puissants et généreux de la Flandre, du Hainaut, du Boulonnais, qu'ont été composés notamment la plupart des romans d'aventure sur lesquels nous possédons quelques renseignements précis : c'est pour l'un d'eux que travaillait l'auteur de Durmart.

L'imitation flagrante de Chrétien de Troies, que nous avons signalée dans son œuvre, ne permet pas de le croire antérieur au commencement du xiiie siècle; mais la couleur ancienne du langage, la bonne qualité du style, la pureté des rimes et pourtant l'absence des recherches puériles des versificateurs plus récents nous empêchent de le faire descendre plus bas. Nous avons dans l'auteur de Durmart un contemporain, sans doute un peu plus âgé, et probablement un compatriote de Gui de Cambrai, de Gerbert de Montreuil et de Raoul de Houdenc.

Signalons, en terminant, quelques traits intéressants pour

154   ROMANS DE LA TABLE RONDE.

l'histoire des mœurs, des idées ou de la littérature. Durmart, entrant dans la chambre de la « seneschacesse » dont il est épris, la trouve seule, qui

> En un romans list et aprent.

C'est un tableau qu'a souvent tracé Chrétien de Troies dès le XIIe siècle.

A plusieurs reprises il est parlé des divertissements que prennent les chevaliers pendant et après leurs repas : la musique y tient toujours la première place; par exemple :

> Après mangier ont fait oster
> Les tables, quant il en est tans;
> Li plusor font vieler chans
> Et li alquant notes harper;
> Et li plusor volent joer
> As dés, as tables, as eschès.

Les lais, exécutés sur la harpe, sont l'objet de mentions particulièrement fréquentes; ainsi :

> Une harpe fait [la damoisele] aporter,
> Si commence un lai a harper;
> Molt le savoit plaisanment faire;
> Bien sot les notes a fin traire
> Et bien les savoit commencier
> Et bien monter et abaissier.

Voyez encore les vers 6153, 6225, etc. Les lais font partie de la description suivante d'un dîner, que nous citons à cause de certains mots curieux qu'elle présente, et parce qu'elle est assez complète. On remarquera que le dîner est entièrement maigre; en effet, le poète, deux cents vers plus haut, nous avait prévenus que Durmart était arrivé un vendredi dans le château où il est si bien reçu :

> Li mangiers fu plaisans et nès,
> De bons poissons noveaz et frès :
> Lamproies orent et saumons,
> B(r)ars et mulès et estorgons,
> Et bons lus socis a planté
> A un bon poivre geroflé

DURMART.

Qui fu destemprés a canele;
Si ot chascuns doble esquiele.
Bons vins orent et clers et sains,
Et bons raspés de toneas plains;
Si ont de maint desduit parlé
Anchois qu'il se soient levé;
Et tant com li mangiers dura,
Une damoisele harpa
Notes et lais molt plaisanment.
Après mangier lues erranment
Les tables ostent li vallet,
Si levent por estre plus net
Cil et celes qui mangié ont.
Laituaires aporter font
D'espisces et de gingebras;
A copes d'or et a henas
Lor a om le vin aporté,
Si boivent a lor volenté...
Chans et notes font vieler
Qui molt plaisent à escolter.

Le poète, il faut le dire, saisit trop souvent l'occasion de faire de ces descriptions, qui, paraît-il, plaisaient aux auditeurs malgré leur monotonie. La suivante est celle de la ville de Morois (Melrose), qu'on peut rapprocher de morceaux semblables dans d'autres poèmes; on y remarquera la mention du pavage :

Me sire Durmars regardoit
La ville qui trop bele estoit :
Car les rues sont grans et lees,
Si estoient totes pavees...
Molt i ot maisons bien ovrees,
Palais et sales fenestrees,
Crotes et votes et celiers,
Chambres et loges et soliers,
Molins et mostiers et chapeles,
Jardins et cleres foneneles.

V. 4399.

Dans le récit du grand tournoi où Durmart se couvre de gloire, il y a des traits qui se retrouvent ailleurs, mais qu'il est bon de relever. Les tournois n'étaient pas recherchés uniquement par amour de l'honneur et par désir de plaire aux dames : c'étaient des jeux d'argent, où l'on faisait de gros profits. On s'emparait des armes et des montures de ceux que l'on désarçonnait, et on les prenait eux-mêmes pour les mettre à rançon. Notre poète nous présente, il est vrai, les chevaliers de l'ancien temps comme si désintéressés et si galants qu'ils envoyaient aux dames tout ce qu'ils gagnaient de la sorte (v. 7651 et suiv.); mais c'est là assurément un tableau tout idéal; ailleurs même il nous montre les rixes causées par l'avidité de ceux qui se disputent le butin :

V. 8614.
>Après commencent a chacier
>Cil qui les gaains convoitoient :
>Li un as altres les toloient, etc.

L'éloge de cet ancien temps, que les poètes peignaient à leur guise, est un lieu commun des romans du moyen âge; notre poète ne l'a pas laissé échapper :

V. 1481.
>Adont tenoient les grans cors;
>Li siecles n'estoit mie sors,
>Quar on donoit les riches dons
>Jolis estoit trestos li mons,
>Ce devoit molt a la gent plaire.
>Or est li siecles d'altre afaire :
>Quar li riche home sunt malvais,
>N'aiment fors riotes et plais.
>Qui set losengier et mentir,
>Reponre et mucier et trahir,
>Cil parole a cort baudement.

Aussi beaucoup de gens, qui ne se sentent pas capables d'accomplir les prouesses des anciens, ne veulent pas en admettre la réalité; le poète les invective dans un passage assez curieux :

V. 10385.
>Molt vat vigors, molt vat proece,
>Et molt doit om hair perece...
>Se li Galois n'eüst erré
>Et as armes son cors pené,
>De lui ne fust nus beaz dis fais,
>Nient plus que des nices malvais

> Qui les hystoires pas ne croient
> Por ce que faire n'oseroient
> Les grans proeces que cil firent
> Qui de haute uevre s'entremirent...

Notre poète a, comme on le voit, un goût marqué pour les réflexions morales. Celle-ci, qu'il met dans la bouche de son héros, est aussi juste dans le fond qu'heureusement exprimée :

> « ... Je n'ai pas la dignité
> Que je sache tot le secré
> De fine amor entierement :
> Ne le sevent guère de gent.
> Tez quide estre d'amor laciés
> Qui n'en fu onques aprochiés ;
> Mais une volentés trop vaine
> Les plusors sorprent et demaine :
> Lues desirent ce que il voient,
> Et assés requierent et proient,
> Et adès ne lor en sovient.
> Si faite gent si n'aiment nient :
> Desireor sunt apelé,
> Ensi doivent estre nomé. »

V. 5151.

Citons encore une expression assez originale sur ce même sujet :

> Lors s'en parti en sospirant,
> Et si vaist des iex larmoiant :
> Siffaites larmes et telz plors
> Claime jo reliques d'amors.

V. 5199.

Le poète, qui met si haut l'amour loyal, aime en tout la simplicité ; il s'élève contre les femmes qui se fardent, et fait à ce propos une comparaison qui n'est pas sans intérêt pour l'histoire de l'art :

> Blanche estoit comme flors de lis,
> Mais ce ert de droite nature :
> Sor li n'avoit atre tainture.
> A visage de crucefiz
> Avient li tains et li vernis,
> Mais dame ne s'en doit meller.

Notons enfin une particularité qui montre combien ces romans, destinés à la haute société, sont soumis aux conventions qui y régnaient. Tant que son héros est « varlet », le poète l'appelle simplement Durmart; mais à partir du moment où il est fait chevalier, il ne le nomme pas une seule fois, quelque gêne qu'il en doive éprouver pour la facture de ses petits vers, autrement que « mon seigneur Durmart » (ou « mes sire Durmars, » au cas sujet). Les autres chevaliers qui figurent dans le récit ont aussi leur nom précédé de ce titre, qui était dû à tout chevalier. Le poète se permet quelquefois de l'omettre devant les noms les moins illustres; mais Gauvain, Ivain, etc., n'en sont jamais privés. L'écuyer Procidas, que Durmart fait chevalier, est aussi, à partir de ce moment, toujours appelé « mon seignor Procidas ».

Le roman de Durmart le Gallois nous a été conservé dans un seul manuscrit, qui se trouve à la bibliothèque de Berne sous le n° 113, et provient, par l'intermédiaire de Bongars et de Pierre Daniel, de la bibliothèque de Saint-Benoît-sur-Loire, pillée, comme on sait, en 1562. Dans ce volumineux manuscrit, qui contient beaucoup d'autres choses, notre roman avait passé presque inaperçu. Il y a une quinzaine d'années, un jeune philologue allemand, aujourd'hui professeur à Marbourg, M. Edm. Stengel, le lut, en reconnut l'intérêt et en prit copie. Il l'a publié en 1873 dans la Bibliothèque du Cercle littéraire de Stuttgart, qui contient déjà tant d'ouvrages intéressant notre vieille littérature, et dont il forme le 116e volume. L'éditeur a joint au texte une très bonne description du manuscrit, des remarques littéraires intéressantes, une étude linguistique qui laisse à désirer, et des notes lexicographiques auxquelles il a donné une disposition singulière, dont l'incommodité est compensée par un index alphabétique. Le texte lui-même, ainsi que les notes, présente des traces assez nombreuses d'inexpérience et aussi de précipitation; la ponctuation notamment, à laquelle les éditeurs d'anciens textes ne sauraient attacher trop d'importance, est traitée avec une fâcheuse négligence. Toutefois, ces fautes trouvaient de grandes atténuations d'une part dans la jeunesse de l'éditeur, dont ce travail était à peu près le début, d'autre part dans les circonstances de la publication, mentionnées par lui pour excuser les imperfections de son travail. Elles ont été relevées impitoyablement, dans un article d'ailleurs fort instructif, par un autre savant allemand, M. W. Förster, aujourd'hui professeur à Bonn, qui, ignorant la copie prise du poème par M. Stengel, l'avait transcrit de son côté et s'apprêtait à le publier quand il fut désagréablement surpris par la nouvelle qu'une édition était sous presse. M. Förster se borna à insérer dans un journal littéraire une analyse de Durmart, accompagnée de quelques bonnes remarques, et soumit plus tard à une critique acérée le volume de son concurrent.

Pour lire couramment Durmart, il est bon de reporter dans l'édition les corrections de M. Förster, dont les unes sont des conjectures le plus souvent très plausibles, les autres les leçons restituées du manuscrit[1].

FERGUS, OU LE CHEVALIER AU BEL ESCU.

Voyez t. XIX, p. 654-665.

Depuis la notice de l'Histoire littéraire, le roman de Fergus (et non Frégus) a été imprimé deux fois, une première fois en 1841, à Édimbourg, pour l'Abbotsford Club, par M. Francisque Michel; une deuxième fois, en 1872, à Halle, par M. Ernest Martin. La première édition est faite d'après le manuscrit de la Bibliothèque nationale, français

---

[1] Depuis que cet article a été écrit, il a paru une dissertation d'un élève de M. Stengel, M. Leonhard Kirchrath, intitulée : *Li romans de Durmart le Galois in seinem Verhältnisse zu Meraugis de Portlesguez und den Werken Chrestiens de Troies* (Marbourg, 1884). L'auteur s'efforce de mettre en lumière les ressemblances qu'il a remarquées entre Durmart et Meraugis, et conclut que l'auteur de Durmart a imité Raoul de Houdenc; l'inverse, étant donné le style des deux poètes, nous paraîtrait au moins aussi vraisemblable. Il croit aussi que, dans l'épisode de l'épervier, l'auteur de Durmart a imité celui du Bel Inconnu. Dans une seconde partie, M. Kirchrath prouve que l'auteur de Durmart a souvent imité le Conte du Graal de Chrétien de Troies; mais il ne veut pas qu'il ait connu les autres romans du poète champenois, ce qui, au moins pour Érec, est bien peu vraisemblable.

1553, seul connu alors; le texte de la seconde est établi sur la comparaison de ce manuscrit avec un autre, plus ancien et meilleur, qui appartient à M. le duc d'Aumale. En outre, l'imitation flamande de notre roman, Fergus, a été imprimée à deux reprises, en 1838 et en 1882.

L'article de l'Histoire littéraire attribue au même auteur, Guillaume, clerc de Normandie, le roman de Fergus, le Bestiaire divin (imprimé depuis par M. Hippeau), le Besant de Dieu (publié depuis par M. Martin) et deux contes, La Male Honte et Le Prêtre et Alison. Diverses études récentes ont prouvé que l'auteur de Fergus, Guillaume le clerc, n'avait rien de commun avec celui du Besant, du Bestiaire et de plusieurs autres poèmes religieux récemment publiés, Guillaume le clerc de Normandie; que ni l'un ni l'autre de ces Guillaume n'a composé le conte du Prêtre et d'Alison, dont l'auteur s'appelle Guillaume le Normand, et que le conte de la Male Honte est sans doute d'un quatrième Guillaume, établi en Angleterre.

L'auteur de Fergus, qui paraît avoir été originaire de Picardie, avait sans doute aussi passé la mer pour chercher fortune en Grande-Bretagne. Il a poussé jusqu'à l'Écosse : son poème révèle une connaissance assez précise de ce pays, et, comme l'a fort bien montré le dernier éditeur, le poème doit avoir été composé en l'honneur d'un puissant seigneur écossais, probablement le célèbre Alain de Galloway (mort en 1233), descendant d'un Fergus, dont le héros du poème a reçu le nom.

FLORIANT ET FLORETE.

Voyez t. XXVIII, p. 139-179.

On peut consulter, pour le côté philologique de l'étude de ce poème, un intéressant article de M. Förster (voyez Romania, t. IV, p. 511). Sur les rapports du poème avec la Sicile voyez Romania, t. V, p. 112.

GLIGLOIS.

Le poème de Gliglois, conservé dans un manuscrit unique de la Bibliothèque royale de Turin (français L. IV, 23), est inédit et jusqu'à présent complètement inconnu. M. W. Förster, professeur à l'Université de Bonn, a l'intention de le publier; il en a fait prendre une copie, qu'il a soigneusement collationnée et qu'il a eu l'obligeance de nous communiquer pour cette notice.

Le nom du héros de ce poème, connu par la rubrique «C'est de Gliglois comment il eut grant painne pour «s'amie», avait fait supposer qu'il pouvait s'agir ici de Guinglain, fils de Gauvain, appelé peut-être d'un nom voisin de Guiglois dans l'original français du Wigalois allemand (voyez ci-dessous, p. 194); mais c'était une conjecture erronée : notre poème n'a rien de commun avec celui de Guinglain ou le Bel Inconnu. En dehors du manuscrit qui le contient, on ne le voit mentionné nulle part, à moins qu'on ne veuille lire Gliglois au lieu de Clipois (rimant avec «liegois») dans un passage de Richard le Beau, où sont rappelés divers romans.

Romania, p. 110.

Romania, p. 479.

Le roman de Gliglois est un roman biographique de la deuxième époque, du genre le plus simple, et il ne contient certainement aucun élément traditionnel. L'invention en est très ordinaire, mais elle n'est cependant pas banale, et ne suit pas aussi servilement que dans d'autres compositions analogues la trace des poèmes antérieurs. L'auteur, en plaçant son action dans le cadre des romans de la Table ronde, lui a donné un caractère assez particulier : son ouvrage, en changeant quelques noms, serait tout aussi bien un roman d'aventure, ou même un roman au sens moderne : le merveilleux n'y joue aucun rôle, et l'on remarque dans toute la conduite du récit, et surtout dans l'exécution, le goût de l'observation réelle, de la peinture, idéalisée naturellement, mais exacte en maint détail intéressant, du milieu où vivait l'auteur et pour lequel il écrivait. La langue est familière, aisée, et l'expression souvent fort agréable. Le poème, qui n'a guère plus de 3,000 vers, se lit d'un bout à l'autre avec plaisir.

Gliglois nous est présenté au début comme un jeune bachelier, fils d'un châtelain d'Allemagne. Voulant s'instruire dans la profession des armes, il se rend à la cour d'Arthur pour y « servir » comme écuyer. On l'assigne en cette qualité au meilleur de tous les chevaliers, à Gauvain; ce qui le comble de joie. Peu de temps après se présente à la cour une « pucele », qui mérite parfaitement le nom qu'elle porte, Beauté. Elle a perdu son père et sa mère et possède en commun avec sa sœur aînée la terre de Landemore (ce nom vient de Chrétien et se retrouve souvent dans d'autres romans). Beauté a l'intention de séjourner à la cour, où la reine (qui n'est pas nommée dans notre poème) lui fait le meilleur accueil. Gauvain s'éprend d'elle à première vue, et, le jour même de son arrivée, assis sur un lit (suivant l'usage) entre elle et la reine, il lui déclare son amour, que Beauté repousse fort nettement. Toutefois la reine, à qui Gauvain se confie, l'engage à ne pas perdre espoir, et lui promet de le servir auprès de sa belle autant qu'elle pourra.

Gauvain s'ouvre à son jeune écuyer et lui propose de l'envoyer servir celle qu'il aime : en voyant l'écuyer, elle pensera peut-être au maître. Gliglois se présente dans les chambres de la reine : toutes les dames l'admirent, et la reine fait de lui à Beauté le plus grand éloge, en ajoutant qu'elle doit être reconnaissante au chevalier qui lui donne un tel servant; mais Beauté ne répond rien. Quant à Gliglois, en s'acquittant de la fonction qui lui a été confiée, il subit le même charme que son maître :

Fol. 65 c.
>En sus se trait, prent la touaille
>Et les bachinz, l'eve li baille
>Et la roïne tout avant.
>As tables mettent ly servant
>Hanas et sel et puiz le pain.
>Et Gliglois taille de sa main
>Devant Biauté, mout la regarde :

« Dieus! fait il, male flame m'arde
S'onques mais vy plus bele femme!
Se Dieus ait part en la moie ame,
Se g'iere en paradys entrez,
Se me vozist amer Beltez,
Sy venroie jou a ly droit. »

La vue de Beauté le distrait tellement qu'il oublie de « tail-
« ler » comme il le doit, ce dont elle le reprend, à sa grande
confusion. Cependant un combat se livre en lui : cet amour
lui paraît insensé et dépourvu de tout espoir, et il se trouve
en outre à blâmer de répondre si mal à la confiance de son
maître; mais l'amour est plus fort que tous les raisonne-
ments et grandit sans cesse dans son cœur.

Gliglois avait la charge spéciale, à la cour, de nourrir
les oiseaux (s'entend les oiseaux de chasse), et il allait
chaque jour à cet effet dans le jardin où était leur demeure.
Un matin il s'y est rendu de très bonne heure pour « ap-
« pareillyer » les oiseaux et « les pennes afaitier », quand il
voit apparaître Beauté, qui, ne dormant pas, est venue dans
ce jardin, vêtue seulement d'une chemise et d'un « cort
« mantel ». Gliglois la voit et se réjouit, mais, redoutant sa
fierté, n'ose sonner mot et s'occupe de repaître un oiseau :

Beltez s'en vait par le gardin :
A une cousture de lin
Commenche a lachier sa chemize.

Fol. 67 a.

Il s'agit, comme on le voit plus loin, de passer dans des
trous un lacet qui serre sur les côtés ce vêtement intérieur.
Nous ne nous souvenons pas d'avoir rencontré ailleurs
ce détail de toilette (on sait qu'il est souvent question de
« coudre » ainsi ses manches). Beauté a de la peine à accomplir cette opération, et Gliglois lui offre de l'aider. Elle
accepte, mais on devine qu'il ne le fait pas sans un grand
trouble; Beauté s'en aperçoit et le raille :

« Gliglois, qui onques mais che vit ?
Vous devés lachier mes costés,

> Et vous estes si trezpensés
> Que jou ne say de vouz que dire.
> Lachiez moy tost. » Gliglois souspire,
> Si recommencha a laichier...
> Il est ensy comme ly leux
> Qui de mengier est desireux,
> Quant est devant le faudeïs
> Et voit devant luy lez brebiz,
> Et si ne puet dedens entrer :
> Cou ly fait plus le fain doubler.

Beauté l'interpelle de nouveau, et Gliglois ne peut s'empêcher de lui avouer sa passion. Il est fort mal reçu :

> « Vous, lechieres! qu'avez vous dit?
> Que vous m'amez? A! quel delit
> J'averoie de vous! Ahors!
> Fors del gardin! Dehait mes corps
> Se jou vostre seigneur nel dy!...
> Gardez que ja maiz ne vous voie
> En un seul lieu ou que je soie. »

Le pauvre Gliglois se retire, il se sent perdu. Cependant, l'heure du dîner venue, il ose encore, en tremblant, se présenter pour faire son service; Beauté ne lui dit rien, et, malgré sa menace, elle ne le dénonce pas à Gauvain. L'écuyer passe du désespoir à une joie qui remplit son cœur.
Un messager vient à la cour, invitant, de la part de la dame du Châtel Orgueilleux, à un grand tournoi où chaque chevalier devra amener son amie. Gauvain se réjouit, espérant que ses exploits lui vaudront la bienveillance de Beauté, et sur sa bannière il la fait peindre tenant une rose. Gliglois aussi est heureux de ce voyage, où il compte accompagner Beauté et la servir de manière à lui plaire. Pour s'y préparer, il retourne dans son pays et revient avec de l'argent, car il avait beaucoup dépensé, et des vêtements neufs qui font l'admiration de la cour. Mais un cruel désappointement l'attendait. La veille du départ, Gauvain réunit tous ses écuyers, et distribue leur tâche à chacun de ceux qu'il

emmène; quant à Gliglois, il le charge de rester et de s'occuper des oiseaux en son absence. Gliglois bien marri, le lendemain, quand tout le monde est parti, s'apprête cependant à remplir son office; mais en traversant la salle qui mène au jardin, quelle n'est pas sa surprise de voir Beauté à une fenêtre! Elle avait refusé d'aller au tournoi, n'y voulant pas paraître en compagnie de Gauvain. Elle déclare à Gliglois qu'elle irait bien volontiers, s'il se trouvait un chevalier qui l'escortât : le jeune écuyer s'élance dehors et rencontre un chevalier retardataire, fort bien monté et accompagné, tenant un faucon sur le poing. Ce chevalier accepte avec plaisir la proposition de mener Beauté au tournoi, et Gliglois vient l'annoncer à celle-ci, qui part avec l'étranger. A peine se sont-ils éloignés que Gliglois se rend compte qu'en exauçant le vœu de celle qu'il aime il a travaillé contre son intérêt, puisqu'elle s'en va avec un autre et qu'il reste seul. Il se décide à les suivre, et, sans manteau, à pied, court après eux. Il les atteint; le chevalier, qui voit sa fatigue, veut le faire monter sur un des chevaux qu'il mène avec lui; mais Beauté s'y oppose : Le jeune homme, dit-elle, a été chargé par Gauvain, son maître, de s'occuper des oiseaux, et il doit retourner à son poste : Gauvain en voudrait à celui qui l'aiderait à le quitter, et, quant à elle, si l'on donne un cheval à ce « garçon », elle descendra du sien et s'en retournera. Gliglois entend ces dures paroles, mais continue à courir après les chevaucheurs. La chaleur l'accablant, il ôte sa cotte. Le chevalier, pris de pitié, demande encore à Beauté de le laisser monter, mais elle refuse encore. Dans sa conversation avec elle, le chevalier étranger lui remet le faucon, oiseau incomparable, qu'il porte sur le poing, à condition qu'elle le donnera comme prix au mieux faisant dans ce tournoi où ils se rendent. Gliglois suit toujours, et, ses souliers le blessant, il les ôte et court pieds nus. Ils arrivent près d'une chapelle, et Beauté engage le chevalier à s'y arrêter : avant une entreprise comme celle du tournoi, il n'est pas mauvais de prier Dieu.

166 ROMANS DE LA TABLE RONDE.

Ici se place un passage curieux à plus d'un titre :

> Ens el canchiel Biautés s'en va ;
> Li chevaliers remest de cha
> En la nef del mostier errant.
> Biautés trova tot escrivant
> Le moine qui iluec servoit,
> Car d'autre cose ne vivoit
> Se de chou non que il escrist.
> Biautés s'asit lés lui, si dist :
> « Biaus sire dous et de bon aire,
> Poriiés vos orendroit faire
> Unes lettres que jou volroie
> Envoier ? — Damoiselle, oie.
> — Car les faites dont, sire frere. »
> Biautés li conte la matere ;
> Cil la retint, et en latin[1]
> L'a escript ens el parchemin.
> Le brief ploia et si le rent,
> Et Biautés volentiers le prent,
> En s'aumosniere l'a bouté,
> Et al moine par carité
> Dona cinc sols et pour offrande ;
> D'iluec part, a Dieu le commende.

Il est intéressant de voir des moines faisant ainsi pour les grandes dames, et dans l'église même, la fonction que les écrivains publics, bien diminués en nombre, remplissent aujourd'hui pour des femmes de condition beaucoup plus humble.

Quand on remonte à cheval, le compagnon de Beauté, voyant les pieds de Gliglois qui saignent, déclare à celle-ci qu'il lui offrira un cheval malgré elle, si elle ne parvient pas à le décider à retourner sur ses pas. Elle demande à lui parler en particulier. Elle lui reproche la folie qu'il montre en l'aimant, et l'exhorte à rentrer. « D'ailleurs, ajoute-t-elle, « nous atteignons un bois ; les chevaux vont prendre une « allure plus vive, et vous nous perdrez forcément. — Eh

---

[1] Le manuscrit porte *et le matint*, mais un *l* semble substitué à l'*m*. La correction est de M. Förster. Il est malheureux que précisément ce passage soit altéré ; on ne s'attend pas à ce que la lettre de Beauté soit mise en latin.

« bien! dit Gliglois, en tirant son couteau de sa gaine, au
« moment où je vous perdrai de vue, je me tuerai de ce
« couteau :

> Bien say que j'ere en paradis
> Puis que pour vous serai ocis.

« — Si vous voulez mourir pour moi, reprend-elle, je
« vous en donnerai un autre moyen. Portez cette lettre à ma
« sœur, au château de Landemore, qui est tout voisin, avec
« cet anneau d'or, que vous lui montrerez, en lui disant de
« ma part qu'elle fasse bien tout ce qui est marqué dans
« la lettre. Pour vous, ne vous refusez à rien de ce qu'elle
« ordonnera, quand ce serait de vous pendre ou de vous
« brûler. — Demoiselle,

> Ja ne volra si grant tourment,
> Puis que vous l'avés commandé
> Que ne sueffre, car decolé
> Furent pour Dieu maint bon martir,
> Sy voel jou bien pour vous morir. »

Là-dessus, elle rejoint le chevalier et s'éloigne avec lui,
disant qu'elle a décidé cet insensé à retourner au logis, et
Gliglois, après s'être un peu reposé, en chemise et déchaux
comme il est, prend le chemin de Landemore. Près du
château, il rencontre le prévôt, qui lui enseigne où il trouvera la demoiselle qu'il cherche. Il la joint, lui remet, avec
la lettre, l'anneau de Beauté et lui répète ses recommandations. La demoiselle fait aussitôt appeler son chapelain,
et, l'emmenant dans une fenêtre, le prie de lui lire la lettre.
Le chapelain la parcourt et s'étonne : « Voyez-vous, dit-il,
« ce jeune homme sans chaussure et à moitié nu ? Votre
« sœur vous mande que c'est l'homme sur terre qu'elle aime
« le plus et qui le mérite le mieux. Elle lui a fait souffrir tous
« les tourments et lui a caché ce qu'elle sentait pour lui ; mais
« maintenant elle veut le récompenser de sa peine et prou-
« ver en même temps ce qu'il vaut. Elle vous demande donc
« de l'honorer autant que vous le pourrez, de le faire cheva-

« lier, de lui donner des armes et de l'envoyer au tournoi en « tel équipage qu'aucun autre ne se compare à lui. » Aussitôt la demoiselle revêt Gliglois, tout surpris, d'un riche manteau, et, après qu'on lui a servi un bon repas et qu'on l'a mené prendre dans une belle chambre un repos dont il a grand besoin, elle mande son prévôt et lui dit : « Préparez « tout ce qu'il faut pour un nouveau chevalier, le meilleur « cheval et les plus belles armes que vous puissiez trouver, « et amenez avec vous demain matin mes trente principaux « chevaliers aussi bien équipés que possible. »

Avant l'aube, la demoiselle fait préparer un bain, et se rend dans la chambre de son hôte :

> Il se dormoit ens en un lit,
> Et avoit sué un petit,
> Si ot le visage arousé.
> La pucele l'a regardé :
> « Dieus, fait elle, qui tout fourmas
> Et qui tout le monde estoras,
> Qui ainc mais vit tel creature?
> Ba ! Dieus, ce samble une painture
> Qui soit faite pour esgarder...
> S'elle l'aime, ma douce suer,
> Ne s'elle i a assis son cuer,
> S'elle l'aime, n'est pas merveille ! »

Elle l'éveille et le fait entrer dans la cuve préparée :

> Elle meïsme fu serjans.
> La pucele ert mout avenans,
> Et si estoit courtoise et preus.
> Gliglois en estoit mout honteus,
> Mais Biautés li ot commandé
> Que il preïst trestot en gré
> Quanque feroit, mot ne sonnast
> Ne de nule rien ne parlast
> De quankes on li volra faire.

La demoiselle le couvre elle-même de riches vêtements, et, après lui avoir révélé l'amour de sa sœur et le contenu de la lettre, l'envoie au tournoi avec une riche escorte. Il est

remarquable que Gliglois est traité depuis ce moment de
« nouvel chevalier », et qu'il prend part en cette qualité au
tournoi, sans cependant qu'il ait reçu formellement l'ordre
de chevalerie. Il semble que ses armes et son costume suffisent à le lui conférer.

Inutile de dire que, arrivé au lieu du tournoi, le nouveau
chevalier, que personne ne connaît, et qui a pris un loge-
ment hors de la ville, se fait remarquer entre tous autant
par sa magnificence que par ses prouesses. Gauvain, qui le
rencontre plusieurs fois, croit bien reconnaître en lui son
écuyer, mais il n'ose en croire ses yeux. Gliglois tue dans
une joute le fils du roi de Galles, qui est du camp opposé
à celui des chevaliers de la Table ronde, où il a pris place.
Il est fait prisonnier par ce roi, qui, ignorant la mort de
son fils, envoie Gliglois à la reine, femme d'Arthur, comme
étant le mieux faisant du tournoi. Il reçoit des mains de
Beauté le faucon qui lui revient, et révèle son nom à la reine;
après quoi Beauté raconte comment elle l'a aimé, comment
elle l'a fait faire chevalier, et déclare qu'elle ne veut pas
d'autre époux que lui; la reine l'approuve. On appelle le
roi et les autres chevaliers; Arthur demande à Gliglois de
faire partie de sa « mesnie »; Gauvain, enchanté du succès
de son écuyer, l'embrasse et dit qu'il veut être désormais
son « compagnon ». Mais la reine fait part à son mari de
l'amour de Gliglois et de Beauté et annonce leur prochain
mariage :

> Gauvains l'oï, si s'enbroncha;
> Dolans en fu, si souspira,
> Quant il ot de l'amour parler,
> Car il cuidoit Biauté amer;
> Et d'autre part liés en estoit
> Pour chou que tant Gliglois amoit;
> N'il ne fit onques vilonie,
> Ains dit al roy et si li prie
> Que il fache le mariage
> Et li croise son heritage.

Fol. 81 a.

On n'est pas plus accommodant, et le bon Gauvain pousse

ici la courtoisie à ses dernières limites; le poète l'explique assez finement en disant que le neveu d'Arthur « cuidoit » seulement aimer Beauté : il s'aperçut à temps que cet amour n'était pas aussi sérieux qu'il l'avait cru.

Le poète termine par quelques réflexions sur la persévérance en amour, qui réussit si bien à son héros; il recommande à ses lecteurs de l'imiter, et de ne pas faire comme ces amoureux frivoles qui se découragent au premier échec et vont tenter fortune ailleurs. Amour impose parfois de dures souffrances à ses fidèles, mais il les en récompense magnifiquement, comme le montre l'exemple de Gliglois :

> A Gliglois doit on prendre esgart,
> Qui tant proia et servi tant...
> Car de teus en i a assés,
> Quand ils n'ont lues lor volentés,
> De fine amor qui se retraient
> Et maintenant aleurs rasaient,
> Et dient que c'est sens d'amours
> Quant en eschive les dolors;
> Mais il mentent, n'est amors pas,
> Qu'amors ne vient mie de gas :
> Trop en seroit amours volage;
> Cil n'aiment pas de fin corage...
> Amors set bien homme grever,
> Amors li set gueredonner :
> Bons est li maus dont on repuet
> Avoir bien quant faire l'estuet.
> Si ot Gliglois : bien ly rendy
> Tout le mal que pour li soufry,
> Qu'il en ot chou qu'il desiroit.
> Li livres fault ichy endroit.

Le ton de ce passage rappelle celui de divers morceaux du Bel Inconnu que nous allons citer; et, par l'agrément du récit et la grâce aisée de la forme, le petit poème de Gliglois n'est pas sans présenter plus d'une analogie avec l'œuvre de Renaud de Beaujeu.

GUINGLAIN OU LE BEL INCONNU,
Par RENAUD DE BEAUJEU.

Ce roman, un des plus agréables à lire de tout le cycle breton, en est aussi, à divers points de vue, un des plus intéressants. Laissant de côté pour le moment la rédaction en prose du xvie siècle, la version anglaise, le poème italien de *Carduino* et le poème allemand de *Wigalois*, sur lesquels nous reviendrons, nous allons nous occuper du poème français de Renaud de Beaujeu. Il nous a été conservé dans un seul manuscrit, le recueil bien connu qui fait partie de la bibliothèque de M. le duc d'Aumale, à Chantilli, et il a été imprimé, d'une façon très imparfaite, en 1860, par C. Hippeau.

Le récit est très simple et, sauf en un point, ne s'écarte guère du cadre banal des compositions de ce genre; mais la banalité du thème est rachetée par le charme des détails. A la cour d'Arthur, à Carlion-sur-Mer, se présente un jour, accompagnée du nain Tidogolain, une « pucele » nommée Hélie, demandant pour sa dame, fille du roi Gringas de Galles, le secours d'un chevalier, qui doit venir seul, être preux entre les preux et se sentir capable d'accomplir l'aventure du « fier baiser ». Un jeune chevalier, qui ne connaissait ni son père ni même son nom[1], et qu'on avait appelé « le Bel Desconeü », venait d'arriver à la cour et avait obtenu du roi la promesse qu'il lui accorderait sa première requête. Il demande à être chargé de cette aventure, et Arthur le désigne, malgré les plaintes d'Hélie, qui aurait voulu obtenir un des chevaliers renommés de la Table ronde, au lieu de ce jouvenceau qui n'a donné encore aucune preuve de sa prouesse. Elle s'éloigne fort mécontente, sans même faire attention au Bel Inconnu, qui la

Voyez Jahrb für rom. Litera t. IV, p. 417 (M safia).—Zeitsch für rom. Phil gie, t. II, p. (Förster).

---

[1] Aux questions qu'on lui fait, à son arrivée, il répond : « Certes ne sai, Mais « que tant dire vos en sai Que biel fil m'a- « peloit ma mere, Ne je ne sai se je oi « pere ». Perceval non plus ne sait pas son nom, et sa mère ne l'appelle également que *beaus fius*. Voyez aussi le *Chevalier au cygne*, éd. Hippeau, v. 881.

rejoint et l'accompagne, mais qu'elle engage à renoncer à une aventure au-dessus de ses forces. Cependant, arrivé au « gué périlleux », le Bel Inconnu renverse d'abord Bliobliéris, qui en défendait le passage, puis ses trois amis qui essaient de le venger [1]; il tue ensuite deux géants qui voulaient faire violence à une demoiselle dans la forêt. Hélie reconnaît alors le mérite du champion qu'elle a dédaigné, et lui demande pardon de son injustice. Sa confiance toute fraîche dans la valeur de son compagnon lui inspire même une présomption fort peu louable : elle s'empare d'un « brachet » ou petit chien de chasse qu'elle rencontre, et refuse, malgré les prières du Bel Inconnu, de le rendre à son maître, l'Orgueilleux de la Lande (ce nom provient de Perceval); ce caprice a pour conséquence un combat terrible, où l'Orgueilleux est vaincu. Vient ensuite un épisode qui se rencontre souvent dans nos romans, celui de l'épervier donné en prix de la beauté : Margerie, fille du roi d'Écosse, y a prétendu, et a vu son ami tué en voulant soutenir ses droits; le Bel Inconnu la venge, et triomphe en effet de Giflet, le fils de Do [2], qui revendiquait l'épervier pour sa belle.

Toutes ces aventures ne servent guère qu'à allonger le récit. Celle qui suit est plus intéressante. Nos voyageurs arrivent devant le château de l'Île d'Or, admirablement construit, qui appartient à « la demoiselle aux blanches mains ». Cette demoiselle

V, 1917.
> Les set ars sot et encanter,
> Et sot bien estoiles garder,
> Et bien et mal, tot ço savoit :
> Merveillous sens en li avoit.

Elle avait établi une singulière coutume pour se trouver le mari le plus vaillant possible. Tout prétendant à sa main

---

[1] L'histoire de ce second combat est préparée seulement ici et n'est racontée qu'après la défaite des géants; mais le poème anglais place les faits dans l'ordre que nous avons suivi.

[2] Encore un personnage de Chrétien de Troies, par exemple dans *Erec*. L'éditeur imprime à tort « le fils d'O » pour « le fils Do »; M. Bethge l'appelle « Giflet d'O ».

devait garder un pont qui, devant le château, fermait la route, et combattre avec tout chevalier qui se présentait : s'il était victorieux pendant sept années consécutives, il devait être l'époux de la demoiselle; s'il trouvait un vainqueur, celui-ci prenait sa place aux mêmes conditions. Ce poste périlleux est occupé en ce moment par Mauger le Gris, qui a triomphé déjà pendant cinq ans de tous ceux qu'il a combattus : cent quarante-trois têtes de chevaliers garnissent les pieux qui entourent sa tente; mais, s'il est vaillant, il est discourtois et félon; la demoiselle le hait et souhaite sa défaite; autant en font tous les vassaux de celle qu'il veut épouser. Aussi, quand, après un combat terrible, le Bel Inconnu le tue, on lui fait un accueil enthousiaste, et la demoiselle, charmée de sa beauté autant que de son courage, déclare qu'elle abolit l'ancienne coutume et qu'elle épousera dans huit jours le vainqueur de Mauger. Mais cela ne fait pas l'affaire d'Hélie; elle rappelle à son compagnon l'aventure qu'il a entreprise et qu'il est engagé d'honneur à mener à bout, et tous deux concertent le moyen de s'enfuir le lendemain matin du château. Le Bel Inconnu a quelque mérite à tenir sa parole, car la demoiselle aux blanches mains avait employé de grandes séductions auprès de lui. Au milieu de la nuit, quand tout se taisait et qu'il ne dormait pas, il vit la maîtresse du château franchir la porte de sa chambre :

> Sans guimple estoit, eschevelee,
> Et d'un mantel fu afublee
> D'un vert samit o riche hermine.
> Mout estoit bele la mescine.
> As (*éd.* Les) ataces de son mantel
> De fin or furent li tassel;
> Desus sa teste le tenoit,
> L'orle lés sa face portoit :
> Li sibelins, qui noirs (*éd.* voirs) estoit,
> Lés le blanc vis mout avenoit.
> N'avoit vestu fors sa cemise,
> Qui plus estoit blance a devise
> Que n'est la nois qui siet sor branche;
> Mout estoit la cemise blanche,
> Mais encore ert la cars mout plus

V. 2428.

Que la cemise de dessus.
Les ganbes mout blanches estoient,
Qui un petit aparissoient :
La cemise brunete estoit
Envers les ganbes (*éd.* la dame) qu'il veoit.
A l'uis la dame s'apuia,
Et vers le lit adiès garda,
Puis demanda se il dormoit...
« Dort il, fait ele, qui ne dit ? »

Sur sa réponse, elle s'approche de lui et le serre tendrement dans ses bras; mais quand il veut lui donner un baiser,

V. 3133.
Se li a dit : « Ce ne me plaist :
Tot torneroit a lecerie.
Saciés je nel feroie mie
De si que m'aiés esposee :
Lors vos serrai abandonee. »
De lui se parti (*éd.* para) maintenant,
Se li dist : « A Diu vos commant. »
Celi a laissé esbahi,
Qui mout se tient a escarni.

Il n'en quitte pas moins furtivement, le lendemain matin, ce séjour de délices, et il reprend sa marche avec Hélie. Avant d'arriver au terme, il soutient encore un combat contre Lampart, le seigneur du « chastel Galigan », qui n'héberge que ceux qui l'ont vaincu. Renversé par notre héros, Lampart l'accompagne jusqu'à la ville de Senaudon (v. 3361, 3822) ou Sinaudon (v. 6078), qui est le but du voyage, et dans laquelle il faut sans doute reconnaître le nom des montagnes du Snowdon[1]; mais il ne peut y entrer avec lui; il lui explique ce qui l'attend dans cette ville, qui, depuis la dévastation à laquelle elle est en proie, ne s'appelle plus que la Gaste Cité. Au milieu des rues désertes et des édifices en ruines, le Bel Inconnu verra un palais de marbre magni-

[1] Nous voyons également figurer le Snowdon dans le roman latin de *Meriadocus* (voyez Ward, *Catalogue of romances*, t. I, p. 375) et le royaume de Sinadoune dans le Lai du Cor de Robert Biket, v. 405.

fique, qui n'a pas moins de mille fenêtres : à chacune se tient un jongleur avec un instrument et un cierge ardent devant lui; ces musiciens salueront courtoisement l'arrivant, mais qu'il ait bien soin de leur répondre: « Dieu vous mau-« disse ! » Il entrera dans la salle et attendra son aventure, en se gardant de pénétrer dans la chambre voisine.

Le Bel Inconnu arrive en effet au palais, répond par une malédiction au salut des mille joueurs d'instruments, puis entre à cheval dans la grande salle, dont on ferme la porte après lui, et qui est vivement éclairée par les mille cierges des jongleurs. Un chevalier armé sort d'une chambre et vient l'attaquer; le Bel Inconnu le met en fuite et le poursuit jusqu'au seuil de la chambre; il va franchir ce seuil, oubliant la recommandation de Lampart, mais il s'arrête à temps, en voyant des haches levées pour le frapper. Un nouvel adversaire se présente, monté sur un cheval qui porte une corne au front et dont la bouche jette des flammes. Après un combat auquel ne se comparent pas, d'après le poète, ceux de Tristan contre le Morhout, de Mainet contre Braimant et d'Olivier contre Roland (v. 3010-13), le Bel Inconnu tue son ennemi, dont le corps, tombé aussitôt en décomposition, exhale une fumée infecte ; en même temps les jongleurs disparaissent avec leurs cierges, un fracas terrible se fait entendre, et, plongé dans l'obscurité la plus profonde, le jeune héros sent l'épouvante le gagner; mais il se signe et reprend courage en pensant à la demoiselle aux blanches mains, dont il espère obtenir le pardon. Soudain une « aumaire » s'ouvre: il en sort une guivre, dont le corps était gros comme un baril et long de quatre toises, et qui avait une bouche vermeille d'où partait du feu, des yeux luisants comme des escarboucles, et une queue, quatre fois nouée, brillant de toutes les couleurs. Le Bel Inconnu met la main à l'épée, mais la guivre s'incline :

> Semblant d'umelité li fait,
> Et cil s'espee plus ne trait :
> « Jo ne la doi, fait il, tocier,
> Puis que la voi humelier. »

V. 3133.

La guivre cependant s'approche de plus en plus, et il met de nouveau la main à l'épée, mais elle lui fait de nouveau des démonstrations amicales : elle est tout près, il va la frapper, mais elle l'apaise encore, et il admire la bouche qu'elle a si belle; il s'absorbe dans cette contemplation, quand elle se lance sur lui et le baise sur les lèvres, après quoi elle s'éloigne et rentre dans l'« aumaire », qui se referme. Le Bel Inconnu a fait « le fier baiser », mais il craint que la guivre ne soit le diable et qu'il ne soit perdu. Une voix se fait entendre et le rassure. Elle lui apprend d'abord qu'il s'appelle Guinglain[1] et qu'il est fils de Gauvain et de la fée « Blancemal »[2], qui lui a préparé cette aventure pour sa gloire et son bonheur. Épuisé par tant d'émotions, Guinglain s'endort; à son réveil, il voit près de lui une jeune fille d'une merveilleuse beauté : c'est Blonde Esmerée, celle qu'il a délivrée, la reine de Galles. Elle lui raconte qu'après la mort de son père deux enchanteurs, Eurain et Mabon (qu'il vient de tuer l'un après l'autre), ont dévasté sa cité, frappé de folie ou de mort les habitants, et l'ont changée elle-même en cette guivre monstrueuse qu'il a vue; elle aurait pu acheter sa grâce en consentant à épouser Mabon, mais elle s'y est toujours refusée, sachant qu'elle serait délivrée si elle pouvait donner un baiser au meilleur chevalier de la Table ronde, c'est-à-dire à Gauvain ou à son fils Guinglain. Celui-ci l'a en effet désenchantée; du même coup elle redevient maîtresse de sa ville et des trois royaumes qui en dépendent, et elle offre à son libérateur et sa personne et son empire.

Il est clair que le roman devrait s'arrêter là pour ressem-

---

[1] Telle est la forme constante du manuscrit (voy. *Zeitschrift für rom. Philologie*, t. II, p. 78); elle répond au nom gallois *Winwaloen*; c'est aussi celle du poème anglais (voyez ci-dessous). L'éditeur du poème français, sans prévenir, imprime partout *Giglain* (sauf au v. 3266 *Guiglain*), sans doute à cause du roman en prose du xv° siècle, qui porte *Giglan*.
[2] Hippeau a imprimé *Blancesmains* (la leçon du ms., communiquée par M. Förster, est dans la dissertation de M. Bethge); la faute est fâcheuse, puisque ce nom se confond avec celui de la « demoiselle aux blanches mains ». M. Kœlbing s'y est trompé : « La mère « du héros, dit-il, semble devoir à sa na-« ture de fée le privilège de pouvoir être « la maîtresse de son propre fils. » Les vers 4878 et suivants auraient dû lui ôter cette idée singulière. La rédaction en prose appelle la mère de Giglan *Blanchevalee*.

bler aux autres romans biographiques, ou du moins se borner à nous raconter le retour de Guinglain à la cour, sa reconnaissance avec son père et son mariage avec Blonde Esmerée. Nous verrons en effet que le récit qui a servi de source à Renaud de Beaujeu se terminait de cette façon naturelle. Mais notre poète l'a abandonné pour donner à la première partie du roman une suite qu'il ne comportait pas et qui n'a pas laissé de l'embarrasser pour son dénouement : évidemment séduit, comme son héros, par la belle hôtesse de l'Île d'Or, il lui a attribué, pour cette seconde partie, un rôle assez différent de celui qu'elle devait avoir dans le conte original, et qui ne cadre pas bien avec le reste. Il est de règle, en effet, dans les romans de ce genre, que le héros n'a qu'un amour, celui qui le mène au mariage final, ou que du moins, s'il en a d'autres, ils disparaissent devant celui-là; mais ici c'est tout le contraire que nous voyons arriver. Quand Blonde Esmerée déclare à son libérateur qu'elle veut faire de lui son époux, Guinglain lui montre « beau semblant », mais il déclare qu'il ne peut prendre d'engagement avant d'avoir le consentement du roi Arthur. En réalité, il ne songe qu'à la « fée » (on lui donne ici ce nom pour la première fois) de l'Île d'Or; il la revoit sans cesse telle qu'elle lui est apparue dans cette nuit où elle l'a visité, il se reproche la façon discourtoise dont il a agi envers elle, et doute qu'elle lui pardonne jamais. Au moment où la reine de Galles, qui a présenté Guinglain à ses barons comme son futur époux, s'apprête à partir avec lui pour la cour d'Arthur, il lui déclare qu'une affaire pressante l'oblige de la laisser aller seule. Elle s'en désole, mais continue son chemin, et Guinglain, accompagné de son fidèle écuyer Robert, se dirige aussi rapidement que possible vers l'Île d'Or.

Il rencontre la fée, puisqu'elle s'appelle désormais ainsi, qui revient de la chasse : il s'approche d'elle et demande à lui parler à part; il implore son pardon. Elle feint d'abord de ne pas le reconnaître, puis lui reproche sa conduite et lui déclare qu'elle ne le punit pas comme elle le devrait à cause de l'amour qu'elle a éprouvé pour lui, mais qu'elle ne l'aimera plus jamais. « Eh bien! dit Guinglain, je resterai « au moins dans votre voisinage, et j'y mourrai assurément « sans beaucoup attendre. » En effet, il va prendre son logis non loin du palais de sa belle, et bientôt l'insomnie, le jeûne, le chagrin, le réduisent presque à l'extrémité. Mais un jour la dame le fait mander; il arrive et lui parle de ses maux. « Je ne crois pas, dit-elle, que ce soit pour moi que « vous souffriez, et en tout cas je serais bien folle de vous « donner une seconde fois mon amour : vous me trompe- « riez encore et vous en iriez comme l'autre jour. » Guinglain proteste, s'excuse, et

V. 4325.
    La dame li fait un regart,
    Et Guinglains li de l'autre part :
    A iols s'emblent les cuers andui...
    Puis li a dit : « Li miens amis,
    Mout mar i fu vostre proece,
    Vostre sens et vostre largece,
    Qu'en vos n'a rien a amender
    Fors tant que ne savés amer.
    Mar fustes quant vos ne savés;
    Totes autres bontés avés.
    Et je vos di en voir gehir...
    Plus vos amasse que nului
    Se vos içò faire saviés. »

Elle l'invite cependant à venir habiter avec elle, et chacun lui fait fête. Le soir venu, elle lui indique un lit magnifique, où il doit reposer, et lui recommande, bien que la porte de la chambre où elle dort soit toute proche de ce lit et qu'elle la laisse ouverte, de ne pas y entrer pendant la nuit :

V. 4414.
    « Gardés ne soiés tant engrès
    Que en ma cambre entrés anuit :
    Paor me feriés vos, je cuit;
    Ne le faites sans mon commant. »

Guinglain ne peut résister longtemps à la tentation. Au milieu de la nuit, il se lève et veut aller chez la fée; mais il ne peut trouver la porte, et se voit tout à coup au milieu d'une étroite planche, au-dessus d'un torrent tumultueux, n'osant ni avancer ni reculer. Le vertige le prend : il tombe et se retient à la planche; il sent ses bras s'affaiblir et lâcher prise, et se met, éperdu, à demander du secours :

« Signor, fait il, aidiés, aidiés V. 4187.
Por Dieu! car je serai noiés.
Secorés moi, bone gent france.
Car je pent ci a une plance,
Ne ne me puis mais retenir.
Signor, ne m'i laissiés morir! »

On accourt avec de la lumière, et on trouve Guinglain se tenant par les mains à la perche d'un épervier. L'enchantement dont il était victime se dissipe dès qu'on arrive, et tout honteux il se remet dans son lit. Il n'y reste guère. Il s'étonne de s'être laissé prendre à cette « fantosmerie », et se décide à aller voir son amie, qui est si près de lui. Il se lève; mais à peine a-t-il fait quelques pas qu'il croit soutenir sur sa tête et ses épaules toutes les voûtes de la salle. Plein d'angoisse, il s'écrie :

« Signor, fait il, aiue! aiue! V. 4557.
Bone gens, qu'estes devenue?
Sor lo col me gist cis palais :
Ne puis plus soustenir cest fais.
A mort, ce cuit, serrai grevés
Se de venir ne vos hastés! »
Lors se relievent maintenant,
Cierges ont espris li sergant :
Guinglain ont trové come fol,
Son orillier deseur son col,
Et si n'avoit autre besoigne.
Quant il les vit, si ot vergoigne :
Jus jete le plus tost qu'il pot
L'orillier, si ne sona mot
Ne les sergens pas n'araisonne;
De nule rien mot ne lour sonne :
Son cief a enbrucié en bas,
Puis s'est couciés en es le pas
Ens en son lit tos esmaris,
Et de honte tos esbahis.

Cette fois il ne songe plus à renouveler sa tentative, et il se désole silencieusement; mais la dame le trouve suffisamment puni, et elle l'envoie chercher par une demoiselle, qui l'introduit dans la chambre magnifique et longuement décrite de la fée. Celle-ci n'a plus les scrupules qu'elle avait montrés lors de leur première entrevue nocturne, et les deux amants sont heureux. La fée raconte à Guinglain qu'elle l'aime depuis son enfance, où elle le voyait chez sa mère, qu'elle aurait pu le retenir dès la première fois qu'il est venu chez elle, mais qu'elle voulait lui laisser accomplir l'aventure où elle savait qu'il se couvrirait de gloire et qu'elle lui avait d'ailleurs procurée en envoyant Hélie à la cour d'Arthur; c'est elle aussi dont la voix, après la défaite de Mabon et le fier baiser, a appris à Guinglain qui il était. Le lendemain matin elle convoque tous ses barons et leur fait reconnaître Guinglain pour seigneur, mais elle ne parle plus de l'épouser.

Cependant Blonde Esmerée est arrivée à la cour d'Arthur et y attend vainement Guinglain. Elle raconte qui il est[1] et comment il l'a délivrée, puis a disparu. Pour le retrouver, le roi proclame un grand tournoi, pensant qu'il voudra y prendre part. En effet, apprenant cette nouvelle, Guinglain annonce à son amie qu'il va la quitter pour aller au tournoi, mais qu'il reviendra aussitôt. Elle lui prédit qu'il ne reviendra pas, qu'il trouvera à la cour une femme qu'on lui fera épouser, et qu'il est perdu pour elle. Mais voyant sa résolution, elle prend elle-même son parti, et le lendemain matin Guinglain, à sa grande surprise, se réveille dans une lande, ayant à côté de lui ses armes, son cheval et son écuyer. Il se rend au tournoi, dont il obtient le prix, après quoi il se fait connaître. Arthur lui demande d'épouser Blonde Esmerée :

V. 6047.
>Le roi et tuit l'ont tant proié
>Que Guinglains lor a otroié.

[1] On s'attendrait à ce que Gauvain, quand il apprend que le jeune héros est son fils, manifestât une grande joie. Le poète dit simplement (v. 5142) : *Et bien sot que ses fius estoit Et que la fee amee avoit.* Il est vrai qu'il y a une lacune avant ces vers, mais elle doit être d'un vers seulement.

C'est, comme on le voit, un mariage de raison. Le cœur du poète est tout à la fée de l'Île d'Or, et, bien qu'après son mariage Guinglain ne dût plus penser à elle, Renaud de Beaujeu, dans les jolis vers qui terminent son roman, manifeste le projet de réunir les deux amants dans une suite de son ouvrage :

> Ci faut li roumans et define.
> Bele, vers cui mes cuers s'acline,
> Renals de Biauju mout vos prie
> Por Diu que ne l'obliés mie :
> De cuer vos veut tos jors amer,
> Ce ne li poés vos veer.
> Quant vos plaira dira avant,
> U il se taira ore a tant;
> Mais por un biau sanblant mostrer
> Vos feroit Guinglain recovrer
> S'amie que il a perdue...
> Se de çou li faites delaï,
> Si est Guinglains en tel esmai
> Que ja mais n'avera s'amie.
> D'autre vengeance n'a il mie;
> Mais por la soie grant grevance
> Ert sur Guinglain ceste vengeance,
> Que ja mais jou n'en parlerai
> Tant que le bel sanblant avrai.

V. 6103.

Il faut croire que notre aimable poète n'obtint pas le « beau semblant » qu'il demandait, car nous ne trouvons aucune trace d'une continuation de son poème. Dans ce poème, à plus d'un autre endroit, Renaud de Beaujeu se met en scène et s'adresse à sa dame, et ces passages sont parmi les plus agréables de son œuvre; ils rappellent les interruptions du même genre qui se trouvent dans Partenepeus de Blois. C'est pour plaire à celle qu'il aime « outre « mesure », nous dit-il dès le début, qu'il a composé son roman, et pour lui montrer ce qu'il sait faire. Plus loin, et sans que le récit fournisse un prétexte à cette digression, il insiste sur sa loyauté envers celle qu'il n'a pas le droit de nommer « amie », mais qu'il peut appeler « mout amee », et parle avec une indignation peut-être habile de ceux qui prennent l'amour légèrement :

V. 1232.
>Ce dient cil qui vont trecant,
Li uns le va l'autre contant :
« Peciés n'est de feme traïr. »
Mais laidement sevent mentir,
Ains mout est grans peciés, par m'ame.
Or vos penserés d'une dame
Qui n'avera talent d'amer :
Vers li irés tant sermonner
Que sera souprise d'amor,
Tant li prierés cascun jor
Bien li porés son cuer enbler...
Por vos tos ses amis perdra
Et son mari, qui l'amera :
Quant en avrés tot vo voloir,
Adont la vaurés decevoir!
Mal ait qui s'i acostuma
Et qui ja mais jor le fera!
Cil qui se font sage d'amor,
Cil en sont faus et traïtor.
Por ço mius vueil faire folie
Que ne soie loiaus m'amie :
Ce qu'ele n'est l'ai apelee;
Que dirai dont? la mout amee.
S'ensi l'apel, voir en dirai;
S'amie di, lors mentirai,
Car moi n'en fait ele senblant.
Las! por li muir, et por li cant!

Il se plaint encore ailleurs de la cruauté de celle qu'il a aimée dès le premier jour qu'il l'a vue :

V. 4118.
>De moi ocire ne repose,
Et je l'aim plus que nule cose!

Et, en racontant le bonheur de Guinglain, il fait un retour sur lui-même, et déclare encore que toutes les peines de l'amour sont largement payées par la récompense qu'il peut donner.

Il part de là pour faire l'éloge des dames et blâmer sévèrement ceux qui médisent d'elles :

> Dius les fist de si grant vertu :
> De tos biens les forma et fist,
> Et biauté a eles eslist;
> Et Dius nos vaut, ce cuic, former
> Por eles toutes honerer
> Et por lor comandement faire.

V. 4751.

Si nous ne possédons pas d'autre roman de Renaud de Beaujeu, nous avons une chanson dont il est l'auteur, et qui nous permet d'établir approximativement le temps où il vivait. En effet le premier couplet de cette chanson est cité, sous le nom de « Renaut de Biauju », dans le roman de Guillaume de Dole, qui, comme on peut l'établir par un ensemble de preuves convergentes, a été écrit dans les dix ou douze premières années du XIIIᵉ siècle. Renaud de Beaujeu a donc composé, sinon son roman, au moins sa chanson, avant 1212, et sans doute un certain temps avant, puisqu'elle était dès lors devenue célèbre. Elle présente bien d'ailleurs les sentiments et la manière de l'auteur du Bel Inconnu. On en jugera par le premier couplet, qui ressemble de fort près aux passages qui viennent d'être cités :

Jahrbuch für r
Literatur, t.
p. 161.

> Loial amor qui en fin cuer s'est mise
> N'en doit ja mais partir ne removoir,
> Que la dolor qui destreint et justise
> Semble douçor quant l'en la puet avoir.
> Qui en porroit morir en bon espoir
> Gariz seroit devant Deu au juïse;
> Por ço m'en lo quant plus me fait doloir.

Cette chanson soulève, en outre, une question assez curieuse. Elle ne porte le nom de Renaud de Beaujeu que dans Guillaume de Dole, qui a d'ailleurs une autorité exceptionnelle; elle est anonyme dans deux manuscrits de Paris, mais dans le célèbre chansonnier de Berne elle se retrouve accompagnée de cette rubrique : *Li alens de challons.* On a cru voir dans ces mots l'altération du nom d'un chevalier

Mss de la B
nat. fr. 846,
78 a; fr. 201
fol. 19.

dont nous avons trois autres chansons, Alart de Chaus ou de Caus; mais c'est une conjecture peu vraisemblable; il est bien plus probable que le rubricateur du manuscrit de Berne, qui était, comme on sait, fort ignorant et fort distrait, a mal lu et mal reproduit l'indication qu'il devait copier et qui portait : *Li cuens de Challons*. Cette restitution nous ferait voir dans Renaud de Beaujeu un comte de Chalon; malheureusement nous ne trouvons pas, à l'époque où il vivait, de comte de Chalon qui ait porté le nom de Renaud, bien qu'il y ait eu plus d'un rapport entre la maison de Beaujeu et celle de Chalon; nous ne rencontrons pas non plus, à l'époque où a dû vivre notre poète, de Renaud parmi les membres de la famille de Beaujeu dont le nom est venu jusqu'à nous. Nous croyons toutefois probable que l'auteur du Bel Inconnu appartenait à cette grande maison de Beaujeu qui donna à la France tant d'illustres hommes de guerre, et qui, dès le milieu du XIIe siècle, lui avait donné un poète célèbre, Guichard de Beaujeu. Le roman de Renaud a bien l'air d'avoir été écrit par un chevalier, par un homme du monde, plutôt que par un poète de profession; les négligences mêmes qu'on y remarque décèlent cette origine, et l'on peut en retrouver des traces jusque dans les libertés que l'auteur a prises avec son sujet et qui dépassent celles que se sont permises d'ordinaire les auteurs de romans analogues.

Nous avons déjà dit en effet que Renaud, pris d'un intérêt particulier pour la belle habitante de l'Île d'Or, lui avait sacrifié la véritable héroïne du récit, et avait détruit, par là même, l'unité et la proportion de ce récit. C'est ce qui résulte clairement de la comparaison de son œuvre avec un poème anglais qui a certainement la même source, mais qui la représente plus fidèlement. Ce poème, appelé d'un titre français « Ly Biaus Desconus », n'est pas, comme on l'a dit, une traduction abrégée du roman de Renaud de Beaujeu. C'est ce que suffit à montrer une comparaison rapide des deux ouvrages. Pour la faire nous nous servons des trois manuscrits du poème anglais qui ont été imprimés ou collationnés, et qui présentent entre eux certaines différences, que nous signalerons quand elles en vaudront la peine. L'un de ces manuscrits, conservé depuis longtemps au Musée Britannique (bibl. Cottonienne, *Caligula* A. ii.), a été publié au xviiie siècle par Ritson; Hippeau, le croyant inédit, l'a réimprimé à la suite du poème de Renaud, en demandant pardon aux savants anglais de les devancer. Un second manuscrit, qui se trouve à Naples, a été l'objet d'une collation soigneuse de la part de M. E. Kölbing. La troisième copie, qui n'est que du xviie siècle, est dans le fameux manuscrit que possédait l'évêque Thomas Percy et qui est maintenant au Musée Britannique (*Additional*, 27879); elle a été imprimée avec le manuscrit entier par MM. Hales et Furnivall. De trois autres manuscrits on ne connaît que quelques passages communiqués par les éditeurs du manuscrit Percy.

Le poème anglais, bien que beaucoup plus bref que le français, présente une introduction qui manque à ce dernier. Nous apprenons tout de suite que Guinglain[1] a été engendré par Gauvain «à la lisière d'une forêt[2]»; il a été élevé dans cette forêt par sa mère, et c'est parce qu'un jour il a rencontré un chevalier dont il a admiré l'armure qu'il se rend à Glastonbury, à la cour d'Arthur, et lui demande d'abord de le faire chevalier, ensuite de lui accorder le premier combat qui se présentera. Arrive Elene (c'est le nom que porte ici Hélie), accompagnée de son nain Teudelayn, et les aventures se succèdent, avec de légères différences[3], comme dans le roman français. Mais le caractère et le rôle de la belle châtelaine de l'Île d'Or sont autres, et tels que

---

[1] Les mss portent : *Gyngelayn, Ginglaine, Gingelyane, Gingelagne, Geynleyn, Gynleyn*.

[2] Ainsi le poème anglais se rattache au conte inséré dans le *Perceval* : cf. ci-dessous, p. 192.

[3] Voyez ci-dessus, p. 172, note 1. Blioblieris est appelé ici William Celebronche (confusion avec le Guillaume de Salebrent qui, dans le français, est un de ses trois amis); la jeune fille délivrée des géants se nomme Violette et a pour père le comte Antor, qui l'offre à son libérateur; Giflet, le fils Do, devient «Gyffroun le fludous»; l'épisode de l'Orgueilleux de la Lande (ici Otes de Lile) est assez différent, etc. Le poème anglais contient même en plus un ou deux épisodes, d'ailleurs insignifiants.

nous avons supposé qu'ils devaient être originairement. Elle est appelée la « Dame d'amour », et est une véritable magicienne, qui ne fait qu'arrêter le héros dans le cours de sa vraie carrière. Elle le retient comme enchanté[1] pendant douze mois et plus[2], et c'est alors seulement qu'Elene réussit à lui faire honte, à lui rappeler l'engagement auquel il manque, et à le faire sortir du château, où il ne revient plus. Le poème anglais a d'ailleurs traité fort brièvement cet épisode, et a sans doute, comme nous le verrons, omis des traits importants. Arrivé à Sinaudon, Guinglain, après un combat qui ressemble d'assez près à celui du poème français, délivre, en recevant le baiser du serpent, la princesse enchantée sous cette forme (elle n'est pas nommée); ce qui est plus naturel que chez Renaud, c'est que la délivrance a lieu dès que le baiser est donné, et que la princesse est aussitôt devant lui, « nue comme quand elle est née, et « tout son corps tremblant. » L'épisode de la voix qui parle à Guinglain fait complètement défaut : après la délivrance de la princesse, Guinglain accepte avec joie la main qu'elle lui offre; il reçoit aussitôt les hommages de ses nouveaux vassaux, et se rend avec sa femme à la cour d'Arthur. Là vient aussi la mère de notre héros, qui, dans le poème anglais, n'est nullement une fée; elle présente à Gauvain le fils qu'elle a eu de lui et qui fait tant d'honneur à son père. Gauvain bénit les jeunes époux, la noce se célèbre, et le poème finit[3].

L'auteur dit expressément (v. 222, 2122) qu'il suit un modèle français, et les noms français qui sont restés dans son ouvrage suffiraient à le démontrer; mais l'analyse qu'on

---

[1] « Cette belle dame savait beaucoup de sortilèges; elle lui faisait entendre des mélodies de toutes les sortes d'instruments qu'on pouvait imaginer. Quand il voyait son visage, il lui semblait qu'il était vivant en paradis; ainsi elle lui troublait les yeux. »

[2] Dans le manuscrit de Naples il n'est parlé que de trois semaines.

[3] Cette fin n'est complète que dans deux des six manuscrits du poème (Naples et Ashmole); dans le manuscrit de Lincoln's Inn, il manque la strophe où paraît la mère de Guinglain; les manuscrits Cotton et Lambeth omettent les trois strophes relatives au père et à la mère du héros; le manuscrit Percy s'arrête au moment où Guinglain et sa fiancée partent pour la cour.

vient de lire prouve que ce modèle n'était pas le poème de Renaud. C'était un poème qui ressemblait beaucoup à ce dernier, et qui présentait déjà les noms du « Bel Des- « coneü », de l'Île d'Or, de Mauger le Gris, de Lampart, de Sinaudon, des enchanteurs Eurain (angl. Irain) et Mabon, mais qui ne faisait du séjour de Guinglain auprès de l'enchanteresse de l'Île d'Or qu'un épisode au milieu des autres et n'y revenait pas une seconde fois[1]. Renaud de Beaujeu a eu ce même poème sous les yeux et l'a transformé comme on l'a vu, au détriment de l'unité d'action de son poème et du caractère de son héros. Quant au récit lui-même, nous pouvons en indiquer une forme plus ancienne encore que celle du poème où ont puisé à la fois Renaud de Beaujeu et l'auteur de la version anglaise.

Cette forme nous a été conservée, plus ou moins fidèlement, dans le petit poème italien de *Carduino*, qui a été composé dans la seconde moitié du XIVe siècle, peut-être par Antonio Pucci, auteur de plusieurs ouvrages du même genre, et dont M. Pio Rajna nous a donné, il y a quelques années, une première et très bonne édition. Carduin[2], qui joue le rôle de Guinglain, n'est pas ici le fils de Gauvain : son père Dondinel a été empoisonné à la cour d'Arthur, dont il était le favori, par Mordret et ses frères (parmi lesquels, l'auteur le dit expressément, était Gauvain), et à cause de cela la mère s'est retirée avec l'enfant dans une forêt sauvage, où il grandit seul, dans l'ignorance absolue du monde, croyant même qu'il n'y a pas d'autres humains que sa mère et lui, vivant et se couvrant de la chair et de la peau des bêtes qu'il tue. Mais un jour il rencontre le roi Arthur avec ses hommes : les chevaux et les chevaliers l'émerveillent; il déclare à sa mère qu'il veut connaître le monde qu'il a entrevu : elle y

---

[1] On ne peut admettre que l'auteur anglais ait remanié et simplifié le poème français : il faudrait qu'il eût retrouvé d'instinct la forme que la comparaison avec *Carduino* nous montre avoir été la forme primitive. M. Kölbing, dans le travail cité plus haut, a porté le même jugement que nous sur le rapport des deux poèmes : on s'étonne que M. Bethge (*Wirnt von Gravenberg*, p. 14) ait persisté à soutenir la thèse contraire, sans donner d'arguments nouveaux.

[2] Ce nom doit être une altération du nom celtique de Cardroain, qui figure, par exemple, dans Durmart (voyez ci-dessus, p. 147).

consent et le mène à la ville, où elle lui procure des vêtements et des armes.

La ressemblance entre ce début et celui du Perceval est évidente; M. Rajna a cependant remarqué avec raison que certains traits sont ici plus primitifs que dans l'œuvre de Chrétien de Troies, et il a conjecturé que l'auteur de *Carduino* pouvait bien avoir connu une forme de Perceval « plus « simple et plus authentique [1] ». La supposition est juste au fond; mais il n'est pas nécessaire d'admettre que dans le poème français qui a servi de modèle au rimeur italien le héros de l'aventure ait déjà été Perceval. Si nous comparons à son récit celui du poème anglais, nous voyons que là aussi la mère de Guinglain habite une forêt solitaire et élève son fils dans l'ignorance du monde, d'où le tire une rencontre avec des chevaliers. Ce trait de l'ancien conte est déjà bien atténué dans l'anglais, et Renaud de Beaujeu l'a presque tout à fait supprimé [2], mais ce qui reste suffit à nous montrer qu'il était primitif. C'est d'ailleurs un lieu commun celtique : nous le retrouvons, par exemple, avec des détails tout particuliers et d'autres qui ressemblent de fort près à ceux du poème champenois, dans le lai de Tyolet, et il appartient, comme nous le montrerons, à la biographie d'un Perceval qui n'a rien à faire avec le graal.

Carduin se rend à la cour d'Arthur, et l'aventure du désenchantement de la belle changée en serpent se présente aussitôt à lui. Elle s'appelle ici Béatrice, et sa sœur, qui remplit le rôle d'Hélie, raconte tout de suite au roi qu'il s'agit pour un chevalier hardi de délivrer Béatrice d'un enchanteur, qui, pour se venger de son refus, a désolé son pays et l'a réduite elle-même au plus triste sort. Entre son départ de la cour et l'arrivée à la ville enchantée, Carduin ne rencontre que trois aventures : l'une est le

---

[1] M. Rajna n'aurait pas dû d'ailleurs comprendre dans sa comparaison les 690 premiers vers de l'édition du Perceval, particuliers au manuscrit de Mons, et qui ne sont certainement pas de Chrétien.

[2] Il en a conservé des traces, comme l'ignorance où Guinglain, appelé seulement *Bel fils* par sa mère, est resté de son vrai nom (voy. ci-dessus), etc.; mais le poète français a traité fort obscurément cette partie de son sujet.

meurtre d'un chevalier qui veut lui ravir sa compagne de route, et qui se trouve, à la grande joie de Carduin, être Guerriès, frère de Mordret, et celui même qui avait remis le poison au père de notre héros; la seconde est celle de la jeune fille délivrée des deux géants, dont le récit présente une remarquable coïncidence tant avec le poème anglais qu'avec le poème français; enfin la troisième (qui est la première dans l'ordre du récit) mérite de nous arrêter un instant : c'est au fond celle de la fée de l'Île d'Or, mais avec des traits particuliers. Carduin, la sœur de Béatrice et le nain arrivent dans un château dont la dame, une duchesse, était une puissante « maîtresse d'art ». Elle dit fort nettement à Carduin, après le souper : « Tu connais la cou« tume constante : je veux que tu dormes avec moi cette « nuit. » Seulement elle ajoute cette restriction : « Écoute« moi bien. Quand je t'appellerai, ne viens pas; si je te dis « de ne pas venir, tu viendras. Fais toujours le contraire de « ce que je te dirai. » Carduin le promet; mais quand, de sa chambre voisine, elle l'appelle et lui dit : « Entre ici, che« valier, » il oublie la recommandation et s'élance. Aussitôt il entend des mugissements comme ceux d'une mer irritée et il sent un vent de tempête; des géants le saisissent et le suspendent par les mains au-dessus de l'eau qu'il croit voir; il passe ainsi toute la nuit à *dondolare,* jusqu'à ce que le jour vienne rompre l'enchantement. Carduin tout confus quitte le château sans prendre congé. La sorcière joue ici, comme dans le poème anglais, un rôle purement épisodique, quoique bien moins important. Mais ce qui est remarquable, c'est la présence dans le poème italien du trait de la fascination du héros, que le poète anglais a supprimé ou s'est borné à indiquer vaguement, et que le poète français a retiré de l'endroit où il devait se trouver pour le reporter ailleurs et le motiver tout autrement. Il est probable que la source commune accordait à l'épisode de l'enchanteresse à peu près l'importance et la durée qu'il a dans le poème anglais, et y insérait l'histoire de la fascination subie, une nuit seulement ou deux nuits de suite, par le héros. Cette fascination même est tout à fait du genre de celles que nous trouvons dans plusieurs romans ou chansons de geste, et paraît répondre plus particulièrement à certaines conceptions de l'imagination du moyen âge.

Le dénouement du poème mérite aussi notre attention. Il n'y a ici qu'un enchanteur au lieu de deux, ce qui est plus naturel, et il n'a pas seulement changé Béatrice en serpent, il a encore métamorphosé en toutes sortes de bêtes les habitants de la cité, et en rochers les édifices et les maisons qui la formaient, sauf le palais où il habite. Instruit par le nain (qui remplace ici Lampart)[1], Carduin tue le magicien, et brise un anneau qu'il trouve dans sa ceinture et auquel était sans doute attachée sa puissance (nous avons ici, comme le montreraient des rapprochements où nous ne pouvons entrer, un véritable trait de conte de fée, mais assez gravement altéré). Ensuite a lieu le « fier baiser »; seulement, au lieu que ce soit la guivre qui le donne au héros, comme dans les deux poèmes sur Guinglain, c'est lui qui a le courage de la baiser *in bocca*, ce qui est encore visiblement plus naturel et plus ancien. Aussitôt non seulement Béatrice, mais tous ses sujets reprennent forme humaine, et le poème se termine par le mariage de Carduin, devenu un des premiers chevaliers de la Table ronde, avec la belle princesse qu'il a délivrée.

On voit que le poème italien, quoique bien postérieur au poème français, représente plus fidèlement, au moins dans les traits essentiels, le vieux conte[2], dont celui-ci s'éloigne

---

[1] Un détail montre combien est incontestable, malgré tant de divergences, le lien qui attache les différentes versions de notre conte. Le nain dit ici à Carduin : « Quand tu auras frappé ton « adversaire, il fuira dans une chambre « voisine; garde-toi bien de l'y poursui- « vre, car son dessein est de revenir par « un détour connu de lui et de te frapper « par derrière; » et en effet c'est ce que l'enchanteur essaie plus tard de faire. Ce trait n'est pas dans l'anglais, mais il a laissé dans le français une trace visible. Lampart dit à Guinglain (v. 2807) : *Et tant com vos amés vo vie, Si gardés que vos n'entrés mie En la cambre que vos verrés*; mais le motif a été changé (voy. ci-dessus, p. 175).

[2] M. Rajna n'a reconnu le rapport de *Carduin* avec le Bel Inconnu qu'après avoir donné son édition du poème italien (voy. Bethge, p. 80). Il se proposait de publier, sur la comparaison des deux romans, un travail qui malheureusement, par suite de circonstances fortuites, n'a pas vu le jour.

au contraire beaucoup. Une première modification de ce conte, qui a consisté a faire du héros le fils de Gauvain, s'est produite dans la source commune, perdue aujourd'hui, du rimeur anglais et du poète français; ce dernier a fait volontairement d'autres changements, dont il est maintenant facile de se rendre compte. Le vrai sujet du récit, devenu déjà moins important dans le poème anglais et encore plus effacé dans le poème français, c'est le « fier baiser », duquel il nous reste à dire quelques mots.

Cette histoire d'une jeune fille changée en serpent et qui ne peut reprendre sa forme humaine que s'il se rencontre un mortel assez courageux pour lui donner un baiser se retrouve ailleurs encore dans la littérature arthurienne. Elle forme un épisode, d'ailleurs fort altéré et maladroitement rattaché au reste du récit, du roman de Lancelet, mis en allemand par Ulrich de Zatzikhoven. Mais ce n'est pas seulement dans les contes bretons que cette merveilleuse histoire figure; elle paraît d'origine orientale ou au moins byzantine, et nous la trouvons localisée en Grèce et singulièrement reliée à des souvenirs de l'antiquité classique. Le voyageur anglais Jean de Mandeville, connu par ses fables, rapporte qu'en passant devant l'île de Lango (Cos), il entendit raconter que la fille du fameux Hippocrate habitait cette île sous la forme d'un dragon. Un jour un jeune homme, ignorant cette circonstance, avait débarqué dans l'île et y avait rencontré une jeune fille d'une grande beauté, qui lui avait dit de revenir le lendemain et de lui donner un baiser, sans s'effrayer de l'apparence sous laquelle il la verrait: il la délivrerait ainsi, et jouirait avec elle de l'île et de ses trésors. Le jeune homme revint; mais quand il vit le terrible dragon qui s'avançait vers lui, la peur le saisit et il s'enfuit, en sorte que la fille d'Hippocrate ne fut pas désenchantée. Elle l'aurait été plus tard, si l'on en croit l'auteur de Tirant le Blanc, qui, ayant sans doute lu Mandeville, fait mettre l'aventure à fin par un certain Espertius, lequel d'ailleurs, comme le héros de notre poème, reçoit le baiser au lieu de le donner. La légende de la fille d'Hippocrate, à en croire des témoignages récents, n'est pas encore oubliée dans l'île de Lango, et, malgré le récit de Jacques Martorell, on croit qu'elle a conservé sa forme de serpent et qu'elle attend toujours un libérateur[1]. On a rattaché cette légende au fait qu'Hippocrate aurait eu un petit-fils (et non un fils) du nom de Dracon. Il est plus probable que, dans l'attribution de cette métamorphose à la fille d'Hippocrate, il y a un souvenir de l'ancien rôle du serpent dans le culte d'Esculape, qui a dû être facilement confondu avec le « divin » médecin de Cos. Quoi qu'il en soit, l'aventure même se retrouve dans bien d'autres endroits, par exemple dans l'*Orlando furioso* du Bojardo, dans les Contes amoureux de Jean Flore, et dans beaucoup de récits et de chants populaires de divers pays, qui ont été savamment réunis et commentés. Elle a pénétré dans les contes celtiques; mais, comme bien d'autres éléments de ces contes, elle n'est pas d'invention celtique et provient d'une source étrangère.

Le fils de Gauvain, auquel le poème qui est la source de la version anglaise et du roman de Renaud de Beaujeu a rapporté l'aventure du « fier baiser », n'est pas, en dehors de cette aventure qui lui est originairement étrangère, inconnu à la littérature arthurienne. La première continuation du Perceval de Chrétien de Troies raconte que Gauvain eut d'une demoiselle qu'il avait rencontrée dormant sous une tente dans une forêt[2] un fils, qui tout enfant fut enlevé du château de Lis, où il vivait avec sa mère, plus tard adoubé par un chevalier, et recueilli par la « demoiselle esgaree ». La manière fort abrégée dont l'auteur parle de ces aven-

---

[1] Nous devons dire que, malgré nos recherches, nous n'avons trouvé aucune trace de la survivance actuelle de ce conte dans l'île de Cos.

[2] Cette demoiselle a un père, Méliant de Lis, et deux frères, Morre de Lis et Bran de Lis; ils surprennent Gauvain auprès de leur sœur et le défient : Gauvain tue le père et l'un des frères, et combat plus tard l'autre en pleine cour d'Arthur, puis se réconcilie avec lui, la demoiselle jetant entre eux deux l'enfant qu'elle a de Gauvain. La première partie de ce récit (Perceval, v. 16885-17481) a fourni le sujet d'un poème anglais du xve siècle, dont on ne possède qu'un long fragment (Madden, *Syr Gawayne*, p. 207 et suiv.). Il est remarquable que l'aventure de Gauvain avec la demoiselle est racontée une première fois, dans une des rédactions de cette continuation, tout autrement que dans le récit qu'en fait plus tard Gauvain lui-même (v. 11987 et suiv.).

tures montre qu'il se référait à une source où elles étaient racontées en détail; ce qu'il dit suffit en outre pour nous faire voir que l'enfance du fils de Gauvain ressemblait beaucoup à celle de Perceval et de Tyolet : le héros primitif de l'aventure du « fier baiser » avait aussi une pareille enfance, et c'est sans doute ce qui a été cause qu'on a attribué cette aventure au fils de Gauvain. Le récit qu'avait sous les yeux le continuateur du Perceval lui prêtait d'ailleurs beaucoup d'autres exploits auxquels ce continuateur s'est contenté de faire rapidement allusion : après avoir rappelé le merveilleux écu d'or dont le jeune chevalier se rendit maître, il ajoute :

> Mais ne me loist mie arester
> De ceste aventure conter
> Ne des autres, dont mout i a :
> Si com la sale delivra,
> Ne l'abatement del plancier
> U on le dut jus trebucier,
> Ne ke il tensoit sor le pont
> Ciaus ki furent monté amont,
> Ne le hardement des degrés
> Que il fist quant il fu armés,
> Dont li pules se merveilla
> Et li rois quant il l'esgarda,
> Car mout estoit jovenes d'eage[1];
> En la chambre a l'ome sauvage
> S'en entra, qui[2] mout estoit biaus,
> Et si avoit nom Yoniaus;
> A sa fin vos voel amener;
> Ceste oevre me fait sorparler.

Perceval, v. 2069

Un jour il rencontre Gauvain, joute avec lui sans résultat; Gauvain lui demande son nom, mais il ne le sait pas lui-même : au château de Lis on ne l'appelait que « le neveu « de son oncle ». Gauvain le reconnaît pour son fils, se fait reconnaître pour son père, et tous deux s'en vont joyeux à la cour d'Arthur. Nous retrouvons dans ce conte un lieu

---

[1] Le manuscrit suivi par M. Potvin porte : *Car mout fu jovenes ses eages*, et au vers suivant : *a l'ome sauvages*.

[2] Le manuscrit de Mons, suivi par M. Potvin, porte *et* au lieu de *qui*; mais *qui* paraît plus probable.

commun de la poésie épique de tous les peuples : le combat d'un père et d'un fils qui ne se connaissent ou ne se reconnaissent pas. Dans les vers que nous venons de citer il faut voir le résumé d'un poème perdu qui racontait la vie du fils de Gauvain tout autrement, sauf au début, que les romans que nous avons étudiés jusqu'ici. Dans ce résumé, aucun nom ni surnom n'est donné à ce fils. Mais dans la seconde continuation du Perceval, celle de Gaucher de Dourdan, qui, suivant toute vraisemblance, n'a pas connu la première, il apparaît, d'ailleurs seulement pour un instant (v. 24523 et suiv.), sous le surnom du « Bel Desconeü ». Sous ce surnom et le nom de Guiglain, il fait aussi une courte et insignifiante apparition dans le roman de Tristan en prose. « Lo Bels Desconogutz » est cité, dans le roman de Jaufré, entre les chevaliers de la cour d'Arthur, et, parmi les diseurs de contes que met en scène l'auteur de *Flamenca*, il y en a un qui dit « del Bel Desconogut ».

Si nous avons pu nous rendre un compte à peu près exact du rapport qui existe entre notre poème et les poèmes anglais et italien, il est beaucoup plus difficile de comprendre celui qui l'unit au poème allemand de *Wigalois*, composé en Bavière, vers 1210, par Wirnt de Gravenberg. Les ressemblances sont incontestables, mais intermittentes : Wigalois, qui porte visiblement le même nom que Guinglain, est fils comme lui de Gauvain et d'une fée ; comme lui il se présente à la cour d'Arthur et réclame le droit de suivre l'aventure que vient annoncer une jeune fille accompagnée d'un nain ; comme lui encore, il est d'abord l'objet des mépris de la demoiselle ; il lui arrive en chemin plusieurs des aventures que rencontre Guinglain, celle de Lampart (fort différente et mise en premier lieu), celle de la jeune fille délivrée des deux géants (avec des traits absolument pareils), celle de la demoiselle à qui il assure le prix de la beauté (il s'agit ici non d'un épervier, mais d'un cheval et d'un perroquet), celle du chien que son maître veut reprendre à la compagne du héros (le récit allemand est plus près de l'anglais que du français); mais l'aventure principale n'offre qu'une vague ressemblance : il y a bien un dragon, une bête merveilleuse qui reprend sa forme humaine et qui révèle au héros le nom de son père, une princesse délivrée et épousée par lui; mais tout cela ne rappellerait guère l'histoire de Guinglain, si la similitude du nom et la ressemblance des premiers épisodes ne provoquaient à la comparaison. Au reste, l'histoire de Wigalois, déjà très longuement racontée dans cette dernière partie, ne s'arrête pas encore là : le roman allemand a toute une fin qui ne correspond à aucune partie du roman français ; il a de même une longue introduction, où sont racontées les amours de Gauvain, dans le pays des fées, avec Florie, la mère de Wigalois, qui pourrait bien être sortie de l'imagination du poète allemand[1]. Pour le reste, la question est fort compliquée : Wirnt dit à plusieurs reprises qu'il ne tire pas son sujet d'un livre, qu'il l'a entendu raconter à un écuyer, et se plaint des difficultés qu'il a ainsi eues à le bien connaître[2]. Quelle qu'ait été la source où l'écuyer avait puisé et la fidélité avec laquelle il a communiqué son information, on ne peut guère douter que le chevalier bavarois n'ait pris à son tour de grandes libertés avec le récit qu'on lui faisait, ne l'ait amplifié notablement et ne l'ait beaucoup changé[3]. Il termine son ouvrage en nous disant

Wigalois, v. 596, 11623.

[1] Cependant dans Rigomer (voyez ci-dessus, p. 90) nous voyons que Gauvain a pour amie une fée appelée Lorie; ce qui ressemble d'assez près à Florie.

[2] Racontant que Gauvain fut renversé et pris par un chevalier inconnu (grâce, il est vrai, à une ceinture magique), le poète croit devoir dire : « Jamais de « lui on n'avait raconté pareille honte, « et elle ne sortirait pas non plus de ma « bouche, si un écuyer ne me l'avait dit « comme une entière vérité; mais j'en « dispute tout le temps avec lui. » C'est un passage à joindre à ceux qui sont cités ailleurs (p. 32) sur la tradition qui présente Gauvain comme invincible.

[3] M. Kölbing, dans le travail cité plus haut, admet que le poème anglais (D) et le poème allemand (W) représentent deux poèmes français perdus, parallèles au poème français (R). Florie est aussi le nom de l'amie de Gauvain dans la Couronne de Henri de Türlin (ci-dessus, p. 34); mais ce n'est pas une fée. Mais M. Mebes (Ueber den Wigalois, prop. de la Realschule de Neumünster, 1879) a montré qu'il y avait dans W des passages qui ne pouvaient s'expliquer que comme une traduction des passages correspondants de R. Il conclut avec vraisemblance que l'écuyer de Wirnt avait des fragments manuscrits du poème de Renaud; pour le reste, il l'avait entendu raconter : sa mémoire avait fort mal retenu le récit, et l'imagination de Wirnt s'est efforcée, mais

que Wigalois et la belle Larie (c'est le nom de l'héroïne) eurent un fils dont l'histoire est bien plus belle que celle de son père et demande, pour être dignement traitée, un talent que lui, Wirnt, ne se sent pas; cependant il s'y essaiera peut-être si un meilleur ne se met pas à la tâche. Ce héros s'appelait d'après lui « li fort Gawanides », nom singulier, qui paraît plus latin que français; il est complètement inconnu d'ailleurs, et il nous semble fort probable que le bon Wirnt, tout en se donnant des airs d'ami scrupuleux de la vérité, comptait tirer de sa cervelle toute l'histoire du petit-fils de Gauvain. En tout cas il en a été de son projet comme de celui que Renaud de Beaujeu annonce en terminant son œuvre: rien ne nous autorise à croire qu'il ait été exécuté. En effet, un autre ouvrage de Wirnt de Gravenberg n'aurait sans doute pas disparu sans laisser de traces, attendu le succès considérable qu'a obtenu celui qu'il nous dit être son premier et qui paraît être resté le seul. Non seulement les manuscrits en sont nombreux, mais il a été mis en prose et ainsi imprimé plusieurs fois au XVIe siècle; il a même été l'objet d'une curieuse version en judéo-allemand. En outre, une *saga* islandaise et un livre populaire danois sur Gabon et Vigolès n'ont pas d'autre source que le poème de Wirnt, ou plutôt que le roman en prose allemande qui en est issu.

Le poème de Renaud de Beaujeu, auquel nous revenons en terminant, a été, lui aussi, en France, l'objet d'une rédaction en prose. On en possède trois éditions, l'une sans date, l'autre de 1530, la troisième de 1539, toutes trois données à Lyon par Claude Nourry, et toutes trois fort rares. L'auteur, qui se nommait Claude Platin et était religieux antonin[1], a réuni bizarrement deux romans qui n'ont

sans grand bonheur, de compléter ce récit tronqué et incohérent. M. Bethge, dans une dissertation parue en 1881, a vivement contesté les conclusions de M. Mebes; mais on ne peut nier en tout cas que Wirnt ne suive fidèlement le poème de Renaud dans certaines parties, tandis que dans d'autres il s'en écarte presque absolument, et il serait singulier que l'écuyer eût oublié à ce point l'histoire si caractéristique du « fier bai- « ser », s'il avait retenu si fidèlement, jusque dans leurs détails, les aventures assez insignifiantes du début.

[1] Frère Claude Platin ne se contentait pas de mettre en prose française du

rien à faire ensemble; c'est ce qu'indique déjà le titre de sa publication : « L'histoire de Giglan, filz de messire Gauvain, « qui fut roy de Galles, et de Geoffroy de Maience, son « compagnon, tous deux chevaliers de la Table ronde. » Ce Geoffroy, mal à propos surnommé de Mayence, n'est autre que le héros du roman provençal de Jaufré. Claude Platin a entrelacé son histoire avec celle de Guinglain, sans même essayer de les unir quelque peu intimement. Dans son prologue, il nous dit : « Moy frere Claude Platin, humble « religieux de l'ordre monseigneur sainct Anthoine, ung « jour en une petite librairie la ou j'estoye trouvai ung gros « livre de parchemin bien vieil escript en rime espaignolle as-« sez difficile a entendre, auquel livre je trouvay une petite « hystoire, laquelle me sembla bien plaisant, qui parloit de « deux nobles chevaliers qui furent du temps du noble roy « Artus et des nobles chevaliers de la table ronde, dont « l'un des chevaliers fut nommé Giglan, qui fut filz de mes-« sire Gauvain nepveu du roi Artus, lequel Giglan fut roy « de Galles qu'il conquist par sa prouesse; et l'autre eut « nom Geoffroy, fils du duc de Maience. Ay voulu translater « ladicte histoire de celle rime espaignolle en prose fran-« çoise au moins mal que j'ay peu selon mon petit enten-« dement, a celle fin que plus facilement peust estre enten-« due de ceux qui prendront plaisir a la lire ou ouyr lire. » Malgré cette déclaration, il ne faudrait pas croire, comme on l'a fait, que Claude Platin a réellement traduit un roman espagnol, fondé lui-même sur le poème de Renaud de Beaujeu : il est certain, et par la forme des noms propres[1] et

provençal qu'il prenait pour de l'espagnol; nous lui devons encore le Débat de l'homme et de l'argent, plusieurs fois imprimé au xve et au xvie siècle, et que M. de Montaiglon a inséré dans le t. VII (p. 302-329) de ses Anciennes Poésies françoises. Cette pièce, qu'on a voulu, dans certaines éditions, faire passer pour l'œuvre du poète Maximien, est précédée d'une préface où on lit : « Laquelle dis-« putation moy, frere Claude Platin, re-« ligieux de l'ordre de monseigneur « sainct Anthoine, ay translaté de lan-« gaige ytalien en rime françoise. » Le Débat est traduit d'un poème italien: *Il Contrasto del danaro e dell' uomo;* voyez l'admirable Catalogue des livres de M. le baron James de Rothschild, t. I, p. 357.

[1] Le nom « Giglan » semblerait seul avoir une forme méridionale, mais Emerie (Esmerée), la Gaste Cité, l'Île d'Or et plusieurs autres n'ont certainement pas passé par une langue étrangère. Nous avons déjà vu que la mère

198   ROMANS DE LA TABLE RONDE.

par d'autres rapprochements, que c'est ce poème même sur lequel a travaillé le prosateur. Ce qu'il dit de « rime « espaignolle » ne s'applique qu'au roman de Jaufré : il a pris, comme bien d'autres de son temps, du provençal pour de l'espagnol, et il a étendu au second ouvrage qu'il mettait en prose ce qui ne s'appliquait qu'au premier. C'est donc en vain qu'on rechercherait l'original de Claude Platin dans les bibliothèques espagnoles.

La rédaction de frère Claude nous a paru généralement fidèle; il faut remarquer seulement qu'au début du récit elle intercale un épisode assez intéressant qui n'est pas dans le poème. Giglan vient d'arriver à la cour d'Arthur, quand une demoiselle s'y présente, accompagnée d'un chevalier dont le heaume est fermé, qui vient, dit-il, se disculper d'avoir tué Gauvain en trahison et provoque ceux qui douteraient de sa loyauté. Au milieu du deuil que la nouvelle de la mort de Gauvain répand dans la cour, le Bel Inconnu demande et obtient la faveur de le venger; il est cependant prévenu par le sénéchal Keu; mais celui-ci, selon sa coutume, subit un échec ridicule. Le combat entre Giglan et le chevalier étranger reste longtemps indécis; enfin celui-ci lève son heaume et se nomme : c'est Gauvain lui-même; il raconte qu'un félon chevalier avait pris son nom, et, sachant que la demoiselle qui l'accompagne s'était éprise de Gauvain sur sa renommée, avait voulu, sous ce masque usurpé, non seulement la séduire, mais lui faire violence : Gauvain était survenu précisément à temps pour la sauver et tuer l'usurpateur de son nom. A cette révélation, la joie est grande, comme on pense, et la demoiselle, charmée d'apprendre que ce Gauvain qu'elle aimait n'est ni indigne ni mort, est encore plus contente de le prendre pour époux. Nous avons là sans doute le résumé d'un petit conte épisodique sur Gauvain, qu'on peut mettre au nombre des plus

de Giglan est appelée « Blanchevalee » (fol. O ii v°); il est singulier que, dans le premier chapitre, énumérant les principaux chevaliers de la Table ronde, l'auteur dise : « Giglan qui fut filz de « messire Gauvain et de la fae[e] Heli- « nor. » Ce prologue appartient d'ailleurs en entier à frère Claude.

heureusement imaginés. L'auteur de ce conte avait habilement utilisé un trait qui, nous l'avons vu, se retrouve souvent dans nos romans, où plus d'une jeune fille, sur la grande réputation du neveu d'Arthur, déclare, sans l'avoir vu, qu'elle n'épousera jamais que lui. Ce récit n'avait originairement rien à faire avec Guinglain, et c'est un troisième élément que Claude Platin a fait entrer dans sa compilation. En donnant à Giglan le rôle du chevalier qui combat Gauvain, il a produit une nouvelle variation du thème du combat d'un fils contre son père, que nous avons déjà rencontré dans le Perceval également appliqué à Gauvain et à son fils.

Le roman en prose de frère Claude Platin a été analysé par le comte de Tressan, dans la Bibliothèque des Romans (octobre 1777), avec l'inexactitude et les enjolivements qui caractérisent les « extraits » de ce galant vulgarisateur [1].

IDER.

Le héros de ce roman encore inédit, mais qui sera prochainement publié pour la Société des anciens textes français, appartient certainement au fonds ancien des traditions galloises. Il est un des guerriers d'Arthur qu'a mentionnés Gaufrei de Monmouth, et, si le singulier écrit intitulé *De antiquitate Glastoniensis ecclesiae* a été rédigé par Guillaume de Malmesbury tel qu'il a été imprimé, il nous présente un récit sur Ider visiblement emprunté à un roman chevaleresque et contemporain de Gaufrei, sinon antérieur. Mais il est possible que l'écrit de Guillaume de Malmesbury ait été fortement interpolé, et que l'épisode dont il s'agit y ait été inséré quelque temps après la composition de l'ouvrage. Il conserve néanmoins un réel intérêt, comme nous représentant un récit qui a tous les caractères

---

[1] M. Kölbing, dans le travail plusieurs fois cité, a cru à la fidélité de l'analyse de Tressan; ce qui l'a induit à porter un jugement erroné sur la version de Claude Platin et son rapport avec le poème de Renaud.

d'un poème anglo-normand de la première période, et qui est d'ailleurs visiblement apparenté au poème français qui fait l'objet de notre étude. Voici cet épisode.

A une fête de Noël, à Caerleon (Karlium, le Carlion de nos romans, l'*Isca Silurum* des Romains), Arthur arme chevalier Ider, vaillant jeune homme, fils du roi Nuth, et, pour l'éprouver, il l'emmène dans une expédition contre trois géants redoutables qui habitaient le mont des Grenouilles (*montem Ranarum, nunc dictum Brentenol*). Ider, sans rien dire à Arthur ni à ses autres compagnons, va en avant, provoque les géants, et, dans un combat prodigieux, les tue tous les trois, mais tombe épuisé par suite de ses blessures. Quand Arthur arrive avec les siens, il trouve le jeune homme presque inanimé; il part à la recherche d'un char pour l'emporter, mais, quand il revient, Ider a rendu le dernier soupir. Arthur le fait enterrer dans l'abbaye de Glastonbury, où vingt-quatre moines sont établis et richement dotés à charge de prier pour son âme. Cette fin est naturellement ajoutée par l'écrivain monastique, et il est probable que dans le poème qu'il suivait, comme dans l'épisode correspondant de notre roman, Ider survivait à ce terrible combat. L'interpolateur de Guillaume de Malmesbury prétend avoir trouvé ce conte dans une histoire d'Arthur (*legitur in gestis illustrissimi regis Arturi*) : il faut sans doute entendre par là, comme nous l'avons dit, un poème anglo-normand. Nous reconnaissons dans ce récit ce caractère simple et primitif des plus anciennes compositions arthuriennes : les seuls compagnons d'Arthur mentionnés avec Ider, Gauvain, Kei et Béduer, sont ceux qui l'entourent toujours dans la tradition purement galloise; d'autre part, la circonstance de la chevalerie conférée à Ider empêche de croire que le narrateur latin ait tiré son récit d'un conte gallois.

A côté du combat d'Ider contre les géants, un autre exploit de lui était célèbre : il consistait à avoir tué un ours. Un petit poème sur Tristan, qui remonte certainement au XIIe siècle et a été composé en Angleterre, nous l'atteste, et prouve, en outre, qu'avant Lancelot, Ider avait été donné par la poésie comme amant à la reine Guenièvre. Tristan, rappelant à Iseut tout ce qu'il a souffert pour elle, lui dit :

> Onques Yders, cil qu'ocist l'ors[1],
> N'ot tant ne poines ne dolors
> Por Guenievre la fame Arthur.

Cet amour d'Ider pour Guenièvre, dont notre roman a conservé des traces visibles, n'est rappelé, que nous sachions, nulle part ailleurs; mais il n'en est pas de même de son combat avec l'ours. Le poème qui nous occupe en présente un récit, où il est remarquable que la scène est dans l'appartement de Guenièvre, et qu'Ider se comporte comme son dévoué protecteur. D'autre part, dans la Vengeance de Raguidel, nous voyons Ider, qui joue d'ailleurs un rôle secondaire, lutter avec un ours redoutable et en venir à bout. La merveilleuse victoire remportée sur les géants et le combat contre l'ours étaient donc les deux traits principaux de la renommée d'Ider, fils du roi Nut : ils se retrouvent l'un et l'autre, mais assez éloignés de leur forme primitive, dans notre poème. Il est inutile de rapporter ici les nombreuses mentions d'Ider qui se rencontrent dans divers romans : on n'y prend guère au personnage que son nom, et on le présente quelquefois, par exemple dans Érec, sous un aspect peu favorable qui ne convient guère à sa réputation authentique.

Le manuscrit unique de Cambridge qui nous a conservé le roman d'Ider est incomplet du début. D'après des allusions qu'on rencontre par la suite, on voit qu'Ider était né dans la ville de Cardueil, à la suite du viol d'une jeune fille par un chevalier étranger, qui s'était éloigné aussitôt après et était demeuré inconnu. A l'âge de dix-huit ans, Ider, ayant appris ces circonstances, avait quitté

---

[1] L'édition de M. Michel porte : *Onques, Ysiaut, Del qu'ocist l'ors*. Nous avions conjecturé que c'était une mauvaise lecture, et, en effet, le manuscrit porte *Ydel quocist lors*, que nous avons corrigé comme on le voit ci-dessus. Cette correction a été admise dans l'édition nouvelle que M. Morf vient de donner de ce petit poème dans le tome XV de la Romania.

sa patrie pour se mettre en quête de son père, le ramener et lui faire épouser sa mère. Il arrive à la cour de la reine Guenloïe, à laquelle il inspire de l'amour; Ider l'aime de son côté, mais il se dérobe d'auprès d'elle pour continuer sa recherche et illustrer son nom. Il rencontre un soir un chevalier inconnu auquel il sert temporairement d'écuyer, et le lendemain il tue (nous ne savons dans quelles circonstances) deux ennemis qui menaçaient son nouveau maître. Or ce maître n'était autre qu'Arthur, comme Ider l'apprend (ici commence le manuscrit) des compagnons du roi, qui l'avaient perdu à la chasse et le retrouvent avec grande joie. Ider est charmé d'être ainsi entré en rapport avec le roi qu'il désirait tant connaître; mais Arthur, revenu dans son palais, à Pomfret, oublie complètement le jeune « vallet » qui lui a été d'un si grand secours. Sur ces entrefaites, arrive une messagère, envoyée par la dame du Château des Pucelles (c'est Édimbourg qui est d'ordinaire ainsi désigné dans nos romans), qui, menacée par le Noir Chevalier, demande à Arthur, son suzerain, le secours qu'il lui doit : Arthur répond qu'il tâchera plus tard de s'occuper d'elle, mais que, pour le présent, il ne peut interrompre le siège qu'il a mis devant le Rouge Mont, pour châtier Talac, qui le brave. Ider, indigné, s'éloigne d'une cour dont le maître oublie les services rendus et se refuse à ses devoirs de seigneur, et va offrir son bras à Talac du Rouge Mont, non sans avoir été armé chevalier par un des hôtes qu'il rencontre et avoir acquis, dans le fils d'un pauvre chevalier qui l'héberge aussi, le plus fidèle des écuyers, Lugain. La reine Guenloïe, ayant appris la présence de son ami dans le château du Rouge Mont, est venue avec sa suite de demoiselles établir dans la plaine ses riches tentes, dont s'émerveillent assiégeants et assiégés, et assiste aux exploits chaque jour renouvelés d'Ider. Celui-ci joute avec Gauvain lui-même; le combat, suivant l'usage (voyez ci-dessus, p. 32), est indécis; mais Ider, ayant tué le cheval de Gauvain, va emmener celui-ci prisonnier, quand le sénéchal Kei frappe

Ider en trahison et lui brise sa lance dans le flanc. Arthur, qui avait déjà déploré son apparente ingratitude envers Ider, et Gauvain, qui admirait sa prouesse, le croyant mortellement atteint, en sont désolés; mais Lugain, qui ne désespère pas, met le blessé sur une litière et l'emmène, avec beaucoup de peine, chez son père : en chemin, il rencontre Guenloïe, qui voulait se donner la mort, mais qui, reconnaissant Ider et voyant qu'il respire encore, retire le fer de sa plaie et l'adresse à une abbaye de femmes, où il est très bien reçu, et où un excellent médecin le guérit. Arthur, qui a fait la paix avec Talac à la suite du deuil commun où les a jetés la perte d'Ider, apprend avec bonheur la guérison du jeune chevalier; il vient le visiter avec Gauvain et la reine Guenièvre, et le fait chevalier de la Table ronde. Ici finit la première partie du roman.

Entre cette introduction et la suite est intercalé l'épisode de l'ours, dont nous avons dit un mot tout à l'heure. Un jour qu'Ider est avec Gauvain et d'autres dans la chambre de la reine, un grand ours aveugle, qui était à la chaîne et que les « oursiers » étaient en train de « beter » (c'est-à-dire d'exciter) avec des chiens, rompt sa chaîne et entre dans la chambre. Tous se sauvent, Gauvain cherche une arme, mais Ider s'avance vers l'ours, le prend à bras le corps :

> Ensement se sont pris andui :
> Yder l'enbrace et il lui
> Com feïssent dui luteor :
> Cil quil veient en ont freor.

Dans cette terrible étreinte, c'est l'ours qui le premier perd haleine, et Ider, le saisissant par la peau du cou, réussit à le lancer par la fenêtre dans le fossé qui entoure le château. Depuis ce jour, sa renommée à la cour fut plus grande encore. On reconnaît ici, au milieu d'aventures toutes chevaleresques, un récit d'un caractère primitif; il rappelle des exploits analogues attribués à bien des héros épiques, entre autres au Cid; seulement d'habitude c'est un lion qui remplace l'ours.

Cependant Guenloïe, désireuse de revoir Ider, a recours à un expédient assez détourné : elle vient assiéger Talac, devenu le vassal d'Arthur, parce qu'elle compte qu'il demandera secours à son suzerain et qu'ainsi tous les chevaliers de la Table ronde arriveront devant le Rouge Mont. Talac vient en effet requérir l'aide d'Arthur, mais cette fois celui-ci veut avant tout aller délivrer la dame du Château des Pucelles. Talac s'éloigne fort mécontent; Gauvain et Ivain le rejoignent pour l'aider. Ider, froissé de ce que Gauvain est parti sans le prévenir, va chercher des aventures de son côté. La plus intéressante de celles qu'il trouve est un combat acharné contre un chevalier dans lequel il reconnaît à la fin son propre père, Nuc[1], riche duc d'Allemagne, qui avait toujours désiré retrouver la demoiselle qu'il avait jadis aimée et qui est tout heureux de découvrir en son fils le meilleur chevalier qu'il ait jamais vu. Nous avons déjà rencontré dans nos romans plus d'une variante de ce thème. Ider et son père se rendent ensemble à la cour d'Arthur; Guenloïe, qui est toujours informée par des courriers de ce qui arrive à son ami, se réjouit d'apprendre sa noble extraction.

Nous arrivons à la dernière partie du roman, où se montrent les traces des récits plus anciens sur Ider dont nous avons parlé. Il passe un jour par la tête du roi Arthur une malencontreuse idée : devisant avec Guenièvre, il lui demande d'abord ce qu'elle ferait au cas où il viendrait à mourir; elle le supplie de laisser un tel discours. Il y consent, mais il revient par un détour à son but :

« Mès si ço ert qu'il esteüst
Qu'uns altres de moi vos deüst,
Qui prenderiez vos, par la fei
Que vos devez et Deu et mei?
— Jol vos ai dit, c'en est la some,
Que ja mès ne prendereie home.
— Jo quit bien qu'il vos desplaireit;

---

[1] Cette forme est attestée par les rimes pour notre poème; mais le nom ancien du père d'Ider était Nut, dans les textes français d'ordinaire Nu.

Mès qui tele force fereit
Envers vos d'autre seignor prendre,
Que ne vos peüssiez defendre
Por crieme de perdre le chief,
Qui prenderiez od menor grief?
Dites le, si Deus vos ait. »
Tant l'en somont et tant li dit
Qu'el li a respondu folie :
« Sire, ne sai que jo vos die;
Il ne fait a parler de ço :
Ja après vos ne vive jo,
Car trop vivreie a grant tristesse !
Mès si jo iere a tel destresse
Com vos dites, se ne soffreie,
Ce que jo por riens ne fereie,
Se mis sires Iders m'aveit,
C'est cil dont mains me desplaireit. »

Depuis cette réponse, qu'il a arrachée si imprudemment à sa femme, Arthur est dévoré de jalousie contre Ider et rêve à un moyen de le perdre. Il propose à Gauvain, Ivain, Kei et Ider de venir avec lui chercher aventure. Ils rencontrent Guenloïe, qui leur raconte que, près de Wircercestre (Worcester), au milieu de la forêt de Malverne, dans le Glocester, sont deux géants formidables, qui possèdent un couteau merveilleux, emmanché de corne de « ceraste » : celui qui pourra le lui apporter sera son mari. Arthur et ses compagnons se rendent du côté indiqué. Arrivés près du repaire des géants, ils envoient Kei pour le reconnaître; mais celui-ci jette à peine un coup d'œil sur le manoir, qu'entourent des pieux chargés de nombreuses têtes coupées, et se cache près de la porte. Ider, envoyé après lui, entre dans la salle, trouve les deux géants qui rôtissaient un sanglier, les tue l'un et l'autre après un rude combat, prend sur la table le couteau demandé par Guenloïe, puis il se désarme et se chauffe tranquillement. Arthur, Ivain, Gauvain, accompagnés de Kei qui sort de sa cachette, arrivent dans la salle, croyant Ider mort et voulant le venger, et sont fort surpris de trouver Ider assis à la cheminée et les deux monstres étendus sans vie. La nuit,

Ider a soif; Kei s'offre à lui chercher à boire, et ce traître, qui nourrissait toujours contre notre héros une haine mortelle, lui apporte de l'eau d'une fontaine qu'il savait empoisonnée. Ider boit, et aussitôt il tombe stupéfié et tellement défiguré que le lendemain matin Gauvain, qui, ne sachant rien, veut l'éveiller, ne trouve plus même en lui forme humaine. Ses compagnons croient que les géants lui ont lancé quelque venin dont il est mort, et ils s'éloignent. Surviennent dans le manoir deux frères, fils du roi d'Irlande. Ils trouvent Ider gisant, et reconnaissent qu'il respire encore et qu'il a été empoisonné : or ils portent avec eux des herbes de leur pays, et les herbes qui ont crû en Irlande sont victorieuses de tout poison (c'est une croyance que nous retrouvons assez souvent au moyen âge, et qui se rattache à la légende de saint Patrice); ils en font boire une infusion à Ider, qui aussitôt vomit le premier breuvage, et leur raconte son aventure. Les deux frères se rendent à la cour d'Arthur, et Gauvain, à qui ils rapportent ce qui s'est passé, dénonce, d'accord avec Nuc, la trahison de Kei; on va le mettre à mort, quand Ider, qui s'était arrêté en route, arrive à son tour, et demande qu'on fasse grâce au perfide sénéchal. Le fidèle Lugain, qui se mourait de douleur d'avoir perdu son maître, le retrouve avec transport. Bientôt survient la belle Guenloïe : Ider lui offre le couteau qu'il a ravi aux géants, et réclame l'exécution de sa promesse. On pense qu'elle ne se refuse pas à la tenir. Arthur, qui n'a plus de malveillance contre Ider, le fait couronner roi pour qu'il puisse épouser une reine. Après le mariage, Ider se rend à Cardueil avec sa femme et son père Nuc, qui répare son ancien tort en épousant celle qui lui a donné un fils dont il est si fier. Lugain est armé chevalier. Le roman finit par la description des fêtes dans lesquelles on célébra tant d'heureux événements.

Comparé à la forme primitive de l'épisode des géants, telle que la résume le texte latin cité plus haut, on ne peut dire que le récit de notre poème ait l'avantage. La conduite d'Arthur, qui empêche Ivain et Gauvain d'aller au secours d'Ider quand on entend le bruit de son combat avec les géants, est trop odieuse, et le poète a beau nous dire que la jalousie abaisse les plus nobles caractères, il est pénible de voir ainsi défigurer celui du roi loyal et courtois par excellence. Combien est à la fois plus simple et plus poétique le procédé de l'ancien récit, où l'on voyait le jeune Ider se dérober secrètement à ses compagnons pour aller seul défier et tuer les géants! Il vaut mieux aussi que la mort apparente du héros soit causée par ses blessures ou par le venin que lui ont lancé les monstres qu'il a mis à mort que par un vulgaire empoisonnement, étranger à ce grand exploit. Et comment tolérer que Kei, auteur d'un crime aussi infâme (et déjà d'une trahison presque pareille), continue à figurer parmi les chevaliers de la Table ronde et reçoive même, un peu plus loin, quelques éloges? On devine que notre épisode a été recueilli par le poète français dans un état assez altéré, et qu'il s'est tiré comme il a pu de données insuffisantes et peu claires. Il est probable que, dans le récit qu'il a arrangé, la jalousie d'Arthur était plus fondée que dans le sien : voulant faire un vrai roman biographique et marier son héros à la fin, il a rompu le lien qui existait, dans la source où il puisait, entre Ider et Guenièvre, et a inventé, pour en tenir lieu, la jolie scène que nous avons racontée plus haut.

Ce poète était en effet un homme de talent et un homme d'esprit. Il n'y a pas de roman de la Table ronde où le récit soit plus agréable, le style plus coulant, l'expression plus nette et plus vive que dans le sien. Il écrivait pour la haute société de son temps; cela s'entendrait sans qu'il le dît; mais il le dit expressément dans les vers par lesquels il termine son ouvrage :

> Cist livres fait ici et fine.
> Por rei fu faiz e por reïne
> E por clers e por chevaliers
> Qui bials diz oent volentiers,
> Por dames et por dameiseles
> Qui mout sont courteises et beles,

> Et nient pas por autre gent
> Ne fu faiz li livres nient [1].

Aussi trouve-t-on dans son poème tout ce qui devait plaire à cette société et que nous avons déjà remarqué dans plusieurs œuvres du même genre : descriptions de joutes, de fêtes, de riches tentes, d'armes, de costumes, digressions sur l'amour tel qu'il était alors à la mode, longs monologues, dialogues pressés, etc. On y trouve aussi des passages plus originaux. Nous allons en signaler quelques-uns.

Dès le début se place un épisode assez singulier, que nous avons omis dans notre rapide résumé : c'est la façon dont Ider est armé chevalier. Ayant quitté la cour d'Arthur, il rencontre un roi, Ivenant, auquel il communique son désir de recevoir l'ordre de chevalerie. « Je vous le con-« férerai, dit Ivenant, mais à une condition. Allez m'attendre « dans mon château, près d'ici; vous y trouverez ma femme; « elle vous offrira son amour, comme elle fait à tous ceux « que j'y envoie, bien qu'au fond elle n'aime que moi. Si « vous pouvez vous défendre d'elle, je vous armerai cheva-« lier; sinon, vous aurez perdu votre peine, comme tous « les écuyers qui ont tenté l'aventure. » Ider, sûr d'être défendu par son amour pour Guenloïe, accepte l'épreuve. Il arrive au château, entre dans la salle, qui est pleine de chevaliers occupés à divers jeux, et, fatigué qu'il est, s'endort dans un fauteuil. La reine, qui est dans son appartement, envoie une « pucele » chercher de l'eau à la fontaine dans la cour; en traversant la salle, celle-ci voit Ider endormi, et s'arrête à le contempler, si bien qu'elle oublie sa commission et revient auprès de la reine le bassin vide à la main. On la gronde, on se prépare à la battre : elle s'excuse en parlant du beau damoisel qu'elle a vu. Aussitôt

> La reïne prent un mantel
> De ciglaton a penne grise;
> Sans guimple fu et sanz chemise,
> Kar chaut feseit : de chambres ist,
> Venue est la ou Yders gist.

---

[1] Ces deux derniers vers paraissent altérés, mais nous ne voyons pas comment les rétablir.

Elle s'approche du dormeur, l'éveille fort doucement et lui propose son amour sans autre préambule. Ider lui répond d'abord par de dures paroles; mais, comme cela ne suffit pas à l'écarter, il la menace de la frapper, et il ne s'en tient pas à la menace :

> Quanques il puet se treit ariere, V. 380.
> Mes el se treit toz dis soentre :
> Iders la fiert del pié el ventre
> Si qu'el cheï ariere enverse.....
> Jo nel sai pas de ço reprendre,
> Kar il ne se poeit defendre.
> La dame devint tote pale.
> Cil qui sont as gieus en la sale
> Voient le cop et les diz oent;
> Mout s'en rient, mout s'en esjoent :
> Bien sevent la costume tote.
> Li uns toche l'autre del cote,
> Mès n'i gardent ne tant ne quant :
> As gieus gardent et font semblant
> Qu'il entendoient al deduit,
> Et demeinent grant joie tuit.

Il faut avouer que tout cela est peu courtois et peu délicat. Ces grossièretés sont d'autant plus instructives qu'elles sont involontaires et qu'elles montrent la brutalité à peine réprimée qui subsiste presque entière sous le vernis de politesse et de raffinement que la société chevaleresque du xiie siècle aime à faire briller.

Les réflexions auxquelles notre poète se complaît sont souvent intéressantes et bien exprimées. Il parle ainsi de l'avare :

> Quel bien a de l'avoir qu'il muce ? V. 1719.
> Sol tant qu'il le set en sa huce,
> Et bel li est quant il le nunbre.....
> Cil qui estuient les tresors
> Il se destreinent assez plus
> Que cil qui quierent par les us.
> Qui que le gart, tot iert altrui :
> L'avoir lairra ou l'avoirs lui.

Dans un morceau fort curieux, le poète rapproche l'amour de la religion, et attaque vivement ceux qui ne prennent l'habit religieux que pour abriter leur paresse ou leur cupidité :

> Ce est droite religion
> Que haïr tote vilanie.
> Cil qu'Amor tient en sa baillie
> Ne la voldroit dire ne faire.
> Religion n'est pas en haire :
> Les blanches chapes ne les noires
> N'i font force vaillant deus poires.
> Li bosoignos et li vilain
> Devienent moine por le pain
> Et por jeter soi de la cure
> Du vivre et de la vesteüre.
> Qui si vait a religion
> Si a la costume au bordon :
> Il vole o les és, puis s'embusche
> Por mangier le miel de la rusche.....
> Ne tienc pas de trop grant merite
> Moine qui home desherite;
> Qui cruels est et convoitos
> Ne puet estre religios,
> Car l'om ne set plus malveis vice
> Ne plus vilain que avarice;
> Mès el cuer del verai amant
> Ne regne il ne tant ne quant,
> Mès largesse et autres vertuz :
> Ja qui bien aime n'iert perduz.

Après avoir fait du pavillon de Guenloïe la description la plus mirifique, notre poète éprouve le besoin de critiquer des morceaux semblables chez ses confrères; il les accuse d'exagération dans des termes qui prouvent qu'il avait fait sa rhétorique :

> Plusor troveor se penerent
> Es estoires que il conterent[1]
> De feire unes descripcions
> De vergiez et de paveillons

---

[1] La leçon du manuscrit est ici altérée; elle porte : *Des estoires que len mesme nerent*.

> Et d'el, si que tuit s'aparceivent
> Qu'il en dient plus qu'il ne deivent :
> Par ço quident lor traitez peindre,
> Mès nel font, car on n'i doit feindre :
> O bien estoire, o bien mençonge ;
> Tels diz n'a fors savor de songe,
> Tant en acreissent les paroles ;
> Mès jo n'ai cure d'iperboles :
> Yperbole est chose non voire
> Qui ne fu et qui n'est a croire,
> C'en est la difinicion.
> Mès tant di de cest paveillon
> Qu'il n'en a nul soz ciel quil vaille.

Citons encore quelques traits qui intéressent l'histoire des usages, des mœurs ou des lettres. La coutume de donner au nouveau chevalier, quand on venait de l'armer, un coup de la paume ou du plat de l'épée sur le cou était, d'après l'auteur, tombée en désuétude de son temps, ce qui paraît d'ailleurs contredit par d'autres témoignages :

> De ses armes l'arma li rois, V. 474.
> Puis li a doné la colee
> Quant il li a ceinte l'espee ;
> C'ert la costume as anciens,
> Mès nel font mès en nostre tens.

Opposant les mauvaises qualités de Kei aux perfections de Gauvain, le poète dit du premier :

> Vous n'orrés ja son los en conte. V. 1166.

En effet, comme nous l'avons dit, depuis Chrétien, qui paraît avoir donné l'exemple, tous les auteurs se sont acharnés à présenter sous les plus noires couleurs le malheureux sénéchal, et le nôtre a même plutôt enchéri sur ses prédécesseurs, tout en conservant à Kei un certain courage ; encore ne le prouve-t-il guère au besoin.

Quand la belle Guenloïe veut se tuer pour ne pas survivre à son ami, elle pense qu'elle retrouvera dans l'autre monde les amoureuses qui avant elle ont eu recours au suicide pour échapper à un trop grand chagrin; elle les trouve à peu près toutes dans Ovide, et c'est un passage à joindre à ceux que nous avons cités ailleurs sur la connaissance d'Ovide au moyen âge; on remarquera aussi dans ce passage la tournure peu chrétienne des sentiments :

> « Bel semblant, ço quit, me feront
> Les cheitives qui o toi (elle s'adresse à Amour) sont,
> Qui s'ocistrent par druerie
> D'amor; mout voil lor compainie.
> D'amor me recomfortera
> La lasse Deïanira [1],
> ..... et Canacé,
> Eco, Scilla, Fillis, Pronné,
> Ero, Biblis, Dido, Mirra,
> Tisbé la bele, Hypermnestra,
> Et des autres mil et cinc cenz.
> Amor, por quoi ne te repenz
> De ces simples lasses destruire?
> Trop cruelment te voi deduire :
> Pechié feiz que n'en as pitié;
> Nuls deus fors toi ne fait pechié.
> De ço est Tisbé al dessus
> Que por lié s'ocist Piramus;
> Amors, de ço te puet loer,
> Car a ta cort siet o son per.
> Eco i est o Leander :
> Si jo i fusse avec Ider,
> Aise fusse, ço m'est avis,
> Com alme qu'est en paraïs. »

On voit quel était le bon usage, pour le salut, quand on avait affaire à des personnes de religion, dans ce passage qui nous montre Lugain accueilli par la prieure d'un couvent de nonnes :

> Li portiers oevre, et Lugains entre :
> Vers la dame qu'il a veüe

---

[1] Tout ce passage est déplorablement altéré dans le manuscrit. Nous l'avons restauré autant que possible. Ce vers est ainsi conçu : *La lasse doy ia nirra.* Nous n'avons pas réussi en entier le vers suivant : *Ki son cost et eanace.*

S'est aprismiez, si la salue;
El li dit : *Benedicite!*
Il quiert hostel par charité :
Il deüst dire : *Dominus!*
Ço fust ordre, mès n'out a us
D'estre araisniez en tel maniere.

Le manuscrit qui nous a seul conservé le roman d'Ider se trouve, comme nous l'avons dit, dans la bibliothèque de Corpus Christi College, à Cambridge. Le texte, incomplet au début, y compte encore 9606 vers; on peut estimer à cinq ou six cents ceux qui manquent au commencement, et qui sont d'autant plus regrettables que l'auteur s'y était peut-être nommé. Ce manuscrit a été exécuté en Angleterre au XIIIe siècle; l'écriture en est fort belle, mais la leçon est très défectueuse, et, pour retrouver le texte original, il faut constamment recourir à la critique conjecturale : elle est toutefois, au moins dans beaucoup de cas, assez aisée, le scribe n'ayant pas volontairement altéré son modèle, mais l'ayant simplement lu de travers, par suite de sa connaissance imparfaite du français. Dans les citations que nous avons faites, nous avons donné un texte restitué pour le sens et quelque peu pour la forme, sans juger utile de noter les leçons exactes du manuscrit, qui trouveront naturellement leur place dans l'édition du poème. Nous devons à M. Paul Meyer la communication d'une copie très fidèle du manuscrit de Cambridge, qu'a prise pour lui une personne habituée de longue main à des travaux de ce genre aussi bien qu'à de solides recherches littéraires, miss Lucy Toulmin Smith.

Un mot encore sur la date, la patrie et les sources de ce joli roman. L'étude des rimes nous révèle des faits linguistiques assez particuliers. Le plus intéressant est celui-ci : un *e* bref précédé et suivi d'un *i*, qui en français propre aboutit à *i*, donne dans le dialecte de notre poète *ie;* ainsi *liet* (lit) rime avec *siet, liez* (lits) avec *cochiez, despiet* (dépit) avec *siet, prié* (je prie) avec *congié, priet* (subj.) avec *siet, empiert* (subj. du verbe *empeirier*) avec *iert* (était), *deliet* (délit) avec *dechiet*, *esliere* (élire) avec *litiere*, *piés* (pis, poitrine) avec *niés* (lat. *nepos*), etc. Nous ne connaissons pas d'autre texte où l'on ait relevé exactement ce même trait phonétique; mais des particularités analogues se retrouvent dans toute la région occidentale de la langue d'oïl, depuis le sud de la Normandie jusqu'au Poitou, en y comprenant le Maine, la Touraine et l'Anjou. C'est à cette région que doit être assigné notre poème, comme le montre aussi la distinction toujours observée entre *oi* et *ei*, qui ne devient pas *oi* comme dans la région orientale. En tout cas, la forme anglo-normande sous laquelle le texte se présente n'est sûrement pas originale : le poème a été composé sur le continent, sans que l'auteur, qui écrivait sans doute dans la première moitié du xiii° siècle, ait eu recours directement à des sources celtiques. Il a composé son poème avec divers éléments, que nous avons déjà signalés en grande partie. Le plus important est ce qu'on peut appeler la légende d'Ider; l'auteur l'a probablement recueillie dans les récits de ces conteurs qui, originairement venus d'Angleterre, parcouraient les cours seigneuriales en disant les histoires d'Arthur, toujours assurées de plaire. De cette légende il a retenu, outre le nom du héros et celui de son père, l'épisode de l'ours, le combat contre les géants, et, au moins à l'état de souvenir atténué, les amours avec Guenièvre (soit qu'il les ait lui-même réduites à presque rien, soit qu'il n'en ait déjà recueilli que ce souvenir). Pour donner de l'unité et un nouvel intérêt à l'histoire de son héros, il a raconté sa naissance irrégulière, la recherche qu'il fait de son père, son combat contre lui et finalement leur rapprochement et le mariage de ses parents; nous disons qu'il a raconté ces événements, et non qu'il les a inventés : on les retrouve en effet, plus ou moins semblables, dans deux anciens lais, celui de Milon, par Marie de France, et celui de Doon; on les retrouve encore dans des récits appartenant à des littératures fort diverses, et notamment dans le roman d'aventures de Richard le Beau, d'ailleurs sensiblement postérieur au nôtre. Les autres épisodes dont le poète s'est servi pour amplifier sa narration paraissent plus réellement imaginés par lui; encore plusieurs d'entre eux ne sont-ils que des variations de thèmes qui se retrouvent ailleurs. On ne se lassait pas alors d'entendre des aventures qui, malgré leur ressemblance générale, offraient dans chaque nouveau roman assez de traits particuliers pour paraître nouvelles; elles n'avaient pas naturellement la monotonie que leur trouve le lecteur moderne quand, pour une étude du genre de celle-ci, il lit à la file les quarante ou cinquante poèmes où plusieurs d'entre elles reviennent sans cesse sous des formes à peine changées. Cette monotonie n'est atténuée que par la manière de conter, et à ce point de vue l'auteur d'Ider est un de ceux qui présentent le plus d'agrément. Son œuvre, malgré son mérite, a été fort peu répandue : non seulement on n'en a qu'un manuscrit, mais nous ne connaissons ni traduction qu'on en ait faite à l'étranger, ni allusion qui s'y rapporte dans aucun autre roman.

JAUFRÉ.

Voyez t. XXII, p. 224-234.

La notice insérée ici doit être complétée et rectifiée par celle que donne M. Bartsch dans son Précis de l'histoire de la littérature provençale. Ce critique paraît cependant s'avancer trop en disant que le roman de Jaufré n'a pas été composé avant le milieu du XIIIe siècle. En effet, les expressions dont se sert l'auteur en parlant du roi d'Aragon ne peuvent s'appliquer qu'à Jacques le Victorieux, qui était alors « jeune couronné » et « nouveau chevalier », et qui venait de remporter un premier succès sur les infidèles. Jacques, né en 1206, et roi en 1213, fut armé chevalier en 1221. Le prologue de Jaufré doit avoir été écrit peu après l'année 1225, où Jacques fit une première fois la guerre aux musulmans, et, bien qu'il dût lever le siège de Peñiscola, obtint un succès réel; il ne peut guère être posté-

Bartsch, Grundriss der prov. Literatur, p. 17.

Meyer (P.), Les derniers troubadours, p. 38.

Tourtoulon (B[on] de), Jacques Ier le Conquérant, t. I, p. 173.

Ibid., p. 188.

rieur à l'année 1228, où la conquête de Majorque jeta sur le jeune roi une gloire que notre poète n'aurait pas manqué de célébrer avec éclat. C'est donc entre 1225 et 1228 que le roman a dû être écrit. On ne saurait, en effet, songer à reconnaître dans le «jeune couronné» et le « nouveau che-«valier » du prologue le fils de Jacques, Pierre III, qui monta sur le trône en 1276, à trente-sept ans.

Comme nous l'avons dit à propos du roman de Guinglain, il existe de Jaufré une rédaction en prose française du XIVe siècle, qu'aucun critique n'a signalée jusqu'à présent, quoiqu'elle ait été trois fois imprimée. Cela tient au titre sous lequel elle se présente : non seulement l'histoire de Jaufré est mêlée à celle de Giglan, mais Jaufré porte le nom de «Geoffroy de Mayence», ce qui devait le faire prendre pour un héros français et non breton. Voici comment s'explique cette méprise de frère Claude Platin, l'auteur de la double traduction. Jaufré, quand il se présente à la cour, dit qu'il est fils de Dovon, un des meilleurs vassaux qu'ait eus jadis le roi Arthur. Claude Platin a cru reconnaître là Doon de Mayence, personnage bien connu de l'épopée nationale, et cela d'autant plus facilement sans doute que ce Doon, dans les chansons de geste, est fils de Gaufrei[1]. Cependant l'analyse du roman de «Giglan et Geoffroi» par Tressan, tout incomplète et infidèle qu'elle est, aurait dû suffire pour faire reconnaître depuis longtemps que ce Geoffroi n'était autre que Jaufré.

Claude Platin assure qu'il a traduit ce roman de «rime «espaignolle»; il a pris, comme nous l'avons dit, du provençal pour de l'espagnol : cela est arrivé à d'autres qu'à lui. Il existe bien en espagnol un roman sur les aventures de Jaufré; mais ce roman en prose n'est pas l'original de Claude Platin. C'est la *Crónica de los nobles cavalleros Tablante de Ricamonte y Jofré, hijo de Donasson,* imprimée plusieurs fois au XVIe siècle depuis 1513, encore au XVIIe, et

---

[1] Il est vrai que le texte imprimé du livre de Claude Platin, au moins dans l'édition sans date que possède la Bibliothèque nationale, porte *Donon;* mais c'est sans doute une faute d'impression pour *Dovon.*

qui n'a pas cessé, dans des éditions populaires de plus en plus altérées, d'avoir du succès auprès du public espagnol. Cervantes loue plaisamment l'auteur de Tablante de sa minutie à exprimer les détails de la vie réelle : il semble qu'il y ait là quelque confusion de mémoire, car le récit assez sec du roman espagnol ne mérite nullement cet éloge ironique. Ce roman est une imitation libre et fort ennuyeuse du poëme provençal de Jaufré; Taulas de Rougemont est devenu Tablante de Ricamonte. Le nom de fils de Donasson, donné à Jofré, nous paraît provenir des deux vers du poëme provençal où le héros se nomme :

> Seiner, Jaufre lo fill Dovon
> Ai nom en la terra d'on son.

L'édition de la *Crónica* donnée à Séville en 1599 porte au titre : *la qual fué sacada de las crónicas francesas por el onrrado varon Felipe Camus*. Philippe Camus est connu dans l'histoire de la littérature française pour avoir mis en prose, au XVe siècle, le roman d'Olivier de Castille et Artus d'Algarbe et le Cléomadès d'Adenet (devenu Clamadès dans la prose), publiés tous deux au XVe siècle, en édition gothique. Ces deux romans ayant été de bonne heure traduits et imprimés en espagnol, et ayant eu beaucoup de succès, c'est sans doute ce qui aura engagé l'éditeur de 1599 à profiter de la vogue qui s'attachait en Espagne au nom de Philippe Camus, fort oublié en France. Cette allégation a induit en erreur le savant bibliographe Nicolao Antonio, qui a fait de Felipe Camus un auteur espagnol, traducteur de livres français, et lui a attribué, outre les trois romans qui viennent d'être mentionnés, les versions castillanes de Pierre et Maguelone et de Robert le Diable. L'édition de Tablante parue à Alcala de Henares en 1604 attribue ce roman à un certain Nuño de Garay, parfaitement inconnu d'ailleurs, et qui paraît avoir trouvé bon de s'approprier cette œuvre sans maître; il ne connaissait sans doute que des éditions anonymes.

Ajoutons que le roman provençal a été l'objet d'une traduction libre en français moderne par Mary-Lafon.

Gayangos, loc. cit.

Du Verdier, Biblioth. fr., t. V, p. 199.

Gayangos (P. de), Libros de Caballeria, p. XV.

LANCELET.

Voyez t. XXII, p. 212-223.

Depuis la publication de cet article, diverses études ont été consacrées au poème d'Ulrich de Zatzikhoven et à sa source française; on les trouvera indiquées et résumées dans un article de la Romania, t. X, p. 465-496; voir aussi des remarques complémentaires au tome XII, p. 459 et suivantes.

MANUEL ET AMANDE.

> Zeitschrift für deutsches Alterthum, nouv. sér., t. XIV, p. 297-307.

On a trouvé dans une reliure et M. Oswald Zingerle a publié trois fragments d'un poème allemand du XIIe siècle, auquel il a donné ce nom, et qui repose certainement sur un original français (v. 113), malheureusement perdu, ainsi que la traduction allemande presque entière[1]. Le premier fragment, fort court et fort maltraité, offre peu d'intérêt; mais il n'en est pas de même des deux derniers, qui n'en font qu'un, avec une lacune assez considérable au milieu; ils se trouvent, en effet, sur trois feuilles qui formaient ensemble un cahier; mais la feuille du milieu manque, ce qui nous prive de 80 vers. Ce cahier menait fort près de sa fin un poème qui, à en juger par l'exiguïté du format du manuscrit (20 vers à la page), n'était sans doute pas bien long; ce qui venait après notre fragment ne devait pas dépasser quelques vers. Ce fragment commence par régler le sort du héros du poème, Manuel, empereur grec, et Amande, fille d'un roi d'Espagne. Après de longues traverses, ils se marient devant Arthur à Cardueil et s'en vont en Grèce, où ils firent une fin bénie. Nous avons donc là un roman dans le genre de Cligès et de Floriant et Florete, où les héros de l'Orient viennent figurer à la cour d'Arthur; le nom de Manuel, visiblement emprunté à l'empereur de

---

[1] Une allusion à la belle Amande se trouve dans le *Willehalm* d'Ulrich du Türlin et se rapporte sans doute à notre poème; voy. *Germania*, t. XVIII, p. 115.

ce nom (1143-1180), nous montre que ce roman était de date assez récente et sans doute de pure invention.

Mais ce qui suit la fin du récit mérite plus l'attention. Le poète revient à Arthur, et nous dit que, depuis son retour (v. 115), il présida vingt-cinq ans la Table ronde, après l'aventure terrible où il avait passé pour mort et était même resté longtemps en bière (v. 111, 112). Cette aventure, qui était racontée dans la partie perdue du poème, ne nous est pas connue autrement. Enfin la gloire d'Arthur prit fin, car rien ne dure toujours. Ses fidèles croyaient qu'il ne pouvait mourir, et que Dieu lui avait donné cette grâce. «Quelle fut sa fin? Là-dessus il y a beaucoup de récits.» Le poète en commence un; mais ce récit est interrompu par la lacune indiquée ci-dessus au bout de trois vers, qui sont peu clairs, et desquels il résulte seulement qu'il s'agit d'un chat. Le combat d'Arthur contre un chat gigantesque et surnaturel est raconté dans la version la plus répandue du Merlin en prose; mais le roi breton est vainqueur. Un poète normand, animé de sentiments tout anglais, résume au commencement du XIIIe siècle, pour la réfuter, une fable que les Français racontaient, dit-il, au déshonneur d'Arthur, et qui paraît ressembler de plus près au récit de notre poème. Voici ce que dit André de Coutances :

V. 151.

Paris (P.), Les Romans de la Table ronde, t. II p. 358-362.

> Rimé ont de lui li Franceis...
> Il ont dit...............
> Que boté fu par Capalu
> Li reis Artur en la palu,
> Et que le chat l'ocist de guerre,
> Puis passa outre en Angleterre,
> Et ne fu pas lenz de conquerre,
> Ainz porta corone en la terre
> Et fu sire de la contree.
> Ou ont itel fable trovee?
> Mençonge est, Deus le set, provee,
> Onc greignor ne fu encontree.

Jubinal, Nouveau Recueil, t. II p. 2.

D'après le passage obscur de notre poème, il semble que le chat était en même temps un poisson. Si l'on rapproche ce trait du nom de Chapalu, qui, dans André de Coutances, paraît être le nom du chat fantastique, on songera tout naturellement à reconnaître dans ce monstre le Chapalu qui joue un rôle dans la Bataille Loquifer, et qui avait « la tête « d'un chat, les pieds d'un dragon, le corps d'un cheval « et la queue d'un lion. »

Quand nous retrouvons le texte de notre poème, Arthur a disparu. Sa femme, qui n'est pas nommée et qui l'aime d'un amour fidèle, digne de servir de modèle à toutes les femmes, l'attend pendant onze années encore; après quoi elle meurt de douleur et est enterrée à Saint-David (la mention de cet ancien siège épiscopal, métropole du pays de Galles, est digne d'attention). Nous n'avons retrouvé nulle part cette version de la mort de Guenièvre. Dans un roman en prose, elle meurt avant son mari, de la douleur que lui cause la mort de leur fils Lohot, et elle est enterrée à Avalon. Dans Gaufrei de Monmouth, elle expie sa mauvaise conduite par une réclusion perpétuelle dans un cloître; il en est de même dans les grands romans en prose, où elle pleure, après la disparition d'Arthur dans la bataille contre Mordret, ses coupables amours avec Lancelot. Ici, au contraire, elle est présentée comme la plus pure et la plus tendre des épouses, et en cela l'original français de notre poème, quelque peu ancien qu'il fût, était fidèle à d'anciennes traditions. Il est regrettable que nous ne connaissions ce poème que d'une manière si incomplète et si défectueuse.

MÉRAUGIS DE PORTLESGUEZ,

PAR RAOUL DE HOUDENC.

L'auteur de Méraugis de Portlesguez, Raoul de Houdenc, a été célèbre parmi ses contemporains et a occupé de nos jours, à plusieurs reprises, les historiens de la littérature. On peut voir ailleurs les articles que nos prédécesseurs ont consacrés à ses diverses productions; à propos d'un autre roman, la Vengeance de Raguidel, nous avons examiné le bien-fondé de l'attribution qui lui en a été faite. Quant à Méraugis, il n'y a pas de doute à avoir; le poète s'y nomme deux fois expressément :

> Pour ce Raoul de Houdenc[1] dit.... P. 2.
> Li contes faut, si s'en delivre P. 255.
> Raoul de Hodenc, qui cest livre
> Comença de ceste matire.

Nous retrouvons d'ailleurs dans le style du poème toutes les particularités qui caractérisent celui du roman des Ailes de Courtoisie et du Songe d'Enfer, deux ouvrages qui sont incontestablement de Raoul de Houdenc : subtilité de la pensée et bizarrerie de l'expression, rimes très riches, enjambement fréquent, emploi constant de la forme dialoguée et surtout interrogative, etc. Ajoutons que dans Méraugis l'imitation de Chrétien de Troies est sensible presque à chaque page, non seulement dans les incidents du récit, où nous aurons plus d'une occasion de la faire remarquer, mais dans la composition et l'exécution. Raoul a pris à Chrétien sa façon souvent singulière de présenter de nouveaux personnages ou de révéler le passé de ceux qui sont en scène depuis longtemps, de faire pressentir les événements sans les annoncer, de piquer et de tenir en éveil la curiosité, non sans compromettre parfois la clarté de la narration; il lui a pris l'usage des monologues où les héros du roman analysent et mettent aux prises leurs sentiments contradictoires, les réflexions sur la nature de l'amour, le raffinement sur ses lois, l'alliance intime de l'amour, de la courtoisie et de la prouesse; il lui a pris, bien que son style reste très particulier, beaucoup des grâces et des élégances souvent un peu maniérées de sa diction. Aussi est-il naturel que Huon de Méri, qui écrivait en 1226 son Tournoi de l'Antéchrist, associe Raoul à Chrétien dans un même éloge, et trouve qu'il est bien difficile de glaner encore un peu

---

[1] Le ms. de Vienne, suivi par l'édition, porte *de son sens;* mais cette leçon, provenant du vers suivant (*Qu'il veut de son sens qu'est petit*) est visiblement mauvaise. Les vers 1-32 manquent dans le ms. du Vatican, et le ms. de Berlin n'étant qu'un fragment, on n'a de chance de trouver la bonne leçon que dans le ms. de Turin, mais en tout cas elle n'est pas douteuse.

de « bel françois » après ces deux moissonneurs qui l'ont cueilli à pleines mains. Il n'est pas douteux d'ailleurs que Chrétien ne soit le modèle et Raoul l'imitateur; ce qui nous permet de dater ses œuvres de la fin du XIIe ou du commencement du XIIIe siècle; mais il n'est pas possible de préciser davantage : la façon dont en parle Huon de Méri atteste seulement que Raoul était mort en 1226, et, comme il semble le mettre tout à fait sur le même plan que Chrétien, mort vers 1180, on est porté à croire qu'il les regardait comme des auteurs déjà assez anciens l'un et l'autre, et que Raoul de Houdenc avait cessé de vivre, en 1226, depuis assez longtemps.

L'Histoire littéraire de la France contient déjà une notice sur Méraugis de Portlesguez, mais on n'en connaissait alors que les 300 premiers vers, communiqués par Ad. de Keller dans sa *Romvart*, et l'on s'était borné à dire : « Il semble, « par le début, que cette composition se rapporte plutôt au « cycle de la Table ronde qu'elle n'est un roman d'aven- « tures [1]. » Nous croyons donc devoir faire ici exception à notre règle ordinaire, et consacrer une notice étendue à une œuvre, d'ailleurs importante, qui n'a que l'apparence d'avoir été déjà l'objet d'un article dans notre recueil.

Le roman de Raoul de Houdenc nous est parvenu dans quatre manuscrits, dont aucun, par un singulier hasard, n'est conservé en France. Le premier est à Vienne, le second à Rome, le troisième à Turin; on en trouvera dans les notes de l'édition l'indication exacte. Un quatrième manuscrit, provenant du cabinet de Von der Hagen et conservé à Berlin, ne contient que deux fragments (1800 vers environ sur environ 6000); les variantes que ce manuscrit présente avec le texte de l'édition ont été très exactement relevées par M. Ad. Tobler dans le tome I de ses *Mittheilungen aus altfranzösischen Handschriften* (Berlin, 1870). L'édition donnée par M. Michelant a été imprimée avec luxe, à peu

---

[1] Depuis, à l'occasion de l'édition de M. Michelant, M. Littré a donné dans le Journal des Savants une analyse de Méraugis, avec des observations sur le texte, réimprimée dans ses Études et glanures (1880), p. 329-369.

d'exemplaires, à la librairie Tross, en 1869 ; elle a été l'objet, dans le *Jahrbuch für romanische Literatur* et dans la Revue critique d'histoire et de littérature, de la part de MM. Ad. Mussafia et P. Meyer, de comptes rendus qui montrent qu'elle laisse à désirer. Il est probable qu'une édition critique, fort souhaitable, ne tardera pas à voir le jour.

Le sujet de Méraugis est assez compliqué, mais l'auteur a su ramener tous les épisodes à un centre unique, et mérite à bon droit l'éloge, au moins dans l'ensemble, pour l'habileté de sa composition. La jeune Lidoine, héritière du royaume d'Escavalon[1], se présente à un tournoi où les concurrents ne sont pas seulement des chevaliers : à la plus belle est destiné un épervier, qui l'attend sur sa perche au milieu du champ; Lidoine ose le saisir, et l'approbation unanime ratifie sa confiance en elle-même[2]. Deux chevaliers des plus preux, et qui sont compagnons d'armes, Méraugis de Portlesguez[3] et Gorvain Cadrut[4], s'éprennent en même temps de Lidoine et se l'avouent; mais ce n'est pas la même chose que chacun d'eux aime en elle : Gorvain est uniquement séduit par la beauté de la jeune reine, Méraugis déclare qu'à ses yeux cette beauté n'aurait guère de prix, si elle n'était accompagnée de « valeur » (nous dirions aujourd'hui de mérite), et que c'est pour cette valeur qu'il lui a donné son amour. Les amis, devenus rivaux, commencent par disputer sur le plus ou moins bon droit de chacun, et des paroles ils en viennent aux coups. Lidoine, avertie, accourt et les sépare, en les renvoyant au jugement de la cour du roi (et non d'une cour d'amour, comme le dit le sommaire de l'édition). On expose, en effet, le sujet du

---

[1] C'est ainsi qu'il faut lire. M. de Keller avait imprimé *Descavalon*; le ms. de Vienne, suivi par l'éditeur (si ce n'est qu'il ajoute à tort une *s* finale), porte *de Cavalon*. Le royaume d'Escavalon appartient à la géographie de Chrétien de Troies (voy. Perceval, v. 6169 et suiv.).

[2] C'est un lieu commun que nous avons déjà rencontré plus d'une fois. Le plus ancien exemple, source probable de tous les autres, est dans l'Érec de Chrétien.

[3] On sait que Lesguez est le nom du port de Saint-Brieuc ; il serait possible que le héros de notre poème tirât son nom de cette ville bretonne.

[4] Ce nom de Gorvain Cadrut, non plus que celui de Méraugis, ne se trouve, si nous ne nous trompons, dans Chrétien; nous ne voyons pas où Raoul l'a pris.

différend à Arthur, qui invite ses barons à donner leur avis. Le premier qui parle est le mordant sénéchal Keu : « J'opine, dit-il, que chacun des prétendants possède Li-« doine à son tour pendant un mois; c'est le seul moyen « de les satisfaire tous deux. » On ne prend pas l'avis au sérieux et on délibère sur la question en litige; mais survient la reine, qui revendique la cause comme lui appartenant, puisqu'il s'agit d'amour. Arthur admet cette prétention, et les dames, sous la présidence de la reine, après une discussion qui, il faut le dire, est mal menée et peu intéressante, jugent en faveur de Méraugis. Gorvain furieux « fausse » le jugement; il insulte son ancien compagnon, et, tout désarmés qu'ils sont, oubliant les règles les plus ordinaires de la courtoisie, les deux rivaux tombent l'un sur l'autre à coups de poing. On les arrête à grand'peine, et Gorvain quitte la cour, jurant de se venger.

Lidoine, pour sa part, ne contredit pas le jugement des dames; mais, avant de se donner à Méraugis, elle veut que pendant une année il cherche les aventures et couvre de gloire le nom qui doit être celui du roi d'Escavalon. A ce moment se présente à la cour un nain camus, qui fait honte au roi Arthur d'oublier son neveu Gauvain, lequel est parti pour aller chercher l'épée « aux estranges renges [1] », et qui n'a pas reparu depuis plus d'un an : on ne pourra savoir où est Gauvain que si on le suit, lui le nain, et il faut pour cela un chevalier exempt de toute peur. Méraugis s'offre naturellement pour cette « quête », et Lidoine, heureuse de le voir si empressé à se lancer dans une périlleuse entreprise, lui propose de l'accompagner; ce qu'il accepte avec grande joie, comme on peut croire.

Alors commence une série d'aventures qui n'ont entre elles que peu de lien. Une vieille femme enlève au nain son cheval, et ne veut le rendre que si Méraugis abat un

---

[1] On voit, en effet, dans le Perceval, Gauvain partir à la quête de cette épée; une suite est également donnée à cette aventure, laissée inachevée par Chrétien, dans le *Parzival* de Wolfram d'Eschenbach et dans le Gauvain néerlandais que nous avons analysé (voyez ci-dessus, p. 39, 41, 83).

écu qui est suspendu devant un pavillon au milieu d'une forêt. Méraugis abat l'écu, et des lamentations éclatent aussitôt dans le pavillon; cet écu appartient à un personnage redoutable, appelé l'Outredouté, qui, à la prière d'une femme dont il est épris, a mis un terme aux meurtres et aux ravages dont il épouvantait le pays, mais seulement à condition qu'il ne lui sera infligé d'affront par personne : s'il en reçoit un, il se regardera comme autorisé à reprendre ses méfaits interrompus. Or il n'a suspendu là son écu que dans l'espoir qu'on l'abattrait et qu'on lui fournirait ainsi un prétexte qu'il souhaite ardemment; on est allé aussitôt le prévenir, et il ne peut tarder à arriver, pour recommencer ses criminels exploits en punissant d'abord celui qui l'a insulté. Méraugis l'attend toute la nuit près du pavillon; mais au matin il reprend sa route. Il rencontre un chevalier, Laquis, qui le provoque; Méraugis le renverse, et, maître de lui, l'envoie, malgré ses supplications, au pavillon de la forêt, dire à l'Outredouté que c'est lui, Méraugis, qui a renversé son écu, et qu'il le trouvera d'ici à trois jours en prenant toujours le chemin à droite. Laquis fait son message; l'Outredouté le force à se battre avec lui, et, quand il l'a vaincu, lui crève l'œil gauche, afin, dit-il, dans la recherche qu'ils vont faire ensemble de Méraugis, de se souvenir que c'est à droite qu'il faut prendre. Cependant Méraugis a retrouvé le nain, qu'il avait perdu depuis l'aventure du pavillon; ce nain obtient de lui qu'il sera son champion dans un tournoi qui se livre chez le roi Amargon; Méraugis y est naturellement vainqueur, et le résultat est que le nain camus obtient pour épouse celle qu'il aimait, et que d'ailleurs il avait choisie « sans orgueil », car elle était plus courte et plus camuse que lui, et bossue par surcroît. C'est pour atteindre ce but que le nain avait attiré après lui le meilleur chevalier de la cour d'Arthur; ce but atteint, il disparaît de l'action, et Méraugis reprend sa quête, sans savoir par où la mener et sans paraître se souvenir que le nain avait promis de la diriger.

L'Outredouté et Laquis, s'étant mis un peu tard à leur

quête, suivent en vain pendant plusieurs jours la direction indiquée; enfin l'Outredouté se sépare de Laquis, et celui-ci rencontre par hasard Méraugis; il lui raconte l'odieuse cruauté de l'Outredouté, et Méraugis jure de lui donner en échange de son œil la main qui le lui a crevé; le pauvre Laquis s'éloigne, en souhaitant de voir aux prises les deux hommes qui ont causé ses malheurs. Méraugis arrive à un endroit d'où partent trois routes : une croix désigne la première comme « sans merci », la seconde comme « sans rai-« son », la troisième comme « sans nom ». Sur le conseil de Lidoine, il choisit cette dernière, et arrive bientôt à la « Cité sans nom ». On l'y accueille avec des marques de joie, et on le conduit au rivage, d'où une barque le mène, sans Lidoine, dans une île, où il doit combattre le chevalier qui habite la tour. Ce chevalier paraît, et, après une longue lutte qui épuise les deux combattants, mais reste indécise, il se fait connaître : ce n'est personne d'autre que Gauvain lui-même, l'objet de la quête de Méraugis. Celui-ci se réjouit; mais Gauvain lui raconte son triste sort, qu'il trouve en ce moment plus pénible encore. Cette tour est habitée par une dame, dont l'ami faisait ainsi venir dans l'île tous les chevaliers qui arrivaient dans la cité, joutait avec eux et les tuait. Gauvain y fut amené comme les autres, et fut vainqueur. Depuis ce temps, il est obligé de faire ce que faisait le chevalier qu'il a tué. Nul moyen de sortir de l'île : la barque ne vient du rivage que sur un signal de la dame; nul moyen de subsister que par les provisions que seule elle peut faire apporter : il faudra donc que Gauvain tue Méraugis, ou que Méraugis tue Gauvain et reprenne alors pour lui le rôle odieux de celui-ci. Mais Méraugis pense qu'il est permis et possible, en pareil cas, de recourir à une ruse, et voici celle qu'il imagine. Il reprend en apparence son combat acharné avec Gauvain, et se laisse renverser de cheval; Gauvain feint de lui couper la tête et de la jeter à la mer : de l'éloignement où la dame, assise aux créneaux de la tour, voit le combat, elle peut s'y méprendre, bien que Gauvain n'ait détaché et

MÉRAUGIS DE PORTLESGUEZ.

lancé à la mer que le heaume de Méraugis. Gauvain retourne près de la dame et lui raconte la mort de son adversaire. A la nuit noire, Méraugis vient à la tour, apparaît comme un revenant à la dame et à ses femmes : « Vous êtes mortes si « vous me résistez, » leur dit-il, et il les enferme toutes dans une chambre. Le lendemain matin, l'ingénieux Méraugis revêt une des robes de la dame et fait à la barque de la cité le signal connu. La barque approche : Méraugis saute dedans; à la puissance de son élan, à la lourdeur de sa chute, qui disjoint presque les ais du bateau, les quatre mariniers reconnaissent que ce n'est pas là leur dame; mais

> Desouz le mantel a porfil
> Traist Meraugis l'espee nue,
> Et dit : « Vostre dame est venue.
> Vez la : je la tieng dans ma main. »

Les mariniers trouvent les droits d'une telle dame fort bien fondés, et ils obéissent aveuglément à Méraugis. Ils recueillent Gauvain, et mènent nos deux chevaliers à une ville appelée Handitou[1], où ils se séparent, Gauvain pour reprendre sa quête, Méraugis pour chercher Lidoine, car (on ne s'avise jamais de tout) il avait complètement oublié, en combinant son stratagème, la présence de son amie dans la cité à laquelle il se dérobait. Les deux chevaliers se donnent rendez-vous à la cour d'Arthur : celui qui arrivera le premier devra dès le lendemain se mettre en quête de l'autre.

Méraugis, allant au hasard, rencontre un chevalier qui sans aucun prétexte, fond sur lui; pendant qu'il ferraille, il voit passer dans la lande un autre chevalier qu'il reconnaît pour l'Outredouté, dont on lui a décrit l'écu rouge au serpent noir; il obtient de son adversaire d'occasion, Marc

---

[1] L'édition porte *Handiton*, qui semble la bonne leçon, si on se reporte aux nombreuses villes anglaises dont le nom se termine en *ton*; mais au vers 22 de la page 220 ce mot rime avec *pou* « peu » dans les manuscrits de Vienne et de Turin (celui de Berlin manque ici); il est vrai qu'au vers 5 de la page 146 il rime avec *adon* dans le manuscrit de Vienne, mais ce mot n'a guère de sens, le manuscrit de Turin a *d'entour* et le manuscrit de Berlin, qui porte *Handitou* et *haut ditou*, a *un pou*. La forme *Handitou* est donc assurée.

des Gardis, un répit pour rejoindre son ancien ennemi, et suit sur la neige les traces de son cheval, qui le mènent près du mur bas du courtil d'un château. Là quelle n'est pas sa surprise en voyant le terrible Outredouté, couvert encore de ses armes, mais chacune de ses mains serrée dans celles d'une jeune fille, prendre part à une « carole » qui se déroule gaiement en plein air! Méraugis entre par la porte ouverte : à peine l'a-t-il franchie que son ennemi quitte la « carole », où Méraugis, sans se rendre compte de la force magique qui le pousse, prend sa place tandis qu'il s'éloigne. C'était le « château des caroles », qui avait ce don que tout chevalier qui y entrait « carolait » sans s'interrompre ni se lasser, et sans s'apercevoir de la fuite du temps, jusqu'à ce qu'un autre survînt et le remplaçât. L'Outredouté, une fois sorti, regarde par-dessus le mur, et reconnaît Méraugis à ses armes, qui lui ont aussi été décrites. Il se résout à attendre qu'un nouvel arrivant fasse sortir son ennemi, et installe une tente devant la porte :

> Que vous feroie plus lonc conte?
> Meraugis fait mout l'envoisié :
> Il chante avant et fiert del pié.
> En meilleur point nel puis je mie
> Laissier.....

Dix semaines se passent ainsi ; enfin un chevalier entre dans le château magique : l'enchantement de Méraugis cesse et il sort du château, se croyant toujours au même jour que quand il y a pénétré. Cette illusion et la manière dont il en est tiré donnent lieu à notre poète de se livrer à des développements qui seraient agréables, s'ils n'étaient beaucoup trop longs. Méraugis retrouve à la porte le cheval qu'il y avait laissé, et qui, enchanté comme son maître, n'avait pas eu faim depuis dix semaines. Il voit avec étonnement la tente de l'Outredouté, qui était justement absent à ce moment; mais son étonnement redouble quand il remarque l'herbe verte et fleurie et le bois tout feuillu :

> Meraugis qui fu esbahiz

S'areste et dist : « Dieus, dont vien gié ?
Sui enchantez, ou ai songié ?
Ne sai, par foi, mais j'oi merveilles,
Quant j'oi chanter a mes oreilles
Le roussignol *oci ! oci !*[1]
Et orendroit quant je fui ci
Erent les noifs par cest païs
Plein pié d'espès ! Or m'est avis
Du roussignol que j'oi chanter
Qu'il le fet por moi enchanter...
N'est il estez ? nanil, par foi.
Quoi donc ? yvers ? yvers ? por quoi
L'erbe si vert ? Est il esté ?
Non est ; la noif a ci esté
Jehui par tout, que je sivi.
Par foi, a poi que je ne di
De moi que ce ne sui je mie. »

Toujours doutant, il arrive à un carrefour où il voit quatre hommes occupés à orner une croix de branches vertes[2]. Il reconnaît à ce signe infaillible qu'il est au dimanche des Rameaux et qu'il a été enchanté pendant une grande partie de l'hiver. Au bout de peu de temps, il rencontre enfin l'Outredouté, et entre les deux ennemis qui se sont cherchés si longtemps s'engage un combat furieux. Les descriptions de combats sont bien abondantes dans nos poèmes, et elles sont en général fort monotones ; il faut reconnaître que Raoul de Houdenc a mis dans celle-ci une énergie et une fougue peu communes, qui vont jusqu'à la sauvagerie.

---

[1] Sur cette interprétation du chant du rossignol, voyez Histoire littéraire de la France, t. XXIX, p. 497.

[2] Ce passage est inintelligible dans l'édition, qui porte *baisier* ou *baissier* au lieu de *boissier,* qui est la bonne leçon. M. Mussafia a déjà cité la *crois boissie* ou *baissie* de la Vengeance de Raguidel (v. 1248, 1325). Il faut surtout rapprocher ces deux vers de la Manekine (v. 6850) : « Droit le jour de Pasques « flouries Qu'en mains lieus sont les croix « boissies. » La croix « boissiée » est proprement la croix ornée de rameaux de buis (en latin *crux buxata*); on a aussi nommé la croix ornée de la sorte *crois osaniere* (voyez Du Cange). Rabelais emploie ce mot (l. IV, ch. 13), et la *Briesve declaration d'aucunes dictions* jointe à l'édition de 1553 remarque : « Croix « osanniere, en poictevin, est la croix « ailleurs dicte boysseliere, pres laquelle « au dimenche des Rameaux l'on chante « *osanna.* »

Les deux adversaires sont bientôt dans un tel état que leurs coups ne portent que sur des plaies :

> Merveille est com les almes tienent
> Es corps qu'elles ne saillent fors :
> Il n'i a nul qui n'ait el corps
> Dis plaies que par la menour
> Porroit une alme sanz demour
> Issir s'ent les eles tendues...

Enfin, ne pouvant plus tenir écu ni épée, ils s'étreignent, ou plutôt ils s'appuient l'un contre l'autre, si épuisés, que chacun tomberait si l'autre ne le soutenait. C'est l'âme de l'Outredouté qui « tient » le moins bien : il meurt, et entraîne Méraugis dans sa chute. Dans un suprême effort, celui-ci, se rappelant le serment fait à Laquis, trouve encore assez de vigueur pour saisir une épée, en frapper le poignet de son ennemi, et s'emparer de la main droite, qui a volé à quelques pas ; après quoi, la tenant fortement serrée, il s'étend sans connaissance sur l'herbe de la clairière.

Voyons, en attendant qu'on l'y relève, ce qu'était devenue Lidoine. Elle n'avait pas cessé d'être fort à plaindre. Du rivage de la Cité sans nom, elle avait assisté à la décapitation simulée de son ami, qu'elle avait crue réelle, et était tombée dans le plus violent désespoir. Une jeune fille, nommée Avice, qui l'avait rencontrée là pensant à se donner la mort, avait pris soin d'elle et l'avait doucement ramenée vers son royaume d'Escavalon. Elle était arrivée chez un de ses vassaux, Belchis le louche [1], qui, avec de grands semblants de respect, apprenant d'elle la mort de Méraugis, l'avait retenue prisonnière et prétendait lui faire épouser son fils Espinogre [2]. Elle avait feint d'y consentir, pour éviter la violence, mais en obtenant un répit, et elle avait fait secrètement demander secours à Gorvain Cadrut, dont les

---

[1] L'éditeur a corrigé partout *lois* (louche) en *lais*, excepté à la rime, où il ne le pouvait pas. M. Mussafia a relevé cette faute. Le vers où Belchis est appelé *Li lois qui s'entrefiert des ieus* montre même que le strabisme de Belchis était un strabisme convergent. Il est aussi appelé *l'anscais*, qui a à peu près le même sens.

[2] Ce nom se retrouve dans Perceval.

possessions étaient voisines. Gorvain, enchanté du nouvel espoir qui s'ouvrait à lui, était venu assiéger Belchis dans son château à peu près imprenable de Monthaut. Belchis avait fait demander du secours à tous ses parents et amis.

C'est un de ces parents, Méliant de Lis[1], qui, en se rendant à l'appel de Belchis, passe par la lande où Méraugis vient de combattre l'Outredouté et les trouve tous deux étendus. Il s'aperçoit que Méraugis n'est pas mort, le fait revenir à lui et l'amène à Monthaut. Là Méraugis est soigné; il apprend avec joie l'état des choses, et, sans se faire connaître, déclare qu'il sera heureux de prêter secours à Belchis contre Gorvain. Il réussit à voir Lidoine, qui ne s'attend pas à cette rencontre; tous deux, en se retrouvant, sont tellement émus qu'ils manquent se trahir. Cette petite scène, quoique présentée avec l'exagération maniérée qui est habituelle à nos romanciers et particulièrement à Raoul, ne manque pas d'intérêt et d'originalité. Méraugis, qui est près d'être guéri de ses blessures, s'est fait descendre dans la grande salle du château et étendre sur un tapis devant la cheminée. Il est fort laid à voir ainsi, parce qu'on lui a tondu la tête, en sorte que pour avoir l'air d'un fou il ne lui manque qu'une massue (on sait que la massue, devenue plus tard la marotte, et la tonsure complète sont les attributs constants du fou au moyen âge). Le bruit se répand dans le château que le chevalier blessé, inconnu, mais célèbre comme vainqueur du terrible Outredouté, est dans la salle; la dame, sœur de Belchis, veut le voir, et amène toutes les autres dames, parmi elles Lidoine. Elle le voit, elle le reconnaît, elle se pâme. En la voyant défaillir, Méraugis la croit morte, et il est tellement ému que ses plaies se rouvrent et que le sang jaillit dans l'âtre. On l'emporte, on le panse, on lui demande qui a causé cet accident : « C'est, dit-il, la trop grande chaleur du feu. » De son côté, Lidoine, interrogée sur le motif de sa subite défaillance, l'attribue à l'épouvante que lui a causée la vue de ce

---

[1] Nom d'un personnage du Perceval; voyez ci-dessus, p. 92.

fou hideux qui était dans la salle. Ainsi l'un et l'autre dissimulent sagement, et nul ne soupçonne leur secret.

Cependant Avice a été envoyée par Lidoine à la cour d'Arthur demander du secours. Elle y trouve Gauvain, qui vient justement d'y faire sa rentrée, après avoir mené à bonne fin l'aventure de l'épée « aux estranges renges », et lui reproche de laisser sans aide l'amie de Méraugis, qui est mort dans l'île de la Cité sans nom pour avoir voulu le retrouver. Gauvain, sans révéler à personne la vérité sur cet incident, consent à aller au secours de Gorvain Cadrut, et il emmène toute la Table ronde au siège de Monthaut. Méraugis, qui est tout à fait remis de ses blessures, après avoir renversé plusieurs des nouveaux assiégeants, engage avec Gauvain un combat au milieu duquel il se fait reconnaître; sur quoi Gauvain, à la stupéfaction de tous les spectateurs, lui rend son épée et se laisse emmener par lui dans la place. Les chevaliers de la Table ronde sont si indignés de cette lâche conduite de celui qu'ils considéraient comme leur chef et qui vient de les déshonorer tous, qu'ils ne parlent de rien de moins que de le mettre à mort dès qu'ils pourront le retrouver. Belchis, émerveillé des prouesses de son nouveau champion, pousse l'enthousiasme jusqu'à lui jurer fidélité et à en faire faire autant à tous ses hommes, en sorte que Méraugis est le vrai maître du château. Il en profite bientôt au grand dam de Belchis. Lidoine, entendant vanter les exploits incomparables du « blanc chevalier » (c'est le seul nom sous lequel on connaisse Méraugis), dit à la sœur de Belchis qu'elle voudrait le voir; celle-ci lui rappelle que c'est le même dont la vue inopinée lui a produit un si terrible effet, et l'engage à ne pas recommencer l'épreuve. Mais Lidoine insiste :

« . . .Jel voil orendroit
Veoir, que talens m'en est pris ;
Issi est mes talens espris
Qu'aussi come je dui morir
Del veoir morrai del desir
De lui veoir, si je nel voi

Orendroit. — Orendroit, par foi,
Fet la dame, vous i merrai,
Ainz que muiriez ; mais paour ai
De vostre mal. » Lors lui ensaigne
Qu'ele se saint : ele se saigne
Plus de cent foiz en un randon.

Les dames arrivent dans la salle où sont tous les chevaliers. Mais cette fois nos deux amants ne dissimulent plus. La scène est présentée par le poète avec une vivacité et une brièveté énergiques, qui montrent, comme bien d'autres passages, le talent réel dont il était doué quand il voulait se donner la peine d'être simple sans être banal :

Aussi tost com il s'entrevirent
S'entrevinrent, que tuit les virent,
Les bras tendus, si s'entracolent ;
Cent foiz et cent ainz qu'il parolent
S'entrebaisent, et cele crie :
« Biaus amis ! » et cil : « Bele amie ! »
C'est tout quant qu'il pueent respondre.
Lors ne puet plus li lois repondre
Ce qu'il en pense ; poi s'en faut
Qu'il n'ist du sens ; cele part saut,
Et prent Meraugis par le braz.
« A poi, fet il, je ne te faz
Une honte. Fui toi de ci !
— Avoi ! Par la vostre merci,
Taisiez vous, et n'en parlez mie :
Je sui Meraugis, c'est m'amie.
Par saint Denis, qui qu'en paroit,
C'est Meraugis qui la vous tolt
Par force, si groucier volez. »
Lors dist li lois, qui fu desvez :
« Coment ! vassals, es tu donc tiex ?
S'estoies Meraugis et Diex
Tout ensemble, n'avras tu pas
Lidoine ! Mar le te pensas :
Tu en morras. Prenez le moi !
— Tu me prendras ? Mès je pren toi.
N'es tu mes hom ? — Par foi, je non.
— Donc t'apel je de traïson. »

En effet, les hommes de Belchis, Méliant de Lis en tête, qui viennent de prêter à Méraugis serment de fidélité, refusent de l'attaquer, et Belchis est obligé de céder. Gorvain, apprenant ces événements, lève le siège de Monthaut, mais prétend s'emparer du royaume d'Escavalon, que Lidoine, quand elle croyait Méraugis mort, lui avait promis s'il la délivrait des mains de Belchis. Il offre à Méraugis de vider ce différend en même temps que l'ancien dans un combat solennel à la cour d'Arthur, où il prétend toujours avoir été « forjugé ». Méraugis accepte; il est naturellement vainqueur, et fait grâce de la vie à Gorvain, à condition qu'ils redeviendront comme autrefois bons compagnons. Il lui donne même en mariage l'aimable Avice[1], et les deux couples vivent dans le bonheur et la plus parfaite union.

Tel est le poëme de Raoul de Houdenc. L'auteur ne parle nulle part d'une source où il aurait puisé, et l'on ne voit pas qu'il soit nécessaire d'en supposer une. Le plan général du roman et les incidents dont il est semé peuvent fort bien être sortis tout entiers de son invention, en entendant ce mot dans le sens restreint où il faut l'entendre en parlant d'écrivains de ce temps et de ce genre, c'est-à-dire comme s'appliquant surtout à la variation de thèmes antérieurement connus. Nous avons déjà signalé quelques-unes de ces données; on pourrait en relever plus d'une autre; ainsi la provocation qui consiste à abattre l'écu d'un chevalier est indiquée dans le Perceval; le siège soutenu par l'héroïne, où son amant, sans être connu, la défend, se retrouve, au moins en germe, dans le Chevalier au lion et à partir de là dans un grand nombre de romans; mais dans le nôtre on remarque cette variante assez piquante que le héros, qu'on croit mort, soutient l'un de ceux qui veulent le remplacer contre l'autre, et le dénouement est aussi assez original. Pour l'aventure de Gauvain dans l'île et celle du « château des caroles », on trouve plu-

---

[1] Nous empruntons cette circonstance du mariage de Gorvain au manuscrit de Berlin, dont le texte est d'ailleurs assez altéré. Elle n'est pas dans celui de Vienne, ni, à ce qu'il semble, dans celui de Turin.

MÉRAUGIS DE PORTLESGUEZ.

tôt des imitations que des modèles; elles peuvent certainement avoir été imaginées par Raoul et présentent bien, la dernière surtout, le caractère fantastique et presque extravagant qui convient à ce genre de romans.

La façon dont le poète, au début, parle de son œuvre mérite d'être signalée. Outre qu'elle semble exclure l'hypothèse d'une source directe (comparez les prologues si différents de Chrétien), elle montre quelle haute idée l'auteur se fait de la valeur de son œuvre, et comme fond et comme forme :

> Pour ce Raous de Hodenc dit
> Qu'il veut de son sens, qu'a petit,
> Un novel conte comencier
> Qui sera bons a anoncier
> Toz jorz, ne ja mès ne morra,
> Mès tant com cist siecles durra
> Durra cist contes en grant pris :
> C'est li contes de Meraugis,
> Qui fist les faiz que je racont;
> Mès s'au conter ne vos mescont,
> Il n'i a mot de vilenie,
> Ainz est contes de cortoisie
> Et de biaus moz et de plaisanz.
> Nus, s'il n'est cortois et vaillanz,
> N'est dignes du conte escouter
> Dont je vos vueil les moz conter.

Il est certain, comme nous l'avons fait remarquer, que, quand il ne tombe pas dans la manière ou la bizarrerie, Raoul a un style très vivant et souvent très heureusement expressif. Ce style est caractéristique : nous en avons dit quelques mots à propos de la Vengeance de Raguidel. On peut louer, dans son ensemble, la composition du roman de Méraugis. Elle est sujette, cependant, à un assez grave reproche. Le poète a des idées qui semblent prêter à de très intéressants développements, et il n'en tire pas parti. On a souvent, et souvent à tort, voulu chercher des idées profondes cachées sous la suite peu liée d'aventures invraisemblables qui composent la plupart de nos romans; celui-ci paraît bien avoir été réellement conçu en vue de mettre une idée en action : lequel a raison des deux amants qui aiment la même femme, l'un pour ses charmes physiques, l'autre pour ses qualités morales? Le problème est vivement et nettement posé au début, mais il n'est ni résolu, ni même sérieusement abordé : la discussion de la cour des dames est insignifiante, et les actions des deux rivaux, qui devraient toutes être inspirées par leur conception différente de l'amour, n'ont plus aucun rapport avec ce point de départ. Il en est de même de la résolution prise par Lidoine d'accompagner Méraugis dans sa quête de Gauvain : on s'attend à ce que la présence inaccoutumée d'une femme dans un voyage de ce genre va produire des épisodes d'un caractère particulier; mais on est complètement déçu : les aventures se succèdent sans que Lidoine y ait la moindre part, sans même d'ordinaire qu'elle y soit mentionnée, et le poète semble oublier sa présence aussi complètement que le héros lui-même, quand celui-ci combine, en prenant si peu souci de sa maîtresse, son évasion de la Cité sans nom. Ç'aurait été le cas, cependant, de mettre en lumière par quelque trait frappant, cette « valeur » de Lidoine, supérieure à sa beauté, qui lui vaut l'amour de Méraugis, et que nous sommes réduits à admettre sur parole, tant sa figure sort peu de la banalité coutumière des figures de femmes dans nos romans. Ce contraste entre l'originalité de la conception et la faiblesse de l'exécution est frappant; il montre en Raoul, comme les disparates de sa manière, comme cet emploi, poussé jusqu'à l'abus et tombant dans l'enfantillage, de la forme interrogative, comme la vivacité même et la coupe hachée de son style et de son vers, une nature ardente mais peu tenace, toute à l'impression du moment, tantôt jetant ses idées et ses paroles comme elles lui viennent sans les trier ni les suivre, tantôt s'attachant avec une attention excessive et minutieuse à raffiner sur un détail de pensée ou d'expression; nature intéressante en somme, richement douée pour certains côtés de la poésie, et qui aurait sans doute produit des œuvres vraiment remarquables si elle avait été plus sagement et plus sévèrement gouvernée.

Le poème de Raoul doit avoir eu du succès; cependant nous n'en connaissons pas d'imitation étrangère, et dans les romans postérieurs il y est rarement fait allusion. Nous avons vu qu'il est assez douteux que l'auteur de Durmart ait eu sous les yeux l'ouvrage de Raoul de Houdenc. Lidoine est mentionnée dans le joli conte de Galeran de Bretagne, et l'on trouve ailleurs encore son nom ou celui de son ami. Méraugis de Portlesguez joue un rôle singulier dans le roman de Tristan en prose, où il est présenté comme le fils naturel du roi Marc de Cornouaille; ce sont là des inventions postérieures. L'épisode de Gauvain dans l'île de la Tour a passé tout entier, mais avec un dénouement tragique et sous d'autres noms, dans la rédaction du Merlin en prose que nous a conservée un manuscrit unique, actuellement en Angleterre, et qui vient d'être publiée pour la Société des anciens textes français.

Wolf, Ueber Raoul de Houdenc. p. 29, 31.

Merlin, t. II, p. 44-57.

MÉRIADEUC

OU LE CHEVALIER AUX DEUX ÉPÉES.

Ce roman est un des plus longs du cycle (il compte 12,352 vers), mais non un des plus intéressants. On n'y trouve aucun caractère qui sorte de la banalité convenue, aucune aventure dont l'invraisemblance soit rachetée par quelque trait piquant, par quelque invention originale; encore moins peut-on y saisir, comme dans Durmart ou Méraugis, une idée morale qui donne un intérêt général et une sorte d'unité supérieure aux épisodes qui s'y succèdent. On ne peut toutefois refuser à l'auteur un certain art dans l'enchaînement des fils, en apparence épars, qu'il poursuit l'un après l'autre et qu'il sait cacher par instants et finalement rassembler; cette habileté de construction, fréquente aux époques où un genre narratif ou dramatique est en décadence, a pu retenir sur les récits, peu neufs de fond et peu brillants de forme, du Chevalier aux deux épées l'attention des contemporains, et nous permet encore de les lire sans trop de fatigue. Le style, qui n'a rien de saillant, et qui n'offre pas au grammairien et au lexicographe autant de sujets d'observation que celui d'autres romans analogues, n'a rien non plus qui choque ou qui arrête, et contribue à faire de ce poème un type assez exact de la moyenne des romans bretons. Nous donnerons du récit un sommaire très condensé, en laissant de côté une bonne partie des aventures, notamment celles de Gauvain, qui peut, ici comme ailleurs, être regardé comme le héros du poème presque autant que le chevalier qui lui a donné son nom. Une analyse fort complète a été faite en allemand par l'éditeur de Mériadeuc; une autre plus courte, qu'il n'a pas connue, avait, il y a longtemps, été communiquée par Alfred Schweighæuser à M. Jonckbloet et imprimée par ce savant.

Mériadeuc, dont on n'apprend le nom que fort avant dans le récit, et qui au début ne le connaît pas lui-même, est le fils de Bléheri, lequel a été tué par Gauvain d'une façon assez singulière. Il avait un ennemi appelé Brien de la Gastine, et un combat singulier entre eux devait vider leur querelle. Brien était venu à la cour d'Arthur, et avait, par un procédé que nous avons déjà bien souvent rencontré, demandé au roi un « don », sans le désigner d'avance. Arthur, suivant son fâcheux usage, s'était engagé, sans savoir à quoi; or ce que réclama Brien, c'était que le roi lui prêtât son neveu Gauvain, qui devait pendant un certain temps lui obéir en tout : il voulait l'employer comme champion dans son duel (on trouve quelque chose de pareil dans l'Ivain de Chrétien de Troies). Le combat a lieu sans que Brien ait fait connaître la substitution. Bléheri, croyant avoir devant lui un adversaire auquel il se sait supérieur, n'a revêtu qu'une mauvaise armure, et tombe sous les coups de Gauvain. Avant de mourir, il ordonne qu'on l'enterre dans la « gaste chapele » avec son épée au côté, et il déclare que celui qui ceindra cette épée ne pourra en être débarrassé que par un chevalier aussi preux que l'a été Bléheri lui-même.

MÉRIADEUC.

Or il se trouve, par suite d'une aventure fort extraordinaire, que la jeune et belle reine de Caradigan, Lore, a ceint l'épée de Bléheri, et est venue à la cour d'Arthur, pensant y trouver un chevalier digne de la lui deceindre et de devenir son mari. Keu, Ivain, Dodinel, s'y essaient en vain; les trois cent soixante-six compagnons de la Table ronde ne sont pas plus heureux (il est vrai que les trois meilleurs d'entre eux, Gauvain, Tor et Girflet, étaient absents); vingt mille chevaliers viennent ensuite, et la reine de Caradigan reste toujours l'épée au côté. Mais un jeune homme de vingt-deux ans à peine (les héros de notre cycle débutent en général de meilleure heure), qui ne connaissait ni son père, ni même son nom, ayant été (on ne sait pourquoi et on ne dit même pas la chose expressément) élevé dans la solitude, loin de ses parents, qu'on appelait à la cour « le « beau valet », et qui avait servi d'écuyer à Gauvain, vient réclamer du roi l'exécution de la promesse faite par lui à son neveu, à savoir de l'armer chevalier. Dès qu'il est armé, il veut à son tour tenter l'aventure : il détache l'épée sans aucun effort, et la ceint à côté de la sienne; mais, à la surprise de tous et au grand dépit de Lore, il s'éloigne aussitôt de la cour, sur le cheval qu'il vient de monter, sans même jeter un regard sur celle qui a juré de n'avoir pas d'autre époux que lui, et il n'entend que de loin le sénéchal Keu lui décerner le surnom de « Chevalier aux deux épées », sous lequel il fut connu tant que son vrai nom n'eut pas été révélé. Voilà un début qui ressemble à beaucoup d'autres[1]; les auditeurs, paraît-il, ne se lassaient pas de tant de variations sur un même thème.

Le reste du poème nous raconte les prouesses du jeune héros, sa renommée toujours croissante, le désir de plus en plus vif qu'a Lore de le revoir, les recherches qu'on fait de lui, toujours en vain, jusqu'à ce qu'enfin le roi lui-même se mette en quête, jurant de ne pas s'arrêter avant de l'avoir trouvé. Le Chevalier aux deux épées a appris de sa mère,

---

[1] Notamment, comme on l'aura remarqué tout de suite, à celui du Bel Inconnu.

près de laquelle une aventure l'a conduit, l'histoire de la mort de son père; il a d'abord poursuivi et tué Brien de la Gastine; il cherche ensuite Gauvain, l'amitié qu'il avait pour lui ayant fait place au désir ardent de la vengeance. Il l'atteint, le provoque, et un combat terrible s'engage, mais est interrompu par l'arrivée de la mère du Chevalier aux deux épées, qui se jette aux pieds de son fils et le supplie de se réconcilier avec son adversaire. Gauvain venait en effet de la défendre victorieusement contre le fils de Brien de la Gastine, qui l'assiégeait et l'avait réduite à la dernière extrémité; d'ailleurs c'est innocemment qu'il avait tué Bléheri, et Bléheri lui-même, en mourant, avait déclaré qu'il lui pardonnait. Les deux héros s'embrassent, et, avant de revenir auprès du roi, mettent à fin l'aventure de l'épée merveilleuse. Le Chevalier aux deux épées, qui devient ainsi un moment le chevalier aux trois épées, avait trouvé près d'une source une épée couverte de taches de sang ineffaçables et qui avait cette destinée qu'elle devait faire périr celui qui la ceindrait s'il n'était sans nom et le meilleur chevalier du monde. Cette épée avait blessé un chevalier, qui ne pouvait guérir que s'il en recevait un second coup des mains de celui qui aurait le droit de la porter, et qui en même temps apprendrait son nom. Notre héros trouve le blessé, le guérit, et sur l'épée, d'où le sang s'efface, apparaît en lettres d'or le nom de Mériadeuc, qui était d'ailleurs celui du père de Bléheri.

Gauvain et Mériadeuc se décident enfin à rejoindre Arthur. Mais en route ils apprennent qu'un parent du roi, le Roux du Val périlleux, a profité de ce que celui-ci s'était mis en quête du Chevalier aux deux épées pour lui faire la guerre et surprendre beaucoup de ses hommes, qu'il tient prisonniers dans une région inaccessible. Heureusement Mériadeuc rencontre ce vassal déloyal, qui s'enfuyait vers son pays; il le combat, le vainc, délivre les prisonniers et l'envoie en suppliant au roi. Il arrive bientôt lui-même à la cour d'Arthur, où les exploits qu'il a accomplis depuis un an ont jeté le plus vif éclat d'abord sur le nom du Chevalier aux deux épées, ensuite sur celui du Chevalier aux dames, qu'il a porté quelque temps, enfin sur celui de Mériadeuc. Il est surtout bien accueilli par la reine de Caradigan, qu'il avait revue encore une fois dans l'intervalle sans se faire connaître d'elle; bientôt il l'épouse, et reçoit avec sa main la couronne de son royaume, au milieu de fêtes magnifiques. Ils eurent des enfants et vécurent longtemps heureux.

Comme nous l'avons dit, les aventures de Gauvain sont mêlées à celles du héros principal. La plus intéressante est celle-ci. Un chevalier, nommé Brien des Îles (ce qui fait une confusion parfois gênante avec Brien de la Gastine), est amoureux d'une belle reine qui lui promet de l'épouser s'il peut vaincre Gauvain, le plus preux et le plus beau chevalier du monde. Brien se met à la recherche de Gauvain: il le rencontre désarmé, et, lui ayant demandé son nom, que celui-ci, d'après son usage, lui dit aussitôt, bien qu'il connaisse son dessein, il l'attaque et lui passe sa lance au travers du corps; après quoi, le croyant mort, il s'éloigne tout joyeux et vient demander à la reine des Îles de tenir sa promesse. Cependant Gauvain, qui avait seulement perdu connaissance, se traîne jusque chez lui, se fait panser, et, dès qu'il est rétabli, se met en route pour punir son déloyal ennemi. Partout il trouve répandu le bruit de sa mort, et cette croyance générale lui amène même une aventure assez piquante. Il délivre, chemin faisant, une jeune fille d'un odieux prétendant, et les parents, qui ne voulaient, semble-t-il, défendre l'honneur de leur fille que contre la violence, la donnent pour récompense à son défenseur. Mais quand Gauvain veut profiter de sa bonne fortune, la demoiselle se met à fondre en larmes: pressée de questions par son libérateur inconnu, elle lui raconte que, dès son adolescence, éprise de Gauvain sur sa renommée, elle lui avait voué ce qu'elle se voit sur le point de perdre; maintenant Gauvain est mort, et elle ne peut songer à lui sans douleur. Son compagnon lui dit d'abord que Gauvain n'est pas mort, ce qui la remplit de joie, et déclare ensuite qu'il est lui-

Voyez ci-dessus p. 37.

même Gauvain; mais elle refuse obstinément de le croire sur ce second point et, voulant rester fidèle au vœu qu'elle a fait, déclare qu'elle ira s'assurer de la vérité à la cour d'Arthur. Gauvain, tout en maugréant, est obligé de la laisser partir; mais plus tard il la retrouve auprès du roi, et elle répare généreusement le tort qu'elle lui avait fait la première fois. Pour le moment, il poursuit sa route, et arrive bientôt à la ville de Rades[1], capitale du royaume des Îles, où tout est en fête pour le mariage que Brien va célébrer avec la reine. Devant tout le peuple assemblé, l'archevêque donne lecture des « convenances » entre la reine et Brien : elle a promis de l'épouser, comme le meilleur et le plus beau chevalier du monde, s'il peut vaincre Gauvain, qui seul le surpasse; Brien déclare qu'il a tué Gauvain, et qu'il mérite maintenant le prix. Mais le Chevalier aux deux épées, qui se trouvait là, proteste : « Si « Gauvain est mort, dit-il, c'est moi qui suis le meilleur et « le plus beau des chevaliers. » Gauvain l'entend, et, sans se faire connaître, revendique à son tour le premier rang. La reine ordonne que d'abord les deux nouveaux prétendants combattent ensemble; au milieu de la bataille, le Chevalier aux deux épées demande à son adversaire son nom; quand il le sait, il renonce à sa prétention et s'incline devant celui dont il avait été naguère l'écuyer. Gauvain s'avance alors devant la reine : « Gauvain, dit-il, n'est pas mort; « Brien, il est vrai, l'a attaqué déloyalement et l'a grièvement « blessé, mais il est encore en vie, et je suis prêt de soutenir « mon dire par les armes contre ce traître et ce menteur. » Dans le combat qui suit, Gauvain est naturellement vainqueur; sans se faire reconnaître à Brien, il l'envoie comme prisonnier à la cour d'Arthur, et s'éloigne avec le Chevalier aux deux épées. La reine des Îles fait courir après eux et leur demande de revenir; ils refusent, mais consentent à

---

[1] Remarquons qu'entre les vers 5247 et 5248 il y a certainement une lacune, occasionnée sans doute par une distraction, habituelle aux copistes, qui a fait confondre ici un vers terminé par *Gau-vains* avec un autre vers terminé de même. Au vers 5253, l'éditeur imprime *en Newois*, ce qui serait un nom de pays inconnu; mais il faut lire *ennevois*, « sans retard, bientôt ».

MÉRIADEUC.

dire qui ils sont. Quand elle apprend que c'est Gauvain lui-même qui a combattu devant elle, ce Gauvain à qui, sur sa renommée, elle avait depuis longtemps donné son cœur, elle tombe pâmée; mais le neveu d'Arthur, toujours rebelle à des chaînes durables[1], a disparu pour ne plus revenir. Cet épisode rappelle plus d'un récit dont nous avons déjà parlé à propos de Gauvain; nous avons remarqué que souvent on s'éprend de lui sans le connaître, sur sa réputation d'incomparable prouesse. L'histoire de sa prétendue mort se retrouve assez semblable dans le Cimetière périlleux. L'éditeur du Chevalier aux deux épées, qui a fait ce rapprochement, pense que notre poème est plutôt ici le modèle que la copie; il est plus que probable en tout cas qu'il est le plus ancien des deux, mais il est très possible que tous les deux aient puisé à une source antérieure perdue. Nous retrouvons encore ailleurs, dans les romans en prose, l'histoire de la prétendue mort de Gauvain; c'est un de ces lieux communs que les auteurs de romans bretons de la seconde période trouvaient dans les récits précédents et qu'ils mettaient en œuvre, le plus souvent, sans se connaître les uns les autres. Il n'est pas douteux cependant que l'auteur de Mériadeuc n'ait connu et imité des poèmes français que nous possédons, notamment ceux de Chrétien de Troies, modèles constants que tous les successeurs du poète champenois ont eus sous les yeux; on a remarqué avec raison que l'aventure de la jeune fille délivrée par Gauvain reproduisait, dans des détails caractéristiques, une aventure racontée par Chrétien dans Ivain[2], et on a signalé d'autres ressemblances plus lointaines avec Érec et Cligès[3].

Au début du poème, et sans grand lien avec le reste, figure un récit qui présente un certain intérêt au point de vue de la source. Le roi Arthur reçoit un jour un message

---

[1] Sur la mention, au début, d'une amie de Gauvain appelée Guenloïe, voyez ci-dessus la note de la page 34.

[2] Plus ressemblante encore, la même aventure se retrouve dans Rigomer (fol. 3).

[3] Notez encore un souvenir évident de la Charrette dans la remarque qui accompagne le nom du roi Bademagus : « De cui tiere n'est revenus Nus estranges « ne ne revient. » Cf. la note de l'éditeur sur le vers 102.

du roi Ris d'Outre-Hombre. Ce roi a depuis neuf ans quitté son pays pour faire des conquêtes; il a vaincu neuf rois, et a coupé leurs barbes, desquelles il compte faire fourrer un manteau pour son amie. Considérant Arthur comme le plus haut roi du monde après lui-même, il lui demande de lui envoyer sa barbe dont, par honneur pour lui, il fera la bordure du manteau. Arthur, comme on pense bien, refuse avec indignation. Une guerre s'ensuit, et finalement le roi Ris est vaincu par le Chevalier aux deux épées et se reconnaît vassal d'Arthur. Ce roi Ris ou Rion, avec sa singulière ambition, appartient au vieux fonds des contes celtiques. Gaufrei de Monmouth est le premier à raconter sa requête à Arthur (livre VII, ch. v); il en fait un géant et l'appelle Ritho. Wace traduit ainsi ce passage :

> Riton aveit tant rei conquis
> E vencu e ocis e pris;
> De leur barbes qu'ot escorcies
> Ot unes piaus appareillies...
> Par grant orgoil e par fierté
> Aveit al rei Arthur mandé
> Que la siue barbe escorçast
> E bonement lui enveiast,
> E si com il plus forz esteit
> E plus des altres reis valeit,
> La soe barbe onoerreit,
> E a ses piaus orle [en] fereit.

Mais ici, plus conformément à la vraisemblance épique, c'est Arthur lui-même qui, dans un combat singulier, défait le géant, après quoi il le traite comme il traitait les autres, lui enlève son fameux manteau, et y met pour bordure la barbe même de Rithon.

Thomas, l'auteur de Tristan, raconte le même exploit d'Arthur dans des termes qui rappellent beaucoup et ceux de Wace et ceux de notre poème; seulement il ne donne au géant que le nom d'Orgueilleux et le fait venir d'Afrique. Le nom de Rion, mais sans l'histoire, paraît dans le Perceval de Chrétien de Troies, où il est « roi des îles »; les romans en prose ont accueilli l'un et l'autre. On a retrouvé, coïncidence qui n'est pas fréquente, la légende de Rion dans la littérature galloise, et on l'a rapportée non sans vraisemblance à un personnage historique qui vivait au xe siècle; nous nous bornerons ici à signaler ce rapprochement.

Si le roman de Mériadeuc est, sauf quelques détails comme celui-là, dépourvu de toute base traditionnelle, c'est cependant à la tradition qu'il a emprunté au moins le nom de son héros. La forme qu'il lui donne, « Meriaduec », au cas sujet « Meriadues » rimant avec « lues », appartient à la Bretagne armoricaine; la forme britannique plus ancienne de ce nom est *Meriadauc,* la forme galloise *Meriadoc;* le breton armoricain *Meriaduec* est plus tard devenu *Meriadec.* On peut reconnaître là le nom d'un personnage fort énigmatique, de ce Conan Mériadec qui, dans la légende érudite des Bretons de France, a longtemps passé pour avoir fondé leur établissement en Gaule. Un autre roman a pour héros un personnage qui porte le même nom sous la forme galloise Meriadoc; ce roman a cela de particulier qu'il est écrit en latin. Le manuscrit du British Museum qui le contient est encore inédit; mais nous avons du récit, sinon une analyse, du moins une idée suffisante pour voir qu'il est fort différent du poème français. Caradoc, roi de Galles, a été tué en trahison par son frère; ses deux enfants, exposés dans la forêt, sont recueillis et élevés par le chasseur Ivor. Après de longues aventures, Meriadoc venge son père et finit par épouser la fille de l'empereur, qu'il a délivrée de son ravisseur, le roi Gondebaud. Ce roman, rédigé par un Anglo-Normand, et sans doute d'après un poème anglo-normand, paraît avoir pour base, dans sa première partie, un vieux conte gallois; la seconde est remplie des lieux communs des romans d'aventures du XIIIe siècle, époque à laquelle il appartient. Tout ce qu'il a, outre le nom du héros, de commun avec le nôtre, c'est que Meriadoc, comme Mériadeuc, venge son père déloyalement mis à mort; mais les circonstances mêmes du meurtre et de la vengeance, ainsi que tout le reste, diffèrent trop dans les deux récits pour qu'on veuille admettre entre eux le moindre rapport.

Si l'auteur du Chevalier aux deux épées a pris dans une tradition plus ancienne le nom de son héros, il ne paraît pas avoir non plus inventé la périphrase par laquelle il le désigne et l'aventure qui y donne lieu. Nous les retrouvons l'une et l'autre dans une des suites données, au XIIIe siècle, à la mise en prose du Merlin de Robert de Boron. Cette suite, conservée dans un seul manuscrit, vient seulement d'être imprimée en français; mais la plus grande partie, comprenant l'épisode dont il s'agit ici, se trouve, sous une forme anglaise, abrégée dans la compilation cyclique composée à la fin du XVe siècle par sir Thomas Malory, et connue sous le nom impropre de *Morte Darthur*. Nous y voyons, comme dans notre roman, se présenter à la cour d'Arthur une demoiselle ceinte d'une épée que le plus preux des chevaliers doit seul pouvoir déceindre; comme dans notre roman, après que tous les plus illustres se sont en vain essayés, c'est un inconnu qui met l'épreuve à bonne fin; mais à partir de là les deux récits divergent complètement, et les aventures de notre Chevalier aux deux épées n'ont rien de commun avec celles du guerrier qui, dans le Merlin, reçoit le même surnom et qui de son nom s'appelle Balaain. La ressemblance du début prouve que cette épreuve de déceindre l'épée était un de ces thèmes qui composent le fonds commun des romans bretons, fonds dans lequel, comme nous l'avons déjà vu, l'auteur de notre poème a puisé plus largement que dans son imagination.

Le roman de Mériadeuc ne nous est arrivé que dans un seul manuscrit, conservé à la Bibliothèque nationale de Paris, et d'après lequel il a été publié par M. W. Förster, en 1877, avec un soin qui ne laisse rien à désirer. L'éditeur a joint au texte, outre l'analyse, une importante introduction grammaticale, et des notes qui contiennent souvent de précieuses observations.

MORIEN.

Le roman de Morien (*Moriaen*), en vers néerlandais, est intercalé dans la grande compilation qui porte le titre de Lancelot; il compte environ 4,700 vers. Après avoir été imprimé par M. Jonckbloet dans l'édition du Lancelot en 1849, il a été publié isolément en 1878 par M. Te Winkel. Avant d'aborder les diverses questions que soulève ce poème intéressant, nous devons en donner l'analyse.

A la cour d'Arthur se présente, un jour, un chevalier grièvement blessé. On le soigne, on le guérit, et il raconte son histoire : étant ruiné, il s'est fait brigand; dernièrement il a rencontré un chevalier qu'il a voulu dépouiller et qui l'a arrangé comme on voit et lui a fait promettre, sans se nommer, de se présenter de sa part à la cour d'Arthur. A la description qu'il fait du chevalier et de ses armes vermeilles (d'après Chrétien), on reconnaît Perceval; Arthur regrette qu'il ait quitté sa cour pour chercher la lance et le graal, et se plaint qu'aucun des compagnons de la Table ronde n'aille à sa recherche. Keu s'offre d'y aller, et jure de le ramener mort ou vif; mais Arthur se met à rire, et lui rappelle qu'une fois déjà il a voulu se mêler des affaires de Perceval, et que celui-ci l'a récompensé en lui brisant le «canefbeen», l'os du bras, comme le montre le passage de Perceval que M. Te Winkel rapporte ici avec raison :

V. 248.

> Et Percevaus pas ne se faint:
> Desous la bocle en haut l'ataint,
> Si l'abat si sor une roce
> Que la canole[1] li desroce,
> Que entre le keute et l'essele,
> Aussi com une sece astele
> L'os del braç destre li brisa.

Perceval, v. 568

---

[1] Ce mot paraît signifier en ancien français la commissure des clavicules, bien qu'en certains patois il désigne aujourd'hui la nuque; en tout cas il ne signifie pas «trachée-artère, canal de la respiration», comme le dit M. Godefroy après Roquefort, qui l'avait pris à D. Carpentier.

Gauvain déclare qu'il va se mettre à la recherche de Perceval, et qu'il ne s'arrêtera pas plus d'une nuit ou deux avant de l'avoir trouvé. Lancelot prend le même engagement, et tous deux partent ensemble.

Au bout de quelque temps ils rencontrent, monté sur un cheval tout noir, un chevalier de stature colossale, tout noir lui-même. Son insolence le met aux prises avec Lancelot; le combat dure longtemps entre eux sans résultat; Gauvain intervient et arrive à les séparer. Le chevalier noir demande alors aux deux amis s'ils connaissent Agloval, frère de Perceval le Gallois. « Que lui voulez-vous? — Il est mon « père. Il vint un jour, il y a quatorze ans, dans notre pays « de Moriane (pays des Mores, des noirs) et séduisit ma mère, « puis partit, obligé qu'il était, disait-il, de chercher Lan- « celot qui était perdu, mais promettant de revenir. Il n'est « pas revenu. Or il avait laissé ma mère enceinte de moi. Je « suis maintenant privé d'honneur et d'héritage; je cherche « mon père pour qu'il répare ses torts, et j'ai juré de demander « à tout chevalier que je rencontrerais des renseignements « sur lui. Ainsi dites ce que vous en savez, ou préparez-vous à « combattre avec moi. » Gauvain et Lancelot lui répondent qu'ils sont précisément en quête de Perceval et d'Agloval (bien que ce dernier n'ait pas été mentionné jusque-là), et l'engagent à aller se présenter à la cour d'Arthur, où ils espèrent bientôt ramener son père et son oncle. Quand Morien (tel est le nom du chevalier noir) apprend que c'est Gauvain et Lancelot qu'il a devant lui, il s'agenouille, leur fait des excuses pour son arrogance, et obtient d'eux la permission de s'associer à leur quête. Pendant tout le cours du poème, on voit avec intérêt se parfaire l'éducation de ce jeune géant sauvage, qui apprend de ses nouveaux amis, et surtout de Gauvain, la mesure, la prudence, la douceur, la courtoisie, et qui joint ainsi ces qualités raffinées à la force et au courage indompté qu'il tient de la nature.

Ils arrivent devant une croix près de laquelle est un ermite; cet ermite leur raconte qu'il a vu récemment deux chevaliers frères, l'un couvert d'armes vermeilles (c'est Perceval), l'autre portant les insignes des chevaliers d'Arthur (c'est Agloval); mais il ne sait où ils sont allés. La croix marque la limite du royaume d'Arthur; au delà on trouve deux chemins : celui de gauche mène dans un pays habité par de mauvaises gens, celui de droite dans un désert hanté par le diable. Lancelot prend le chemin de droite, Gauvain et le chevalier noir prennent le chemin de gauche; mais Morien ne veut pas se borner à accompagner Gauvain : il tient à « aventurer » tout seul, et ne suivra Gauvain que de loin. Ils prennent congé l'un de l'autre.

<small>V. 1179.</small>

Gauvain, pour délivrer une jeune fille, provoque et tue un chevalier qui la malmenait. Le soir il arrive à un château où il est fort bien reçu; il ne sait pas que son hôte est le père du chevalier qu'il a tué le matin, et le père ne sait encore rien de son malheur. Au milieu du repas on apporte le cadavre du jeune homme, et le sang qui se remet tout à coup à couler des plaies dénonce la présence du meurtrier. Les critiques ont noté que les deux parties de cet épisode se retrouvent, mais séparées l'une de l'autre, dans le poème néerlandais sur Gauvain et l'échiquier; il ne suit pas de là, comme on l'a cru, que l'auteur du Morien ait copié l'œuvre de Penninc et Vostaert; il est plus probable, ainsi que le dit M. Te Winkel, que les deux romans néerlandais ont puisé dans une source française, et sans doute dans un poème épisodique perdu relatif à Gauvain. La situation si dramatique que nous retrouvons ici ne se présente, à notre connaissance, dans aucun autre roman breton; mais elle est connue dans l'épopée française : c'est ainsi que l'on apporte, dans Huon de Bordeaux, le corps du fils de Charlemagne, que Huon a tué sans savoir qui il est, dans la salle où Huon est en train de boire à la table de l'empereur; c'est ainsi également que, dans Floovant, Richer est assis au repas chez son hôte, le duc Émelon, quand on apporte le corps du fils du duc, que Richer vient de combattre et de tuer. La croyance d'après laquelle le sang d'un homme tué jaillit de ses blessures à l'approche du meurtrier, croyance bien connue et qui se retrouve dans

<small>Voyez ci-dessus, p. 82.

Moriaen, p. 44.

Huon de Bordeaux, p. 37.

Floovant, p. 32.</small>

Shakspeare, n'est pas mentionnée à cet endroit dans nos chansons de geste; mais elle était aussi répandue en France qu'ailleurs, et elle apparaît notamment dans le Chevalier au lion de Chrétien.

L'hôte de Gauvain veut d'abord le tuer; mais, arrêté par le respect de l'hospitalité, il se contente de l'enfermer dans la salle, et, le lendemain matin, il le laisse partir en paix, quitte à le faire attaquer quand il sera hors de chez lui et armé. Il charge son sénéchal de porter à Gauvain ses armes; mais le sénéchal, moins loyal que son maître, change l'excellente épée de Gauvain pour une mauvaise et coupe toutes les courroies de son cheval. Gauvain prend congé du vieillard, croyant qu'il lui a pardonné, et il tombe bientôt dans l'embuscade qui l'attendait sur la route. Grâce à la trahison du sénéchal, il tombe de cheval, et son épée se brise; on le prend, on le charge de liens, on l'emmène, avec l'intention de le faire périr par l'affreux supplice de la roue. Heureusement Morien survient au moment où la roue était déjà prête et où on allait y étendre son ami; il le délivre, tous deux vont retrouver l'ermite, et Gauvain séjourne quelque temps dans l'ermitage pour se guérir des blessures qu'il a reçues.

Arrive Gariet (en français Gaheriet), l'un des frères de Gauvain, qui le cherchait, et qui lui apporte de graves nouvelles. Arthur a été surpris à la chasse et emmené par le roi des Saisnes (*Sassen*); le roi d'Irlande a envahi et presque entièrement conquis le pays; la reine se désole et fait chercher partout Gauvain et Lancelot; quant à Perceval, la nouvelle est venue à la cour que, désespérant de retrouver jamais la lance et le graal, à cause du péché qu'il a commis en abandonnant sa mère (voyez le Perceval de Chrétien), il est allé rejoindre son oncle dans sa cellule d'anachorète (autre emprunt au poème de Chrétien), et veut consacrer le reste de sa vie à expier sa faute; son frère Agloval est auprès de lui, très grièvement blessé, et commençant à peine à se rétablir. Morien jure de le trouver et de lui faire épouser sa mère, et, laissant Gauvain se mettre en quête de Lancelot, il part pour l'ermitage de son grand-oncle, dont l'ermite chez qui ils sont actuellement lui a enseigné la route.

Arrivé à l'ermitage, Morien se fait reconnaître à son père. Agloval explique que des obstacles insurmontables l'ont empêché jadis de tenir sa promesse, mais il se déclare prêt à aller épouser la mère de Morien et à légitimer ainsi son fils, qu'il présente à Perceval et à leur oncle. Agloval est encore trop malade pour partir : Morien lui dit qu'il ira d'abord secourir Arthur, puis qu'il viendra le rechercher; il part, en effet, accompagné de Gaheriet et de Perceval, qui obtient de son oncle la permission de quitter l'ermitage pour un temps. Gauvain se joint à eux avec Lancelot, qu'il a retrouvé et tiré d'une situation plus que périlleuse[1]. Les cinq héros arrivent devant le dernier château qui reste aux Bretons et qu'assiège le roi d'Irlande; ils font ce roi prisonnier et délivrent Arthur des mains du roi des Saisnes. Puis tous retournent auprès d'Agloval, qu'ils retrouvent complètement guéri, et l'accompagnent dans le pays de Moriane, où l'on célèbre par des fêtes magnifiques son mariage avec la noire princesse qui a donné le jour à Morien.

Tel est ce roman, bien composé et surtout bien exécuté, qui n'est pas surchargé, comme tant d'autres, d'épisodes enfilés bout à bout et racontés avec une hâte qui leur enlève l'intérêt qu'ils pourraient avoir. Le caractère de Gauvain y éclate dans toute sa beauté. Mais on a reproché avec raison au personnage principal de manquer de relief et de n'accomplir aucune action d'éclat. Malgré cela, Morien est une des œuvres, sinon les plus originales, du moins les plus intéressantes parmi les romans bretons de pure invention et de formation récente. Malheureusement nous n'avons pas cette œuvre, même en néerlandais, telle qu'elle a été écrite.

Jonckbloet, Geschiedenis der meddenu. Letterkunde, t. I, p. 321.

M. Te Winkel a montré, en effet, avec beaucoup de pénétration, que le rédacteur du Lancelot néerlandais, en

---

[1] Nous retrouvons ici une nouvelle forme du récit relatif à Lancelot qui a été analysé plus haut (p. 113-118). La version de Morien est fort écourtée et présente des divergences inutiles à relever ici.

insérant notre roman dans sa compilation, lui avait fait subir une altération grave. Morien, dans l'œuvre qu'il avait sous les yeux, était le fils de Perceval; mais le compilateur trouvait dans les romans en prose, dont la traduction forme la plus grande partie du Lancelot néerlandais, que Perceval était mort vierge: il ne pouvait donc lui attribuer un fils. Il est alors allé chercher Agloval, frère de Perceval nommé uniquement dans les romans en prose, il l'a substitué à Perceval comme père de Morien; mais il n'a pas accompli ce travail sans laisser des vestiges de l'état de choses qu'il modifiait et des marques de son intervention qui ont été fort bien reconnues et signalées par M. Te Winkel. Bornons-nous à rapporter les vers du début, qui sont assez clairs pour qui connaît les procédés littéraires du moyen âge : « Il y a des « livres qui nous font savoir que Morien était fils de Perce-« val, et d'autres livres nous disent qu'il était fils d'Agloval; « celui-ci était frère de Perceval, et ainsi Morien était ne-« veu de Perceval. Car on sait véritablement que Perceval et « Galaad restèrent vierges..... C'est pourquoi je dis de Per-« ceval qu'il ne pouvait avoir de fils; mais j'ai lu dans des « livres que Morien était le fils du frère de Perceval. » Ces livres ne sont, bien entendu, allégués que pour appuyer la vraie raison, donnée par l'auteur lui-même. Tout ce qui concerne Agloval faisait donc défaut dans le Morien authentique, et doit être écarté du récit.

Nous nous trouvons dès lors en présence d'une sorte de continuation du Perceval de Chrétien; l'auteur ne paraît nullement en avoir connu les suites. Il suppose que Perceval, dans ces courses errantes dont le poète champenois parle très sommairement, avait pénétré jusqu'au pays des Mores et y avait eu un amour dont Morien est le fruit : il est probable que, dans l'œuvre originale, c'était la quête du graal et non celle de Lancelot qui empêchait Perceval de revenir comme il l'avait promis. Nous avons déjà indiqué quelques-uns des rapports étroits du Morien avec le Perceval : remarquons spécialement que, dans notre poème comme dans celui de Chrétien, c'est le péché qu'a commis Perceval en quittant sa mère qui le rend indigne de mener à bonne fin l'aventure du graal. Chrétien laisse Perceval dans l'ermitage de son oncle, et c'est là que notre poème le fait retrouver par Morien. L'auteur de Morien a donc voulu terminer à sa façon le roman de Chrétien, sans d'ailleurs s'occuper du graal; en faisant épouser à Perceval la mère de Morien, il a oublié son engagement avec Blanchefleur, que l'on voit ailleurs, comme on le verrait sans doute dans l'œuvre de Chrétien si elle était terminée, devenir la femme de celui qui lui a donné son premier amour. On a remarqué que cette histoire du fils noir de Perceval ressemble par plus d'un trait à celle de Feirefiz dans le *Parzival* de Wolfram d'Eschenbach. Ainsi que Morien, Feirefiz est le fils d'une femme noire; mais, au lieu d'être tout noir comme celui-ci, il est moitié noir comme sa mère et moitié blanc comme son père. Ce père, qui a laissé enceinte, dans l'Orient, la princesse noire qu'il avait séduite, tout comme le fait Perceval dans Morien, n'est pas Perceval : c'est son père Gamuret, et Feirefiz est le frère et non le fils de Perceval. Comme Morien, Feirefiz quitte son pays pour venir chercher son père en Occident. Ce sont là des ressemblances notables. Faut-il en conclure, avec M. Martin, que les deux récits ont une source commune? Cela ne semble pas indispensable. Cette donnée d'un fils qui part pour chercher son père, finit par le retrouver et lui fait épouser sa mère, n'est pas rare dans les romans du moyen âge. Nous l'avons vue dans Ider, dans le Chevalier à la manche, dans le roman latin de Meriadoc; en dehors des romans bretons, elle se retrouve dans Richard le Beau, dans le poème anglais de Sir Degore, etc. Reste la couleur noire de la mère du héros; elle s'imposait à l'imagination des poètes du moyen âge du moment qu'ils en faisaient une Sarrasine, et il n'y a de singulier que la coïncidence par laquelle la même aventure est attribuée ici à Perceval, là à son père[1].

[1] M. Te Winkel rapporte (p. 33) à ce propos l'hypothèse de Grimm, d'après laquelle l'histoire de Gamuret et de Feirefiz dans Wolfram est empruntée à

Une dernière question se pose à propos du Morien. MM. Jonckbloet et Te Winkel sont d'accord pour penser que c'est un poème originairement néerlandais, et non traduit du français. Si cela était, nous aurions dû l'exclure de nos études; mais nous ne voyons aucune raison de nous ranger à cette opinion. Le fait qu'on n'a pas retrouvé l'original français ne prouve naturellement rien; nous avons vu bien des exemples de pertes semblables. La composition originale en néerlandais au moyen âge d'un roman breton quelconque serait au contraire un fait unique[1]. Il faudrait pour l'admettre des arguments plus valables que la rareté des mots français employés dans le Morien et une certaine tendance à moraliser qu'on y remarque : ce sont là des traits qui appartiennent sans doute, surtout le premier, à l'individualité du traducteur, mais qui ne font pas qu'il ait été autre chose que traducteur.

PERCEVAL.

Il ne s'agit pas ici, bien entendu, du Perceval de Chrétien de Troies, dont nous avons dit plus haut quelques mots destinés à compléter sommairement la notice de nos prédécesseurs, ni du Perceval hypothétique de Robert de Boron, que nous laissons de côté, ainsi que le Perlesvaus, comme se rattachant au cycle des romans en prose. Le poème dont nous allons parler est un poème anglais, qui remonte certainement, d'une façon plus ou moins directe, à une source française, et qui mérite l'attention par la place qui lui revient dans le développement d'une des légendes les plus célèbres du moyen âge. Voici l'analyse de ce curieux petit roman, qui a été publié en 1844 par M. Hal-

---

l'histoire plus ancienne et toute germanique de Tirol et Fridebrant. Cette hypothèse paraît très vraisemblable; quant à l'origine de la légende, il n'est pas possible de la préciser : c'est un de ces lieux communs de la poésie populaire qui n'ont pas de patrie et se retrouvent partout.

[1] M. Jonckbloet le suppose aussi, mais sans raison, comme nous l'avons vu (p. 123) pour le Chevalier à la manche.

liwell, d'après la copie unique du xv⁰ siècle qui nous l'a conservé. Le poème est sans doute du xiii⁰ siècle; il est en tout cas antérieur à Chaucer, qui le cite expressément.

« Sir Percevelle », ou Perceval, était un des meilleurs chevaliers de la cour d'Arthur, et celui-ci l'estimait tant qu'il lui donna, avec une riche dot, sa sœur « Acheflour » en mariage. Au tournoi par lequel on célébra les noces, Perceval se couvrit de gloire, et renversa notamment « le Che- « valier rouge », qui jura de se venger. En effet, l'année suivante, Acheflour ayant mis au monde un fils, qui fut nommé Perceval comme son père, celui-ci donna un tournoi pour fêter cet heureux événement; le Chevalier rouge y vint, et profita de cette occasion pour tuer celui auquel il ne pardonnait pas son humiliation (v. 1-160). La veuve résolut d'empêcher son fils de connaître les jeux meurtriers de la guerre et des tournois : elle prit congé du roi et des barons, et se retira dans une forêt, n'emmenant avec elle qu'une servante et un troupeau de chèvres. C'est là qu'elle éleva le jeune Perceval. Quand il eut un peu grandi, elle lui remit un « javelot écossais », la seule arme qu'elle eût emportée; l'enfant sut bientôt s'en servir si adroitement qu'il n'y avait dans le bois bête ni oiseau qui pût échapper à son coup. Il resta ainsi plus de quinze ans, ne portant d'autre vêtement qu'une peau de chèvre, n'ayant rien appris du monde, et connaissant seulement par sa mère l'existence d'un être d'une puissance incomparable, qui a créé le ciel et la terre, et qu'on nomme Dieu (v. 256).

Un jour il rencontre dans la forêt Ivain[1], Gauvain et Keu, qui allaient rejoindre le roi Arthur; il admire leurs riches vêtements (ils n'étaient point armés) et croit que l'un d'eux doit être le Dieu dont lui a parlé sa mère; mais Gauvain lui apprend qu'ils sont tous trois des chevaliers, et que, s'il se rend à la cour d'Arthur, il pourra être fait chevalier lui-même. Perceval n'a plus d'autre pensée : il s'empare d'une jument sauvage qu'il trouve dans le bois, et

---

[1] M. Schulze, trompé par l'analyse de lady Guest, dit que le poème anglais donne à ce nom la forme galloise *Owain;* on n'y trouve que *Ewayne.*

vient annoncer sa résolution à sa mère. Celle-ci est désolée, mais elle sent qu'elle ne peut rien, et, après avoir donné à son fils de très sommaires conseils de courtoisie, elle le laisse partir le lendemain, monté à cru sur sa jument, son javelot à la main. En le quittant, elle lui remet un anneau, qu'elle lui recommande de lui rapporter comme signe de reconnaissance, car elle l'attendra dans sa retraite (v. 432).

Perceval part. Il trouve sur son chemin une salle (*haulle*), dont la porte est ouverte; il entre, et, voyant un bon repas servi, croit faire preuve de la « mesure » que sa mère lui a recommandée en n'en mangeant que la moitié. Il pénètre ensuite dans une chambre contiguë où une dame dort sur un lit : il lui donne un baiser, lui enlève, toujours sans l'éveiller, l'anneau qu'elle porte au doigt, et laisse à la place celui que lui a donné sa mère. Après quoi il arrive à la résidence d'Arthur, entre à cheval dans la salle, si bien que sa jument « baise le front du roi », et lui demande brusquement de le faire chevalier. Arthur regarde ce « sauvage », dont les manières sont aussi étranges que l'apparence. Les barons croient que le roi va se fâcher; mais il est frappé de la ressemblance de l'inconnu avec son beau-frère qu'il regrette toujours; pour le venger, il est depuis quinze ans en guerre avec le Chevalier rouge, mais il ne peut rien contre lui, et il sait que le fils seul du défunt doit punir le meurtrier. Perceval, qui ne sait pas qui est son père, interrompt brusquement les réflexions où le roi s'abîme et le somme de nouveau de lui accorder ce qu'il demande : le roi lui promet de l'armer chevalier; mais que d'abord il descende, qu'il prenne place à table et qu'il partage le repas royal (v. 600). A ce moment, le Chevalier rouge entre à cheval dans la salle, et, après avoir injurié tous les guerriers d'Arthur, vide une coupe d'or placée devant le roi et l'emporte. « Voilà cinq ans qu'il m'insulte ainsi, s'écrie Arthur, et « chaque fois il est loin avant que j'aie pu m'armer et le « rejoindre! » Perceval lui promet de mettre l'insolent à la raison; monté sur sa jument, il suit le Chevalier rouge, en lui criant de rapporter la coupe. L'autre s'arrête, et, surpris de l'aspect et des discours étranges de l'enfant, lève sa visière pour mieux le voir; puis il menace celui qu'il prend pour un fou de le jeter dans le marais voisin. Mais Perceval lui lance son javelot droit dans l'œil et l'étend mort. Dans son ignorance, l'enfant dit plusieurs fois au mort de se relever pour recommencer le combat; enfin, voyant qu'il ne bouge pas, il veut lui ôter son armure rouge pour la revêtir; mais il ne sait comment s'y prendre. Il se rappelle que sa mère lui a dit, si son javelot se brisait au ras du fer, de le mettre dans le feu pour brûler le bois resté dans l'arme, et, avec son fusil, il allume un grand feu pour y jeter le chevalier mort, espérant ainsi vider l'armure qu'il convoite. Heureusement, Gauvain, qui avait suivi l'enfant, survient et l'aide à désarmer le mort. Quand Perceval a changé ses peaux de chèvre et sa jument contre les armes rouges et le cheval également rouge qu'il a conquis, il n'en met pas moins le cadavre « rôtir » dans le feu; après quoi, ayant donné la coupe d'or à Gauvain pour le roi, il part en quête d'aventures (v. 825).

Nous raconterons plus brièvement la suite. Les armes et la monture de Perceval le font prendre pour le Chevalier rouge, d'abord par la mère de celui-ci, vieille sorcière qu'il a le plaisir d'envoyer rejoindre son fils dans le brasier encore allumé, puis par un chevalier qui était l'ennemi du mort et qui fait fête à Perceval quand il apprend ce qui en est; ce chevalier était son oncle paternel, mais ni l'un ni l'autre n'en savait rien. Arrive un messager, envoyé de la « Terre des « Puceles » (*Maydeneland*) par la belle Lufamour à Arthur, pour lui demander secours contre un « soudan » qui l'assiège. Perceval, sans rien dire à personne, se dirige seul vers le château assiégé (v. 1060). Le messager continue sa route, et, d'après ce qu'il dit à Arthur, celui-ci, qui ne se consolait pas de la perte de Perceval, reconnaît que c'est lui que le messager a rencontré. Il devine qu'il est parti pour secourir Lufamour, et, accompagné de trois chevaliers, il prend lui-même le chemin de la « Terre des Puceles » (v. 1124).

Quand Arthur, Ivain, Gauvain et Keu arrivent, Perceval à lui seul a détruit deux armées infidèles. Il tue ensuite le soudan de sa propre main, et naturellement reçoit en récompense le royaume et la main de la princesse qu'il a délivrée. Arthur l'arme chevalier et retourne chez lui (v. 1760).

Perceval jouit quelque temps de son bonheur; mais un matin il songe à sa mère, qu'il a laissée dans le bois, et il part pour la retrouver. Chemin faisant il entend des cris et trouve une dame attachée à un arbre. Il la délie; elle lui raconte qu'elle est maltraitée par son époux, le Chevalier noir, depuis le jour où un inconnu, pendant son sommeil, lui a enlevé son anneau qu'il a changé pour un autre. Le Chevalier noir survenant, Perceval le renverse d'abord à la joute, puis lui démontre l'innocence de sa femme dans cette aventure, rend à la dame son anneau et réclame le sien. Malheureusement le Chevalier noir ne l'a plus : il l'a remis au seigneur du pays, qui est un terrible géant (v. 2000). Perceval se présente au château du géant, qui se trouve être le frère du soudan qu'il a tué naguère. Malgré son énorme massue de fer, le géant est tué par Perceval, qui pénètre dans le château et retrouve l'anneau de sa mère. « Maudit « le jour, lui dit le portier, où fut forgé cet anneau ! Mon « maître l'avait offert à une dame qu'il courtisait; mais quand « elle vit l'anneau, elle s'écria : Brigand, as-tu tué mon fils et « pris l'anneau que je lui avais donné ? Et, perdant le sens, « elle déchira ses habits et s'enfuit dans la forêt. » Perceval ne doute pas que ce ne soit sa mère. Pour la ramener, il dépouille son armure, se couvre comme autrefois d'une peau de chèvre et s'enfonce dans le bois. Au bout de sept jours, il la retrouve, mais elle est tout à fait insensée. Enfin on lui donne un breuvage qui la fait dormir trois jours et trois nuits : quand elle se réveille, elle a retrouvé sa raison; son fils et elle s'embrassent en remerciant Dieu. Perceval la conduit dans son royaume, et tous mènent une vie heureuse. Plus tard il se rendit en Terre Sainte et eut la grâce d'y trouver la mort (v. 2288).

L'histoire de Perceval se présente évidemment à nous,

dans ce poème, sous une forme tronquée jusqu'à être parfois inintelligible (c'est le cas pour plus d'un poème anglais du moyen âge). Ainsi nous ne voyons nulle part de reconnaissance formelle entre Arthur et son neveu; le messager de Lufamour, qui raconte à Arthur sa rencontre avec Perceval, lui dit qu'il n'avait pas d'autre nom que « le fils de « sa dame » (v. 1094); cependant plus loin on l'appelle « Sir Percevelle de Galoys », sans qu'on nous ait appris comment il avait su son vrai nom, etc. D'autre part, le style du poème anglais a une allure populaire qui lui donne parfois une apparence quelque peu burlesque; c'est ce qui l'a fait traiter avec peu d'attention par plusieurs des nombreux critiques qui se sont occupés de l'histoire de la légende de Perceval. L'éditeur, M. Halliwell, le regardait tout simplement comme un abrégé très sommaire du Perceval de Chrétien et des continuations de ce poème. Une telle opinion n'est pas soutenable. Le roman français ne fait pas du Chevalier rouge le meurtrier du père de Perceval; il borne la suite de l'aventure de l'anneau (dans laquelle d'ailleurs Perceval prend un anneau, mais n'en laisse pas un autre à la place) au combat de Perceval contre le mari de la dame et à la justification de celle-ci; il contient en revanche de nombreux épisodes, notamment celui du « graal » merveilleux et de la lance qui saigne, dont le poète anglais ne dit rien et qu'il est tout à fait improbable que ce poète ait omis, tandis qu'il aurait ajouté toute la fin. Le « Sir Percevelle » remonte donc à une autre source, et sans doute à un poème anglo-normand. Ce poème anglo-normand est-il, à l'inverse, la source de Chrétien, qui déclare expressément avoir travaillé d'après un livre? On ne peut le croire un instant, car il faudrait admettre que le poète français a de gaieté de cœur changé un récit clair, intéressant et cohérent en un tissu d'aventures sans suite, souvent sans motifs et parfois incompréhensibles. Tout l'épisode du Chevalier rouge dans le poème français est d'une obscurité qui se dissipe dès qu'on admet que ce personnage était le meurtrier du père de Perceval; l'aventure de l'anneau, si importante dans le poème anglais, n'a dans le poème français aucune raison d'être; le sujet même le plus essentiel du récit, l'éducation chevaleresque, faite par la seule expérience, d'un adolescent élevé dans les bois, ce sujet, encore visible à travers les altérations et les omissions de l'auteur anglais, et qui devait être bien plus en relief dans l'original, est à peine indiqué dans le poème français, où Perceval, une fois sa première aventure accomplie, paraît, grâce à quelques leçons d'un vieillard, un chevalier aussi avisé et aussi courtois que les autres. Le Perceval anglais est un poème biographique qui ressemble à beaucoup d'autres, mais qui a plus d'unité que la plupart d'entre eux : le héros, orphelin par un meurtre, et que sa mère veut soustraire à sa vraie destinée, arrive à la remplir, venge son père, console sa mère et épouse la jeune fille qu'il a délivrée et qui lui apporte un royaume. Le début est un lieu commun des récits bretons : nous l'avons déjà rencontré dans l'histoire de Guinglain et dans celle de Tiolet. C'est dans celle de Perceval qu'il semble le mieux à sa place : il se relie logiquement à toutes les aventures qui la composent. Le récit où Chrétien a puisé le sujet de son œuvre inachevée était au contraire fort incohérent; il est probable qu'il provenait d'une transmission très défectueuse d'un poème semblable à l'original du nôtre, mêlé au conte du « graal », ou plat mystérieux, et de la lance sanglante : le récit ainsi amplifié paraît être la source du poème de Chrétien et, au moins pour une grande partie, du *mabinogi* gallois de Peredur, qui n'est pas plus l'original que la copie de ce poème; seulement il faut admettre que le récit, dans la forme qui a servi de base aux deux imitations, était déjà très altéré (il ne connaissait ni le vrai rôle du Chevalier rouge, ni le sens de l'aventure de l'anneau); il l'était plus encore dans la forme spéciale qu'a connue Chrétien. Celui-ci, d'après son habitude, ne s'est pas inquiété de mettre dans le conte qu'il « rimoyait » plus d'ordre et de clarté qu'il n'en trouvait; nous ne savons d'ailleurs, son œuvre étant restée à l'état de fragment, quelle signification et quelle suite il entendait donner à l'aventure du graal, dont il avait fait le centre de son poème. Ses continuateurs ont trop mal suivi ses indications pour que nous soyons en droit d'admettre que son explication ressemblait à la leur.

Ces questions fort complexes ne peuvent être ici qu'indiquées; elles devaient l'être, pour qu'on se rendît compte de l'intérêt du petit poème anglais que nous venons d'analyser. Les critiques, comme nous l'avons dit, l'ont diversement jugé; la plupart de ceux qui ont étudié ce qu'on a appelé « la légende du graal » ne l'ont même pas mentionné. M. Schulze en fait remarquer avec raison l'unité de plan et de structure; mais il a certainement tort d'y voir une dérivation abrégée et simplifiée des récits gallois et français; on ne comprend pas non plus ce qui l'induit à y reconnaître une version spécialement armoricaine de l'histoire de Perceval. La vraie place de « Sir Percevelle » dans l'évolution du cycle toujours amplifié de Perceval a, au contraire, été parfaitement discernée par un savant qui est un poète, et dont la critique pénétrante est éclairée par le goût littéraire le plus délicat : M. Wilhelm Hertz, dans une étude sur ce cycle, qui, malgré sa brièveté, est la meilleure que l'on ait encore faite, a montré que le poème anglais nous représente, sous une forme assez voisine de l'original, quoique altérée, un des éléments primordiaux qui sont entrés dans la composition du conte gallois et du roman français. Il faut ajouter, comme nous l'avons dit, que ce poème repose très probablement sur un poème anglo-normand, derrière lequel on peut avec vraisemblance chercher un conte purement celtique.

San Marte, Die Arthur-Sage, p. 246.

Hertz (W.), Die Sage von Parzival, p. 24.

SAIGREMOR.

On a publié dans divers recueils trois fragments fort courts qui appartiennent à un même poème allemand, perdu d'ailleurs, dont le héros était Saigremor. Ce personnage apparaît déjà dans l'Érec de Chrétien; il figure dans

Voyez Germania, t. XVIII, p. 115.

plusieurs autres romans, mais nous n'avons pas gardé de poème qui lui soit spécialement consacré. Le poème allemand était certainement traduit du français.

Dans le premier fragment, Saigremor part pour se mettre en quête de Gauvain; son amie Niobe se décide à l'accompagner.

Dans le second fragment, Saigremor apprend que Gauvain est dans l'île de la fée Karmente.

Dans le troisième fragment, Saigremor combat Gauvain, qui se rend à lui prisonnier.

Il est impossible de ne pas être frappé de la ressemblance de ces trois passages avec des passages de Méraugis de Portlesguez. Méraugis, comme Saigremor, se met en quête de Gauvain; Lidoine, comme Niobe, accompagne son ami. Gauvain dans les deux poèmes est retenu dans une île enchantée; il combat Saigremor comme il combat Méraugis, et, s'il se rend à lui, ce n'est peut-être qu'une ruse, comme celle par laquelle Méraugis feint d'être décapité par Gauvain. Nous voyons d'ailleurs Gauvain se laisser de même en apparence emmener prisonnier dans un autre épisode de Méraugis. Le roman de Saigremor était donc, suivant toute vraisemblance, une combinaison, sous de nouveaux noms, d'aventures déjà connues; on peut se consoler de l'avoir perdu.

L'auteur d'une suite du *Willehalm* de Wolfram d'Eschenbach (traduction de notre chanson d'Aleschans), Ulrich du Türlin, mentionne Saigremor en même temps qu'un certain nombre de personnages d'ailleurs inconnus. Il n'est pas sûr que cette allusion se rapporte à notre roman; le nom d'Amande semble indiquer plutôt que tout le passage se réfère au roman de Manuel et Amande, dont nous connaissons si peu de chose.

TITUREL.

Nous ne mentionnons que pour mémoire le poème allemand ou plutôt les poèmes allemands de Titurel. On sait

TITUREL.

que Wolfram d'Eschenbach avait commencé un poème consacré aux ancêtres d'Anfortas, le roi du graal dans son *Parzival;* il n'en a écrit que des fragments, que nous croyons, avec Lachmann et contrairement à l'opinion de récents critiques, postérieurs au *Parzival.* Ces fragments, après avoir subi un renouvellement, ont été insérés dans un vaste poème appelé *Titurel,* et composé sans doute vers 1270 par un certain Albert de Scharffenberg.

<small>Bartsch (H.), Wolfram's Parzival, p. xv.</small>

Nous pensons que ni Wolfram ni son continuateur n'ont eu de source française directe pour leurs prolixes récits; nous ne les analyserons donc pas. La question est d'ailleurs connexe à celle des sources du *Parzival* de Wolfram, que nous nous sommes interdit d'aborder dans ces notices. Il faut seulement remarquer que Wolfram n'a pas inventé le nom de Titurel; ce nom est breton d'origine, et répond au nom de Tidorel, héros d'un lai récemment publié. Mais c'est peut-être tout ce qu'il y a de celtique dans l'histoire de ce roi du graal et de toute sa descendance, telle que la racontent les poèmes allemands.

<small>Romania, t. VIII p. 66.</small>

TOREC.

Le roman de Torec est intercalé dans la grande compilation néerlandaise de Lancelot, où il occupe les vers 23127-26980 du livre III. L'éditeur du Lancelot, M. Jonckbloet, avait remarqué que ce roman rappelait par certains côtés la manière du célèbre Jacob de Maerlant, le poète le plus fécond des Pays-Bas au XIIIe siècle. Un passage découvert depuis dans un ouvrage longtemps perdu de Maerlant, l'Histoire de Troie, prouve qu'il est en réalité l'auteur de Torec. Cette circonstance a rendu notre poème plus intéressant aux yeux des critiques néerlandais, et a déterminé M. Jan Te Winkel à en publier en 1875 une édition à part. Maerlant a dû l'écrire encore assez jeune, vers 1255 d'après M. Jonckbloet, dix ans plus tard d'après M. Te Winkel. Dans son âge mûr, il se reprochait d'avoir composé des histoires « mensongères » comme celle-là. Il suivait certainement un

<small>Maerlant (J. van), Roman van Torec, p. xxxi.</small>

<small>Ibid., p. xxxii; Jonckbloet, Geshiedenis, t. I, p. 383.</small>

<small>Torec, p. xxxiii.</small>

roman français, que nous ne possédons plus et que l'œuvre néerlandaise remplace seule pour nous; aussi en donnerons-nous une brève analyse. Ce n'est pas, tant s'en faut, un des meilleurs romans du cycle, et c'est certainement un des moins anciens; on y retrouve beaucoup de lieux communs des poèmes antérieurs, des caractères qui n'ont rien de saillant et des aventures trop nombreuses, assez mal rattachées les unes aux autres, et racontées en général avec une brièveté qui touche à la sécheresse et qui en fait paraître l'accumulation plus fatigante; quelques-unes cependant ne sont pas dénuées d'intérêt. De tradition celtique, il n'en faut chercher aucune trace directe, non plus que de modèle anglo-normand; tout part de l'invention du poète français, en prenant ce mot invention dans le sens restreint où il faut toujours l'entendre ici.

Le récit s'ouvre par une aventure qui concerne les parents du héros, mais qui détermine en grande partie sa destinée. Sa grand'mère Mariole possédait un « cercle » (c'est-à-dire une couronne) d'or, auquel étaient attachés des vertus merveilleuses, et qui lui a été ravi par Bruant de la Montagne. Mariole désespérée, ayant perdu son mari, met au monde une fille dont la naissance lui coûte la vie. Avant de mourir, elle l'expose, on ne voit pas bien pourquoi, sur la mer, enfermée dans un tonneau avec une lettre qui raconte toute son histoire. On recueille l'enfant dans le royaume de Basse-Rivière, sur la plage duquel les flots l'ont portée, et on la baptise du nom significatif de Tristouse. Devenue grande, elle épouse Idor, roi de Basse-Rivière, et elle donne bientôt le jour à Torec. A la naissance de Torec, sa mère, qui jusque-là, songeant toujours aux infortunes des siens, n'avait jamais eu un moment de joie, rit pour la première fois de sa vie, et retombe ensuite dans sa mélancolie. Quand Torec a vingt ans et qu'il vient d'être armé chevalier, Tristouse lui montre la lettre qui raconte les malheurs de sa famille. Il part aussitôt, jurant de venger les siens et de reprendre à Bruant le cercle d'or. Tristouse, en le voyant s'éloigner, rit encore une fois et pleure en même temps.

Après diverses prouesses, pareilles à celles qu'acccomplissent ordinairement les héros de nos poèmes, Torec arrive au château de Bruant, qui est gardé par deux lions et deux géants. Il tue les deux géants à coups de flèches, puis les deux lions, et se présente devant Bruant, auquel il réclame le cercle d'or. Ils combattent, et Bruant vaincu devient l'ami de Torec; mais il ne peut lui livrer le cercle: il avait dû jadis le céder à Mirande, la sœur de sa femme, laquelle est la plus belle «pucele» du monde, et qui seule peut guérir Torec de la blessure empoisonnée qu'il a reçue dans le combat. En outre, elle ne donnera le cercle, avec sa main, qu'à un chevalier qui aura vaincu tous les compagnons de la Table ronde. Torec jure de n'épouser qu'elle; sur quoi le lecteur ne peut s'empêcher de remarquer que cette belle devait être fée, ou qu'elle était bien miraculeusement soustraite aux lois communes de la destinée humaine, puisque nous la voyons paraître déjà comme une jeune fille dans la première partie du roman, qui se passe avant la naissance de la mère de Torec.

V. 654.

Après mille aventures plus ou moins extravagantes, Torec arrive enfin au château de Mirande. Celle-ci, qui l'aimait déjà rien que sur la renommée de ses exploits, lui fait demander s'il se sent la force et le courage d'abattre tous les chevaliers de la Table ronde. Torec répond affirmativement, et l'on prie Arthur d'envoyer ses quarante meilleurs chevaliers. Ils arrivent bientôt, Gauvain à leur tête, et ils apprennent le téméraire engagement de notre héros. «Ce « serait grand dommage, dit le courtois Gauvain, que Torec « perdît son amie à cause de nous. Faisons couper les « sangles de nos chevaux: il nous désarçonnera sans peine, « et notre honneur sera sauf. » La moitié des chevaliers bretons adopte ce généreux subterfuge; les vingt autres, dont naturellement le sénéchal Keu, s'y refusent. A la joute, Torec renverse d'abord ces vingt-là, Keu le premier et ensuite son fils Griffon (nous ne l'avons pas rencontré ailleurs). Le lendemain c'est le tour des vingt qui avaient suivi le conseil de Gauvain. Gauvain le premier quitte les arçons,

V. 3024.

puis Lancelot, Ivain, Tristan, Ider et tous les autres. Il y a là une énumération de chevaliers de la Table ronde qui n'est pas sans intérêt; les noms sont souvent défigurés, mais on peut d'ordinaire les reconnaître (ainsi Meliandeles est Méliant de Lis, Gravain est Agravain, Ivain « *metten li-baerde* » est Ivain « del leonel », etc.). Après cette épreuve victorieuse, la belle Mirande est prête à épouser Torec; mais Keu dit : « Il y a encore à la cour du roi des chevaliers qu'il « n'a pas abattus. — J'irai les chercher, répond Torec, et je « n'épouserai mon amie qu'après les avoir renversés comme « les autres. » Bientôt après, en effet, il se présente à la cour d'Arthur. Il désarçonne tous les chevaliers qu'il n'avait pas déjà vaincus, et dont une partie d'ailleurs, incitée par Gauvain, lui a, cette fois encore, facilité la victoire de la même manière. Mais Arthur, voyant la déconfiture de toute sa « maisnie », entre lui-même en lice, ce qu'il ne faisait jamais. Il était en effet un si rude jouteur que, après avoir démonté Lancelot, Perceval et même Gauvain, il avait renoncé à prendre part à aucun tournoi. Torec est à son tour désarçonné par le roi, mais cela n'empêche pas qu'il n'ait rempli son engagement; il épouse Mirande, et il ceint le cercle d'or. Ses parents viennent à la noce : Tristouse rit pour la troisième fois. Bientôt après son père, le roi Idor, meurt, et Torec va prendre avec sa femme possession de ses États.

Telle est l'action principale du récit; nous avons passé sous silence les innombrables épisodes qui en retardent la marche, notamment les aventures, assez étrangères à celles de Torec, de Mélion, un de ses adversaires, devenu son ami. Reprenons dans ces épisodes quelques traits qui méritent d'être signalés à cause du merveilleux assez particulier qu'ils présentent. A trois reprises différentes, Torec est frappé par un guerrier invisible; une dernière fois, celui-ci joute ostensiblement avec lui; mais il interrompt le combat et lui dit qu'il est l'oncle de sa mère, qu'il le protège, qu'il prend à volonté la forme d'un *alf* (en français il y avait sans doute « luiton »), et que c'est lui qui l'a frappé trois fois. Cette mythologie est plus germanique que celtique : elle rappelle les tours que jouent à leurs fils respectifs le roi des nains Elberich dans le poème allemand d'Ortnit, et le « luiton » Malabron dans le poème français de Gaufrei. Ce trait d'un chevalier qui peut se rendre invisible et en profite pour frapper les autres, mais d'une façon moins inoffensive, se retrouve d'ailleurs dans les suites de Perceval et dans une des continuations en prose du Merlin de Robert de Boron.

Plusieurs jeunes filles, entre autres la fille du roi Morligan, sont successivement enlevées par une sorte de Cyclope, qui les emporte dans une caverne. Le roi promet sa fille à qui la délivrera. Mélion, accompagné d'un autre chevalier, Raguel, arrive près de la caverne, qui est un puits dans la montagne; il se fait attacher à une corde que tient Raguel et pénètre ainsi dans l'intérieur. Il trouve le monstre endormi dans le giron de la princesse qu'il vient d'amener, au milieu de quarante autres jeunes filles. Mélion le tue, et fait remonter les jeunes filles par la corde. Mais quand elles sont toutes en haut, le perfide Raguel laisse retomber la corde dans le gouffre, et, après avoir par des menaces imposé silence aux captives délivrées, se présente à la cour du roi, réclamant la main de la princesse, qu'on a promise à celui qui la ramènerait. Cependant Mélion, resté dans la caverne, y trouve, avec deux chiens et deux faucons incomparables, un cheval merveilleux, qui le ramène au jour et bientôt au palais du roi. Il dévoile la trahison de Raguel, qui est mis à mort, et il épouse la princesse. Cette histoire a cela d'intéressant qu'elle rappelle un conte populaire fort répandu, dans lequel il s'agit d'ordinaire de trois frères qui délivrent trois jeunes filles, et dont le dernier est trahi par ses frères comme l'est ici Mélion par Raguel. A cette donnée s'est mêlée celle du vainqueur de monstre auquel un perfide rival veut dérober sa gloire et sa récompense; nous en avons parlé plus haut à une autre occasion.

Torec arrive un jour dans un château situé sur le bord de la mer, et devant lequel vient se présenter une fois par an « le vaisseau aventureux » : qui s'y embarque ne revient pas.

XIVᵉ SIÈCLE.

V. 1620-1905

Voyez Romani. t. X, p. 561.

Voyez ci-dessus p. 116.

Torec y monte, et bientôt il aborde à une prairie où s'élève un palais de marbre, rempli de chevaliers et de dames. Le maître de ce séjour lui annonce qu'il devra combattre et vaincre s'il veut retourner là d'où il vient. « En atten- « dant, lui dit-il, soyez le bienvenu; demain vous verrez la « chambre de sagesse. » Cette chambre de sagesse (ou de jugement) est une salle magnifique où des vieillards, des chevaliers, des dames, discutent sur divers sujets. Les premiers de ces débats que le poète nous rapporte ont trait à la morale ou à la politique, et ont un caractère de gravité qui ferait croire qu'ils ont été ajoutés par Maerlant, le futur moraliste, le père en Néerlande de la « poésie bourgeoise ». La dispute entre une demoiselle et une dame pour savoir dans laquelle de ces deux classes il vaut mieux chercher une amie est plus dans le goût de nos romans; on s'attendrait à un jugement, et l'on aurait là une de ces fameuses cours d'amour qu'on n'a jamais vues qu'en poésie; mais l'auteur nous dit seulement que les uns prirent parti pour la dame et les autres pour la demoiselle. Pendant trois jours Torec assiste, avec un plaisir toujours nouveau, à ces doctes controverses, et, le matin du quatrième jour, il se réveille, à sa grande surprise, au lieu même où il s'était embarqué; du combat qu'il devait livrer il n'est pas autrement question.

On a déjà pu voir que les réminiscences sont fréquentes dans notre roman; il serait facile d'en signaler plus d'une encore. Ainsi l'épisode du château de Montesclaire (v. 756 et suiv.) se rattache à un passage de Perceval; et ce n'est même pas aux romans bretons que se bornent les emprunts de l'auteur. Au début, l'histoire de la grand'mère de Torec, trouvée sur un arbre à la chasse par le roi Briant de l'Île Rouge, est imitée d'une des versions du célèbre conte qui a fourni à Beaumanoir le sujet de la Manekine, et c'est dans une version de ce même conte que nous voyons une princesse exposée sur la mer et qui se donne le nom de Tristouse. D'autres noms, comme celui de Mabille, appartiennent à l'onomastique des chansons de geste, et un personnage porte même le surnom de Rouge Lion, qui vient du cycle des croisades. Tous ces traits contribuent à nous démontrer le peu d'ancienneté de notre roman et son origine purement française. L'existence d'un roman français de Torec est d'ailleurs attestée directement. La librairie du Louvre possédait, au xive siècle, un volume contenant « Torrez, rimé, bien historié et escript. » La reine Isabeau de Bavière l'avait entre ses mains le 12 novembre 1392, et en 1411 on constata qu'il était en déficit : il ne s'est plus retrouvé. On rencontre assez souvent dans les poèmes antérieurs la mention d'un « vallet » ou d'un « roi au cercle « d'or ». C'est sans doute cette appellation, dont l'origine n'était plus connue, qui a engagé l'auteur de Torec à raconter par quelles aventures son héros était devenu possesseur du cercle d'or, inséparable de son nom.

Delisle (L.) Cabinet des nuscrits, t. p. 168.

WIGAMUR.

Le nom de ce héros d'un poème allemand du xiiie siècle est celtique; il répond à celui de Guingamor, personnage principal d'un beau lai récemment découvert et publié. Ce lai était célèbre : il y est fait une intéressante allusion dans le Perceval de Gaucher de Dourdan, où l'on voit figurer Brangemor, fils de Guingamor et de la fée Brangepart, mortel par son père, immortel par sa mère. Mais le roman allemand n'a sans doute rien de traditionnel. Il se compose d'une masse d'aventures bizarres, attribuées à des personnages affublés de noms plus bizarres encore, et le tout paraît être sorti de l'imagination de l'auteur anonyme, qui d'ailleurs, à l'exemple de ses confrères, ne s'est pas fait faute de puiser dans l'arsenal des lieux communs accumulés par ses prédécesseurs; c'est ainsi que Wigamur secourt un aigle contre un vautour et devient le Chevalier à l'aigle, comme l'Ivain de Chrétien et de Hartmann d'Aue est le Chevalier au lion. D'autres traits paraissent empruntés aux traditions germaniques. Nous n'avons pas le courage de résumer cette suite

Büsching, D sche Ged. des telalters, t. I.

Romania, t. V p. 50.

Perceval, é Potvin, v. 218

mal liée de récits, qui n'offrent d'autre intérêt que le style assez remarquable de l'auteur. Bornons-nous à dire que, dans notre conviction, ce roman n'est pas fait sur un original français; il ne rentre donc pas dans le cercle de nos études.

TABLE DES MATIÈRES.

	Pages.
Introduction.	1
Tristan.	19
Chrétien de Troies et ses œuvres.	22
Érec.	25
Cligès.	25
Lancelot ou la Charrette.	26
Ivain ou le Chevalier au lion.	26
Perceval ou le Conte du graal.	27
Romans épisodiques sur Gauvain.	29
La Vengeance de Raguidel, par Raoul.	45
Le Chevalier à l'épée.	67
La Mule sans frein, par Paien de Maisières.	68
Gauvain et Humbaut.	69
Gauvain et le Vert Chevalier.	71
Le Cimetière périlleux.	78
Gauvain et l'échiquier.	82
Gauvain et Keu.	84
Rigomer, par Jean.	86
Arthur à Tarn Wadling.	96
Le Mariage de Gauvain.	97
Autres romans épisodiques.	103
Le Manteau mal taillé.	103
Le Chevalier du perroquet.	103
Arthur et le roi de Cornouaille.	110
Les Vœux de Baudouin.	111
Lancelot et le cerf au pied blanc.	113
Romans biographiques.	118
Blandin de Cornouaille.	121
Le Chevalier à la manche.	121
Claris et Laris.	124

www.ingramcontent.com/pod-product-compliance
Lightning Source LLC
Chambersburg PA
CBHW050319170426
43200CB00009BA/1380